学 海 鸿 泥

苏州大学文学院学生优秀论文集

主编 曹 炜 张 蕾

苏州大学出版社

图书在版编目(CIP)数据

学海鸿泥:苏州大学文学院学生优秀论文集 / 曹炜,张蕾主编. —苏州:苏州大学出版社,2021.12
ISBN 978-7-5672-3758-2

Ⅰ.①学… Ⅱ.①曹… ②张… Ⅲ.①社会科学-文集 Ⅳ.①C53

中国版本图书馆 CIP 数据核字(2021)第 265092 号

书　　名：	学海鸿泥:苏州大学文学院学生优秀论文集 XUEHAI HONGNI： SUZHOU DAXUE WENXUEYUAN XUESHENG YOUXIU LUNWENJI
主　　编：	曹　炜　张　蕾
责任编辑：	周凯婷
装帧设计：	刘　俊
出版发行：	苏州大学出版社(Soochow University Press)
社　　址：	苏州市十梓街1号　邮编：215006
网　　址：	www.sudapress.com
邮　　箱：	sdcbs@suda.edu.cn
印　　装：	苏州市深广印刷有限公司
邮购热线：	0512-67480030　销售热线：0512-67481020
网店地址：	https://szdxcbs.tmall.com/(天猫旗舰店)
开　　本：	700 mm×1 000 mm　1/16　印张：19.5　字数：350 千
版　　次：	2021 年 12 月第 1 版
印　　次：	2021 年 12 月第 1 次印刷
书　　号：	ISBN 978-7-5672-3758-2
定　　价：	68.00 元

凡购本社图书发现印装错误,请与本社联系调换。服务热线:0512-67481020

序

　　这是苏州大学文学院2018级、2019级文科基地班学生优秀论文选集。共收录学生们写就的小论文28篇。

　　苏州大学文学院本科生出论文集，这不是第一次。

　　苏州大学文学院本科生第一次出论文集，是1984年的事情了。1984年6月，苏州大学中文系本科毕业生首次试点实行学位论文答辩，系里在100位1980级学生撰写的学位论文中挑选了6篇作为答辩论文，其中我所在的1980级（1）班选了4篇，另一个班级1980级（2）班选了2篇。我记得我们班级4篇论文的作者分别是我及后来我院的吴雨平老师、传媒学院的马中红老师及兴化市教育局的曹伯高局长。答辩完成之后，中文系将6篇学士学位论文汇编成《中文系1984级毕业论文选（1984集）》（油印本，没有公开出版）。

　　文学院本科生第二次出论文集，是在1996年，以《苏州大学学报》增刊的形式出版了1995级文学院文科基地班学生写就的论文集，目前在苏州大学附属儿童医院担任纪委书记的姚炜及在艺术学院任教的教师毛秋瑾、范英豪等都是当年这个论文集的作者，我作为入选该论文集的4位学生论文的指导教师之一参与了这项工作。

　　但与前几次不一样的是，这一次我们准备出一个长长的系列，即持续不断地出版不同专业、不同年级的学生论文集，不仅出版文科基地班学生的论文集，也出版中文师范专业、汉语国际教育专业、秘书学专业学生写就的优秀论文。

　　关于本科生的学术论文写作，向来有两种截然不同的意见。一种意见认为：本科阶段重在学习积累，不要轻易动手写作学术论文，尤其不要为赋新词强说愁，为写论文而写论文，为了某种学术以外的目的去撰写学术论文。我们可以称之为"主休派"。另一种意见则认为：本科阶段，可以在教师指导下进行初步的学术探讨，而作为这些初步的早期的学术探讨的结晶便是本科生的学术论文。我们可以称之为"主作派"。这部论文集应该算是"主作派"的成果。要我说，这两种意见都有一定的道理，都无可厚非，它们其实都有一个共同的出发点：爱护学生早期的学术探索。

我大三的时候，也曾经遏制不住内心的学术冲动，写就了一篇《〈诗经〉中的"既 A 且 B"式初探》，洋洋洒洒数万字。时值 20 世纪 80 年代初，外面的学术刊物极少，系里也没有能力组织学生出版论文集，只能锁在箱子里，大学毕业三年后才选取了其中的一小部分写成《谈 A、B 同义的"既 A 且 B"式》一文发表在了一份学报上。

较之于我大学时代的早期学术探索经历，今天的学生无疑是幸运的：因为有这么一本论文集在这里，她可以记录学生早期学术探索的草蛇灰线、雪泥鸿爪，虽然步履略显蹒跚、踉跄，却弥足珍贵，值得珍藏。

在这里，我也要感谢这 20 多篇论文的指导老师！这种不计报酬的辛勤付出，正是中国传统文化中倡导并传承下来的作为教师的种种美好品格之一。

愿我们的这个系列论文集不断刊载学生们的高质量的学术探索习作，真正成为文学院师生心目中的一片纯粹的学术净土。

曹 炜

2021 年 8 月 16 日

于苏州大学独墅湖校区文综 5219 室

目　录

第一部分　中国古代文学研究论文选

宋代《清平乐》词调初探　　　　　　　　　　　　2018级　韩昕怡/003
唐宋词小令的研究
　　——以《清平乐》为例　　　　　　　　　　　2018级　张晶/013
《四库全书总目·漱玉词》考论　　　　　　　　　2019级　陆淼淼/023
冯梦龙的民歌思想及雅俗文学观新探
　　——从《挂枝儿》《山歌》到《夹竹桃顶针千家诗山歌》
　　　　　　　　　　　　　　　　　　　　　　　2018级　贾书怡/033
论《聊斋志异》中的海洋叙事　　　　　　　　　　2018级　陈雅薇/045
《钦定词谱》中小令的六言句研究　　2018级　黎慧芳　刘音孜/055
近十多年词调研究综述　　　　　　　　　　　　　2019级　罗可欣/064

第二部分　中国现当代文学研究论文选

矛盾中的现代性
　　——浅析清末小说《恨海》　　　　　　　　　2019级　徐涵/089
论双雪涛短篇小说《间距》内部叙事的连续与倒置　2019级　王静/100

格非《褐色鸟群》中不可靠的文本世界	2018 级	李清越 / 108
谈王德威的"抒情传统"研究		
——以其对沈从文的论述为例	2018 级	叶小舟 / 116
20 世纪 80 年代以来"鬼魅叙事"的继承与新变	2018 级	何映辉 / 124
从意象与语言的角度解读海子诗《九月》		
	2018 级	陈嘉盈 / 130
论张恨水抗战小说的创作特色		
——以《大江东去》为例	2018 级	沈宁欣 / 137

第三部分　外国文学与比较文学研究论文选

"交叉"的三重奏：结构主义视域下的《命运交叉的城堡》		
	2018 级	李沛琪 / 145
《黑色维纳斯》中安吉拉·卡特对边缘身份的重构策略		
	2018 级	王柳依 / 169
罗兰·巴特符码视域下的《白象似的群山》解读	2019 级	陈怡 / 178
都云作者痴，试解其中味		
——《题〈石头记〉》中"痴"字英译比较研究	2018 级	吕晨 / 183
生态视域下《热爱生命》的再阐释	2018 级	金睿熙 / 188

第四部分　语言学与文化学研究论文选

"X 人"构式探析	2018 级	杨心怡 / 199
江苏省连、宿、通、苏四地身体疾病类方言词调研报告		
	2018 级	李燕妮 / 222
河南巩义方言中程度副词的词义探究	2018 级	宋敏昱 / 252
试评列文森的"儒教博物馆化"说	2018 级	卢雨霏 / 256

女性自我想象的两个信号
    ——作为流行称呼的"哥哥""姐姐"   2018级 王文宇/264
女性问题的"想象性解决"
    ——基于电影《芙蓉镇》中女性形象的分析   2018级 刘洁予/277
从"人的轮回"到"人性之恶"
    ——探析《大鸿米店》对《米》的改编   2018级 刘缘/284
日神与酒神的角逐
    ——析《同流者》的悲剧主题   2018级 杨赵男/298

第一部分 中国古代文学研究论文选

宋代《清平乐》词调初探

2018 级　韩昕怡

一、《清平乐》词调的由来

《清平乐》始于唐朝，原来是唐教坊曲名，后来逐渐发展为词调名，到宋代，成了常用词牌。在《宋史·乐志》中，《清平乐》被纳入"大石调"；在《金奁集》《乐章集》中，《清平乐》则被并入"越调"。现在通行的《清平乐》结构及格律以李煜词为准。《清平乐》词调正体双调八句四十六字，上半阕四仄韵，下半阕三平韵。《清平乐》同时又是曲牌名，属南曲羽调。[1] 此调有四个异名：黄叔旸在《花庵词选》中将其命名为《清平乐令》；张辑在《清平乐·忆萝月》中有"忆著故山萝月"句，所以《清平乐》又名《忆萝月》；元代的张翥词中有"明朝来醉东风"句，所以《清平乐》又名《醉东风》；另外，还有《破子清平乐》。

二、《清平乐》的题材选择

《清平乐》是四十六字双调小令，其上下阕基本句式为：四五七六，六六六六。整体上半阕跌宕起伏；下半阕舒缓缠绵，前起后落，疾缓分明，转折有致，层次丰富，适应性极佳，可以用来表达丰富的情感，所以历来为词家所喜爱。晏殊、晏几道、苏轼、黄庭坚、李清照、辛弃疾等著名的词人均用过《清平乐》调。虽为同一词调，但这几位词人，包括后来的词人在书写题材的选择上各不相同，并没有形成固定的情感框架，情感表达的自由度较高。

比如晏殊的《清平乐·金风细细》：

---

[1] 龙榆生. 唐宋词格律［M］. 上海：上海古籍出版社，1978：280.

> 金风细细，叶叶梧桐坠。绿酒初尝人易醉，一枕小窗浓睡。
> 紫薇朱槿花残，斜阳却照阑干。双燕欲归时节，银屏昨夜微寒。[1]

这首"悲秋"词有些"为赋新词强说愁"的意味。晏殊的词风含蓄婉丽，笔触极为细腻。他在本词中，以"金""绿""紫""朱""银"等关于色彩的描写，使词的画面感油然而生，像是在记录艳丽的秋景。他在词中选取了细细的秋风，落叶的梧桐，衰残的紫薇、朱槿，斜阳照耀下的庭院，双飞的燕子，银色的屏风等意象，通过主人公在精致的小轩窗下目睹秋景飘零、双燕归去，内心感到银屏微寒这一忧伤情景，营造了一种冷清寂寞的意境。虽没有什么实际意义，但美丽的词句仍带着些悲秋词中独有的感时感物的淡淡忧伤，具有不错的审美价值。

再比如晏几道的《清平乐·留人不住》：

> 留人不住，醉解兰舟去。一棹碧涛春水路，过尽晓莺啼处。
> 渡头杨柳青青，枝枝叶叶离情。此后锦书休寄，画楼云雨无凭。[2]

这首送别词的主人公没有明确的指向，有可能是作者以女性视角代妓立言，也可能是作者借闺阁女子或娼妓之口诉说离别的愁怨。晏几道描写了春日水边的离情别怨，表达一位女子对情人离去的依依不舍之情。上半阕用白描手法写春晨渡口分手时女子的种种情态，下半阕则情感倒转，以怨写爱，以女子的决绝之语作结。词中女子因多情而生绝望，由"情深"的留恋到"意浅"的决绝，虽嘴上说着"此后锦书休寄"，但欲拒还迎间何尝不是表明了一种不忍割舍的矛盾情怀。

再比如苏轼的《清平乐·秋词》：

> 清淮浊汴，更在江西岸。红旆到时黄叶乱，霜入梁王故苑。
> 秋原何处携壶，停骖访古踟蹰。双庙遗风尚在，漆园傲吏

---

[1] 贾太宏. 宋词鉴赏 [M]. 天津：天津人民出版社，2017：85.
[2] [宋] 王禹偁，等. 宋词三百首鉴赏大全集 [M]. 北京：新世界出版社，2011：101.

应无。[1]

该词是词人思念好友，想象一路上友人可能的遭遇的怀人词。作者的想象并非空想，而是基于往日相处间对友人的深刻了解而做出的推测。苏轼的一系列推断，显示了他对友人陈述古真切的了解和真挚的友情。这首词全篇俱为想象之语，上半阕写行程，借淮河、汴水、长江、梁苑等地理名称，以及黄叶、秋霜等秋季景物，说明行者的去向、路途的遥远，预测了到达的时间。下半阕写游历，想象好友陈述古到南都后，定当携壶游原，飞舫醑酒，祭奠凭吊先贤。人虽不能同往，情却可以共至。

再比如黄庭坚的《清平乐·春归何处》：

春归何处？寂寞无行路。若有人知春去处，唤取归来同住。
春无踪迹谁知？除非问取黄鹂。百啭无人能解，因风飞过蔷薇。[2]

这首惜春词感叹了时光的一去不返。作者以凄清婉约的笔法，抒发了对春天逝去的沉痛惋惜及对往昔美好时光的眷恋。上半阕写春天的归去，作者将抽象的春拟人化了。起句即发问，既点明寻春、惜春的旨意，又透出爱春、伤春的情绪。接着写对春天踪迹的怀想，感叹春去了无痕。"若有人知春去处，唤取归来同住。"两句用浪漫的幻想和拟人笔法表达了自己对春天的依恋深情。下半阕暗写夏季的到来，作者先发问谁知春天的踪迹，又想到黄鹂定会知道。然而鸟语无人能通，又添一层烦恼。写黄鹂"飞过蔷薇"，即春花已谢，蔷薇已开，所以黄鹂飞走了，夏天已经到来，于是寻春最后的一线希望也破灭了。

再比如李清照的《清平乐·年年雪里》：

年年雪里，常插梅花醉。挼尽梅花无好意，赢得满衣清泪。
今年海角天涯，萧萧两鬓生华。看取晚来风势，故应难看梅花。[3]

---

[1] 李之亮. 苏轼文集编年笺注［M］. 成都：巴蜀书社，2011：29.
[2] 贾太宏. 宋词鉴赏［M］. 天津：天津人民出版社，2017：185.
[3] 贾太宏. 宋词鉴赏［M］. 天津：天津人民出版社，2017：329.

这是一首赏梅词，同时也是词人借梅花表达对自己一生的追忆和总结。李清照借不同时期的赏梅感受展现自己一生经历的心灵体验，她截取了早年、中年、晚年三个不同时期赏梅的典型画面，生动展现了三个时期各异的一时一地之景，处处跳动着生活的脉搏。她将自己早年的欢乐、中年的幽怨、晚年的沦落，通过抒写赏梅的不同感受倾诉了出来，短短四十六字形象地概括了她一生的哀乐。同时，个人遭遇又何尝不与家国命运息息相关呢？李清照以赏梅寄寓自己的今古之感怀、咏国之忧愁和家国飘摇之愤恨，格局瞬间拔高，感慨深沉。

再比如辛弃疾的《清平乐·村居》：

> 茅檐低小，溪上青青草。醉里吴音相媚好，白发谁家翁媪？
> 大儿锄豆溪东，中儿正织鸡笼。最喜小儿亡赖，溪头卧剥莲蓬。[1]

这是一首田园词。与前面提到的几首词不同，这首词的感情基调是平和向上的。辛弃疾以白描的手法描绘了一个江南农村闲适、恬静、和谐、快乐的午后时光，颇具乡土风情。一个五口之家，生活环境惬意舒适，生活画面怡然自洽，借此表现人情之美和生活之趣。辛弃疾细致描摹了这家老小的不同面貌与情态，翁、媪、大儿、二儿、小儿分别代表了美好人性的不同侧面，形成了一种清新宁馨的风格，呈现出一幅栩栩如生、有声有色的农村风俗画，令人心驰神往。而对于乡土农家之美的真切感受也表现出作者对农村和平宁静生活的喜爱。

除了以上列举的悲秋之词、伤春之词、感时之词、送别之词、思念之词、伤己之词、农家田园词之外，还有很多不同的题材，如《清平乐·寿道夫》《清平乐·独宿博山王氏庵》之类表达爱国情怀和壮志难酬之感，如《清平乐·红笺小字》之类表达对知己的渴望，如《清平乐·蕙心堪怨》之类表达对旧日恋人的谴责和抱怨，如《清平乐·五月十五夜玩月》之类表达玄幻避世的奇特想法……总体而言，《清平乐》的题材丰富多样，从感物，到感人；从现实，到玄想；从闺阁的细腻，到山河的悲悯；从感叹个人的际遇，到痛惜家国的苦难，一应俱全。这种灵活性高的词调，对于作者传情达意来说是一个不错的载体，没有固定的题材框架，适配度极高。

---

[1] 周啸天. 古诗词鉴赏 [M]. 成都：四川辞书出版社，2018：597.

不过，在题材多样性的基础上，《清平乐》所传达的情感或主旨仍是较有特色的。它所表达的基本上是沉静、平和、低回的情感，虽然在这个情感区间中的自由度较高，但也未能突破这个界限，达到描写高亢情致的地步。除去一些以现在的眼光看属于无病呻吟的纯粹抒情作品外，哪怕是平和美好的农家词，如《清平乐·村居》，情感也并没有推向一个高潮，都是平平淡淡地结束；而那些题材看似慷慨激昂的有关家国或战争之词，则都是以家国沦陷的悲伤及壮志难酬的绝望之情收尾。选取此调的作者，总是在抒写悲情与感叹，气息压抑，就算是少有的畅快之情，却也没能迎来一个上扬的高调旋律；就算途中生出些高光，结尾也总是竭力扼制。如"平生塞北江南，归来华发苍颜。布被秋宵梦觉，眼前万里江山"[1]。辛弃疾先是写一生奔波于塞北和江南，气势壮阔，但下一句笔调陡转直下，写如今归隐山林，容颜苍老、满头白发的年岁之悲。单薄的布被被一阵凄冷的秋风吹透，他突然梦中惊醒，眼前却依稀还是梦中牵肠挂肚的万里江山。现实与梦境交错，梦境在醒来时化为泡影，而纵横驰骋沙场、报效祖国的豪情壮志也只能寄托于梦幻和虚无，"塞北江南"与"万里河山"字面上的气势只是徒增梦想破灭的悲伤无奈。决计不会像《江城子》《满江红》《浪淘沙》等词调一般充满壮志豪情。

三、《清平乐》的章法特点

《清平乐》整篇的字数只有四十六字，篇幅短小。词人在创作的时候，要在如此逼仄的空间里叙写事物、表情达意，就不得不字斟句酌，将结构做到紧凑。这种紧凑变相促进了词的精致化。《清平乐》的上下阕每阕只有短短四句，因此，在情感比较激烈或者情感起伏比较大的作品中，缓慢而细腻的情感递进是行不通的，这就要考验词人对于修辞手法的运用。《清平乐》中运用的章法手段非常丰富，词人常常需要使用转折、递进、对比、虚实等手段完成情感的各种变化，由此使情感的高度瞬间提升。

比如晏几道的《清平乐·留人不住》：

留人不住，醉解兰舟去。一棹碧涛春水路，过尽晓莺啼处。

---

[1] 胡云翼. 唐宋词选［M］. 上海：中华书局，1940：119.

渡头杨柳青青，枝枝叶叶离情。此后锦书休寄，画楼云雨无凭。[1]

此词上下半阕情感对比强烈，上半阕用白描手法，写"醉酒"，写"兰舟飘远"，写"舟棹荡开碧波离去"，写"莺啼"，生动地展现了一场恋恋不舍的分手场面：心事重重的女子为远行者践行，喝醉了酒，但显然登上兰舟的远行者去意已决，送别他的女子仍依依不舍，一路挽留目送。女子想象情人一路上所经的风光，江中是碧绿的春水，有江上婉转的莺歌，即使他决然地离开了她，她也仍旧希望他一路安康，有美景做伴，卑微而痴情。然而到了下半阕，情感陡转。情人消失在渡头，唯余堤边杨柳青青、依依有情，与女子一起在渡口凝望远方。女子突然生起气来，自言自语让情人今后别再寄信来，往昔的美好回忆全都舍弃了吧。或许是想到自己"妓女"的身份，知道情人归来与她相守的可能性渺茫，她只能满腹怨恨地选择放弃，虽然暗自期待一封锦书，但面对现实也只能无可奈何罢了。上半阕直抒胸臆，下半阕以怨写爱，越是假装放下，越是说明没有放下，而且多了一份无法控制自己感情的无奈，比上半阕更加递进一层，"情深"与"意浅"交错间，是女子无法割舍的深深痴情。

再比如李清照的《清平乐·年年雪里》：

年年雪里，常插梅花醉。挼尽梅花无好意，赢得满衣清泪。
今年海角天涯，萧萧两鬓生华。看取晚来风势，故应难看梅花。[2]

词人依照时间顺序，分别摄取了早年、中年和暮年这三个不同时期的赏梅片段，逻辑线路非常清晰。与此同时，这三个层次并不是平叙的，虽然选取了三时三地的情景，情感也各不相同，但有个渐趋悲凉的走势。李清照写早年经历是"常插梅花醉"，中年经历是"挼尽梅花无好意"，晚年经历则是"难看梅花"，她对梅花的动作和情绪也有一个递进的轨迹，开始的动作是"插"，情绪是"醉"，后来的动作是"挼"，情绪是"无好意"，最后的动作是"看"，情绪是"难"。从最开始插梅的天真、快乐、活泼逐

---

[1] [宋] 王禹偁，等. 宋词三百首鉴赏大全集 [M]. 北京：新世界出版社，2011：101.
[2] 贾太宏. 宋词鉴赏 [M]. 天津：天津人民出版社，2017：329.

渐变为心如止水，看梅却觉梅无好意梅无情，再到最后看梅生悲，晚来恐无梅可看，词意一转再转，跌宕生姿。由悲花，到悲人，再扩大到家国的宏大概念，一路递进。

再比如辛弃疾的《清平乐·独宿博山王氏庵》：

> 绕床饥鼠，蝙蝠翻灯舞。屋上松风吹急雨，破纸窗间自语。
> 平生塞北江南，归来华发苍颜。布被秋宵梦觉，眼前万里江山。[1]

该词的上半阕写残忍凄凉的现实世界：家中无吃食，连老鼠都是饥饿的，它们绕着床蹿来蹿去，希望能找到些东西果腹；野外的蝙蝠看此地鄙陋，大胆飞入其中，围着灯上下翻舞。松风裹挟着倾盆大雨在屋顶上呼啸而过，吹破了糊窗的破纸，发出"呼呼"的叫嚣之声，仿佛是风在自言自语，又仿佛是破败的窗在自言自语。动物欺负他，天公亦不作美，萧瑟的秋雨夜，一幅归隐之后孤独凄惨的写实之景跃然纸上。下半阕词人由现实坠入梦境，他回忆起平生塞北江南辗转不定，为报效国家而耗费了最好的青春年华。如今归隐却已是年华老去，满头白发，容颜苍老。梦里心凉，身上被薄，疾风骤雨的秋夜，词人从梦里惊醒，眼前依稀还是梦中的万里江山。经由梦境再度回归现实，于是我们发现上半阕"绕床饥鼠，蝙蝠翻灯舞。屋上松风吹急雨，破纸窗间自语"所描绘的不单单是具体的鼠、蝠、风、雨，而是一种忧国忧谗，感慨于奸邪得志、志士失职的沉痛心情。痛上加痛，悲上加悲，悲自身处境的凄凉，悲鼠蝠相伴，悲屋漏雨凉，悲青春逝去，悲报国无门，悲壮志难酬，悲家国风雨飘摇，悲虚无缥缈的梦中世界仍放不下大好河山，仍不能短暂地实现一下理想，众悲交叠，将情感压抑到前所未有的低沉境地。

再比如辛弃疾的另一首词《清平乐·村居》：

> 茅檐低小，溪上青青草。醉里吴音相媚好，白发谁家翁媪？
> 大儿锄豆溪东，中儿正织鸡笼。最喜小儿亡赖，溪头卧剥莲蓬。[2]

---

[1] 胡云翼. 唐宋词选 [M]. 上海：中华书局，1940：119.
[2] 周啸天. 古诗词鉴赏 [M]. 成都：四川辞书出版社，2018：597.

该词全篇采用白描，感情上平静没有起伏，但对于一时一地的描写是十分精致的。全词紧紧围绕一个小范围的场景——小溪旁的堤岸来布置画面，并以对单独个人的细致描摹展开人物的活动。从词描写的意象来看，首先是低矮的茅檐，它的旁边是一条小溪，溪上是青青的草，岸上有个说着吴语的白发老妇人，她的大儿子正在溪的东边锄豆，二儿子则在编织鸡笼，顽皮的小儿子还太年幼，不会干农活，就卧在溪头剥莲蓬吃。读来有种儿歌的稚嫩气息，一派简单纯粹却又美好惬意的和乐乡村景象。其中"溪上青青草""大儿锄豆溪东""溪头卧剥莲蓬"几句，连用了三个"溪"字，使得画面集中到溪水旁边的岸上，又选取一家四口的日常活动进行描写，布局十分紧凑。

四、《清平乐》的声情特征

词是合乐文学，而宋词的歌法久已失传，所有词调都无法按原谱歌唱，这就要求我们学会辨别词调的声情。要辨别词调所表达的情绪究竟是悲是喜，是婉转缠绵还是激昂慷慨，可以从作品句度的长短，语调的疾徐、轻重，叶韵的疏密和匀称与否等多方面推求它们与词式之间的复杂关系。

《清平乐》的正体是双调四十六字，以五代冯延巳词《清平乐·雨晴烟晚》为代表。此体为平仄韵转换格，上阕四句二十二字，四仄韵；下阕四句二十四字，三平韵。上下阕基本句式为：四五七六，六六六六。上阕用仄韵，全用仄韵，句句协韵，加之长短句交替，显得跌宕起伏；下阕转用平韵，第三句并改仄收，隔句一协，再加上六言的双音节奏，就显得音节和缓，转作曼声，有舒缓缠绵之致。全词前起后落，疾缓分明，转折有致，层次丰富，在内容及情绪表达上，便有较大适应性。"一曲之中，平仄韵递换，一般跟着感情的起伏变化为推移。"[1]《清平乐》通常上半阕感情拗怒，下半阕感情转为和婉。

比如李煜的《李后主词》：

> 别来春半，触目愁肠断。砌下落梅如雪乱，拂了一身还满。
> 雁来音信无凭，路遥归梦难成。离恨恰如春草，更行更远

---

[1] 龙榆生. 词学十讲 [M]. 北京：北京出版社，2005：65.

还生。[1]

上下阕平仄韵互换，上半阕节奏紧促，直抒胸臆。以一个"别"字起意并点题，再写春已过半，看着内心无比忧愁，"砌下落梅如雪乱"突出一个"乱"字，梅花花瓣乱，抒情主人公独立无语，却心也乱，"拂了一身还满"，他想克制内心的情感，但一个"满"字，表明无奈、企盼、思念等都挥之不去。下半阕转为舒徐，表意比较委婉。前两句把思念具体化，作者盼望大雁能为他带来思念之人的音信，但大雁只是横空飞过，又盼望能与思念之人在梦中重聚，但距离实在是太过遥远，哪怕是在梦中也难以回来。他望向远方，绝望地发觉无论自己走得多么远，心中那"离恨"都会像无边无际的春草滋生不已，无穷无尽，永远都在眼前，也永远无法摆脱。所用的比喻虽浅显，却生动，离恨无穷无尽，读来意味深长。

再比如辛弃疾的《清平乐·独宿博山王氏庵》：

绕床饥鼠，蝙蝠翻灯舞。屋上松风吹急雨，破纸窗间自语。
平生塞北江南，归来华发苍颜。布被秋宵梦觉，眼前万里江山。[2]

上半阕全用仄协，句句押韵，显示声情的紧张。而下半阕转平，第三句并改仄收，隔句一协，音节和缓，声情和谐。"转作曼声，有缠绵不尽之致，是短调中最为美妙动听的。"[3]

结语：

《清平乐》虽篇幅短小，仅有四十六字。但因为全词前起后落，疾缓分明，转折有致，层次丰富，所以在内容选择及情绪表达上有较大适应性和灵活性。词人在表情达意时，感情基调是沉静低回的，总体的情感区间控制在舒缓平和以下，很少突破这个界限，走向高亢。所以除去极度高亢的情感外，《清平乐》的普适度较高，故而自由性也较好，所适配的题材同样

---

[1] 胡云翼. 唐宋词选 [M]. 上海：中华书局，1940：18.
[2] 胡云翼. 唐宋词选 [M]. 上海：中华书局，1940：119.
[3] 龙榆生. 唐宋词格律 [M]. 上海：上海古籍出版社，1978：300.

十分丰富，涵盖各种不同的类型词和特型词。同时，也正因为有字数的限制，词人在作词时，会下意识地注重词组织结构的紧凑度和谋篇布局的精密度。在《清平乐》词中，词人常常会使用转折、递进、对比、虚实结合等巧妙的章法手段使情绪的表现迅速推进，在极小的篇幅内达到惊艳的效果，很考验词人的写作水平。《清平乐》的声情特点总体上是先拗怒，再和婉。拗怒为词中的情感构建了一个高度与深度的象征，和婉则又消解了前情的锐度。锐度的消解没有抛弃情感的内涵，使之更为纯净，和婉之中暗含深情，韵味绵密悠长。

指导教师评语：

　　唐宋词的词调研究是近年来词学研究中比较前沿的研究题材。本文以宋代《清平乐》词调为例，详细讨论其题材、章法和声情特征。《清平乐》的研究在学界较少，选题比较有创新性，论证框架也大致完整合理。如各部分再增加原始基本文献的爬梳，并加以适当归纳提炼，则结论更具说服力。（薛玉坤）

唐宋词小令的研究
——以《清平乐》为例

2018 级　张晶

一、《清平乐》的题材

《清平乐》作为唐代的教坊曲名和宋代的词牌名，历史悠久，留下了许多不同题材的佳作。经统计、分类合并，它的题材大体可分为以下几种。

（一）宫闱庭院

《清平乐》早在唐代就出现了。李白写过三首词《清平乐·画堂晨起》《清平乐·禁庭春昼》《清平乐·禁闱秋夜》，分别描写了李白在宫廷居住时早上、下午和晚上起居的情况。

　　　　　　　清平乐·画堂晨起
　　画堂晨起，来报雪花坠。高卷帘栊看佳瑞，皓色远迷庭砌。
　　盛气光引炉烟，素草寒生玉佩。应是天仙狂醉，乱把白云揉碎。[1]
　　　　　　　清平乐·禁庭春昼
　　禁庭春昼，莺羽披新绣。百草巧求花下斗，只赌珠玑满斗。
　　日晚却理残妆，御前闲舞霓裳。谁道腰肢窈窕，折旋笑得君王。[2]
　　　　　　　清平乐·禁闱秋夜
　　禁闱秋夜，月探金窗罅。玉帐鸳鸯喷兰麝，时落银灯香灺。

---

[1] 彭定求. 全唐诗 [M]. 北京：中华书局，2008：25.
[2] 彭定求. 全唐诗 [M]. 北京：中华书局，2008：27.

女伴莫话孤眠，六宫罗绮三千。一笑皆生百媚，宸衷教在谁边？[1]

这三首词都有一个共同的特点：都描写了宫廷的生活。由于《清平乐》在唐代作为教坊曲名，所以这种题材很常见。第一首词描写了唐朝宫廷早上飘着雪花的美景；第二首词则带入妃子的视角，写妃嫔精心梳妆打扮、争夺宠爱，"残妆""腰肢窈窕"更是描写了妃子与皇帝居室即兴之秘事，李白带入杨贵妃的视角，描写其与唐玄宗的相处日常；第三首词则是写宫廷夜晚的景致和三千后宫都期盼皇帝的宠爱之事。

（二）离别之愁

《清平乐》也可以被用来写咏别词，表现与友人别离的悲苦和对友人的祝愿，如温庭筠的《清平乐·洛阳愁绝》。还有写别离之后的感伤和对别离之人深切的想念的，如李煜的《清平乐·别来春半》。

清平乐·洛阳愁绝

洛阳愁绝，杨柳花飘雪。终日行人恣攀折，桥下水流呜咽。

上马争劝离觞，南浦莺声断肠。愁杀平原年少，回首挥泪千行。[2]

清平乐·别来春半

别来春半，触目柔肠断。砌下落梅如雪乱，拂了一身还满。

雁来音信无凭，路遥归梦难成。离恨恰如春草，更行更远还生。[3]

第一首词写出了温庭筠折柳挥泪送友人别离的场面，表达了他浓浓的不舍与悲伤；第二首词则写出了南唐后主李煜挂念入宋而不得归的弟弟李从善，看着墙下落下的梅瓣触景生情，离别之恨如春草般大肆生长。

又比如晏几道的《清平乐·留人不住》，借娼妓之口，写女子与情人离别的愁怨，表达自己历经身世的坎坷和世俗的冷暖后的愁闷。

---

[1] 彭定求. 全唐诗 [M]. 北京：中华书局，2008：32.
[2] 彭定求. 全唐诗 [M]. 北京：中华书局，2008：126.
[3] 彭定求. 全唐诗 [M]. 北京：中华书局，2008：234.

清平乐·留人不住

留人不住，醉解兰舟去。一棹碧涛春水路，过尽晓莺啼处。

渡头杨柳青青，枝枝叶叶离情。此后锦书休寄，画楼云雨无凭。[1]

(三) 闺怨爱情

《清平乐》曲调婉约柔美，适合用来被文人描写少女思春心事，描写春日的美景，写出女性心中对爱情的向往和她们欲望的表达。如欧阳炯的《清平乐·春来街砌》。

清平乐·春来街砌

春来街砌，春雨如丝细。春地满飘红杏蒂，春燕舞随风势。

春幡细缕春缯，春闺一点春灯。自是春心撩乱，非干春梦无凭。[2]

也有文人用来写少妇独居伤怀、望夫归来的伤情，用来抒发自己事业遇到瓶颈、不得意的苦闷。如冯延巳的《清平乐·雨晴烟晚》。

清平乐·雨晴烟晚

雨晴烟晚，绿水新池满。双燕飞来垂柳院，小阁画帘高卷。

黄昏独倚朱阑，西南新月眉弯。砌下落花风起，罗衣特地春寒。[3]

这样的闺怨之情通常结合景色一起出现，作者借景生情，伤春悲秋，通过短暂的春光、凋零的落叶或严酷的寒冬联想到自己一生的经历，通过描写这些景色并带入少女的视角，表现自己的苦闷、愁怨。

作者除了借女子之口，表现女子的闺情以外，也会以男子的身份，抒写与自己的知己情人恋爱的场景。如晏几道的《清平乐·蕙心堪怨》。

---

[1] 唐圭璋. 全宋词 [M]. 北京：中华书局，2005：202.

[2] 唐圭璋. 全宋词 [M]. 北京：中华书局，2005：309.

[3] 唐圭璋. 全宋词 [M]. 北京：中华书局，2005：402.

清平乐·蕙心堪怨

蕙心堪怨,也逐春风转。丹杏墙东当日见,幽会绿窗题遍。

眼中前事分明,可怜如梦难凭。都把旧时薄幸,只消今日无情。[1]

这首词回忆了两人的交往,显示了词人对女子的怀念及辜负了这段爱情的愧疚。

清平乐·红笺小字

红笺小字,说尽平生意。鸿雁在云鱼在水,惆怅此情难寄。

斜阳独倚西楼,遥山恰对帘钩。人面不知何处,绿波依旧东流。[2]

晏殊的这首《清平乐·红笺小字》深情含蓄地写出了作者对爱人的怀恋和他见不到所思之人淡淡的忧伤。

(四) 游历山水

清平乐·秋词

清淮浊汴。更在江西岸。红旆到时黄叶乱。霜入梁王故苑。

秋原何处携壶。停骖访古踟蹰。双庙遗风尚在,漆园傲吏应无。[3]

苏轼的这首词上片写他一路顺着江水旅行所到达的地方,下片写自己停在古迹,怀念并凭吊先贤。词的风格偏向于豪放,格局不再拘泥于小情小爱,而是追求更高的境界。

清平乐·太山上作

江山残照,落落舒清眺。涧壑风来号万窍,尽入长松悲啸。

井蛙瀚海云涛,醯鸡日远天高。醉眼千峰顶上,世间多少

---

[1] 唐圭璋. 全宋词 [M]. 北京:中华书局,2005:309.

[2] 唐圭璋. 全宋词 [M]. 北京:中华书局,2005:327.

[3] 唐圭璋. 全宋词 [M]. 北京:中华书局,2005:319.

秋毫![1]

这首词是元好问游历东岳泰山时所作,表达了他对自然景色的赞美和不计得失、淡然自得的老庄思想,上升为另一种大气、豪放的精神境界。

(五) 田园风光

清平乐·检校山园书所见
连云松竹,万事从今足。拄杖东家分社肉,白酒床头初熟。
西风梨枣山园,儿童偷把长竿。莫遣旁人惊去,老夫静处闲看。[2]

清平乐·村居
茅檐低小,溪上青青草。醉里吴音相媚好,白发谁家翁媪?
大儿锄豆溪东,中儿正织鸡笼。最喜小儿亡赖,溪头卧剥莲蓬。[3]

这两首词都是南宋词人辛弃疾的作品,描写了老人小孩乡村生活的美好景象,极具烟火气和生活气息,通过描写田园风光和乡村生活,烘托静谧温和的氛围,表现人们安居乐业的美好。

(六) 豪情壮志

清平乐·独宿博山王氏庵
绕床饥鼠,蝙蝠翻灯舞。屋上松风吹急雨,破纸窗间自语。
平生塞北江南,归来华发苍颜。布被秋宵梦觉,眼前万里江山。[4]

这是南宋词中比较常见的题材,爱国词人辛弃疾通过这首词表现自己年老依然壮志难酬的悲慨心情,以及自己老骥伏枥仍然想要收复江山的决心。

---

[1] 唐圭璋. 全宋词 [M]. 北京:中华书局,2005:259.
[2] 唐圭璋. 全宋词 [M]. 北京:中华书局,2005:230.
[3] 唐圭璋. 全宋词 [M]. 北京:中华书局,2005:224.
[4] 唐圭璋. 全宋词 [M]. 北京:中华书局,2005:258.

二、《清平乐》的章法

（一）上下片

《清平乐》上下片之间的关系，可以分为：

1. 上景下情

上片以写景为主，下片以抒情为主。合乎词人出景抒情的艺术思维和写作手法。例如《清平乐·雨晴烟晚》上片写了暮春时节，雨后初晴，夕阳残照，烟雾弥漫，燕子飞来的场景；下片则写这位少妇孤独倚栏、寂寞凄冷之情和她内心的哀怨及怅恨。

2. 上昔下今

如李清照的《清平乐·年年雪里》：

清平乐·年年雪里

年年雪里，常插梅花醉。挼尽梅花无好意，赢得满衣清泪。

今年海角天涯，萧萧两鬓生华。看取晚来风势，故应难看梅花。[1]

这首词写出了李清照早、中、晚三个时期赏梅的场景，表达自己幼时的懵懂、中年的凄婉、晚年的悲凉三个人生阶段。上片忆古，下片伤今。上昔下今的方式，表达了女词人一生的变化。运用对比和衬托的手法，以昔衬今，通过三个时段的对比，表达自己的凄凉和淡淡的家国哀思。

3. 上幻下真

如刘克庄的《清平乐·五月十五夜玩月（之一）》：

清平乐·五月十五夜玩月（之一）

纤云扫迹，万顷玻璃色。醉跨玉龙游八极，历历天青海碧。

水晶宫殿飘香，群仙方按《霓裳》。消得几多风露，变教人世清凉。[2]

---

[1] 唐圭璋. 全宋词 [M]. 北京：中华书局，2005：389.
[2] 唐圭璋. 全宋词 [M]. 北京：中华书局，2005：442.

上片写词人的想象，他想象自己在月夜跨上玉龙，前往月亮上面的宫殿遨游，见到仙人；下片又回到人间，联想到人世间真实的凄苦。联系当时南宋的统治者置人民于水火之中、不理国事的历史，表现了作者对国家和人民的忧思与济世救民之情。

上下片之间的关系是统一和谐的，连贯、一气呵成的，互相辉映的。上片无须将词的意思说尽，而是要给下片留有余地。上片给下片延伸的机会，下片对上片进行发展、深化主题和突出意境。这是它们最恰当的关系。

（二）开头和结拍

《清平调》属于小令，本身字数就不多，因此，开头和结尾犹须显得精练和点题。

1. 开头

《清平乐》由于篇幅短小，往往开头直写其人或直写其景，开门见山。如《清平乐·村居》："茅檐低小，溪上青青草。"[1] 就是只写乡村的风光，从而引入老人孩子安居乐业、愉快生活的美好景致。也有不加铺垫，直接抒情的，如"洛阳愁绝，杨柳花飘雪……"[2]。

2. 结拍

结拍是一首词点题、切入主旨、抒发情感或留白的重要部分。《清平乐》的结拍主要在于：

（1）以写景做结："砌下落花风起，罗衣特地春寒。"[3]（《清平乐·雨晴烟晚》）写春寒花落的景色，不特意抒发感情，反而有留白的效果，显得余味悠长，又能够让读者品出伤春悲秋的闺怨之情。

（2）以叙事、描写做结："最喜小儿亡赖，溪头卧剥莲蓬。"[4]（《清平乐·村居》）这样的词往往更重写实，在描写方面更加生动传神。

（3）以抒情做结："离恨恰如春草，更行更远还生。"[5]（《清平乐·别来春半》）对全词的思想感情进行了集中和升华，交代了词人写作的主要思想是无穷无尽的离别之恨。也对词的内容进行了一个总结。

（三）过片

过片是双调词中上下片间起"起承转合"中的"承转"作用的句子，

---

[1] 唐圭璋. 全宋词 [M]. 北京：中华书局，2005：224.
[2] 彭定求. 全唐诗 [M]. 北京：中华书局，2008：126.
[3] 彭定求. 全唐诗 [M]. 北京：中华书局，2008：402.
[4] 唐圭璋. 全宋词 [M]. 北京：中华书局，2005：224.
[5] 彭定求. 全唐诗 [M]. 北京：中华书局，2008：234.

一般在下片的开头处,起到衔接上下两片并转圜的作用。《清平乐》中的过片有以下几种情况:

(1) 承上启下:"眼中前事分明,可怜如梦难凭。"[1](《清平乐·蕙心堪怨》)前一句承接上片词人对这份怀有遗憾的爱情的追忆,后一句开启词人对爱情的感慨:就像梦一样,"我"以前对你的无情就和你如今对"我"的冷漠一起,一笔勾销。

(2) 与篇首对照:"今年海角天涯,萧萧两鬓生华。"[2]与上片句首"年年雪里,常插梅花醉。"[3]做对照(《清平乐·年年雪里》)。作者将自己生长白发的时候与梅花簪发的时候相对照,显示出光阴的流逝,作者的经历和心境也不尽相同。前者欢快、后者凄凉,形成了鲜明的对照。

(3) 转换词意:"平生塞北江南,归来华发苍颜。"[4](《清平乐·独宿博山王氏庵》)上片是写辛弃疾老来后的凄凉的生活状况,下片口气一转,追忆自己戎马半生,归来已是华发,但仍有收复江山的决心和壮志。

这些过片能够把上下两片更自然、更紧密地衔接起来,使整首词更自然和谐,更有可读性。

三、声情特征

夏承焘、吴熊和在《读词常识》中提出了三种辨别词调声情的方法:其一,据唐宋人的记载;其二,据唐宋人作品;其三,据调中字句声韵。[5]我们无法找到唐宋人关于《清平乐》声情特征的记载,因此,只能通过作品中字句声韵来辨别。

首先,《清平乐》是双调词,规格是四十六字,八句,上片四仄韵,下片三平韵。它的体式相对来说较为固定,大致有正变体三种:

正体:平仄韵转换格。上片二十二字,四仄韵;下片二十四字,三平韵。

---

[1] 唐圭璋. 全宋词 [M]. 北京:中华书局,2005:327.
[2] 唐圭璋. 全宋词 [M]. 北京:中华书局,2005:389.
[3] 唐圭璋. 全宋词 [M]. 北京:中华书局,2005:389.
[4] 唐圭璋. 全宋词 [M]. 北京:中华书局,2005:258.
[5] 夏承焘,吴熊和. 读词常识 [M]. 北京:中华书局. 2009:165.

清平乐·雨晴烟晚

雨晴烟晚，绿水新池满。
中平中仄，中仄平平仄。
双燕飞来垂柳院，小阁画帘高卷。
中仄中平平仄仄，中仄中平中仄。
黄昏独倚朱阑，西南新月眉弯。
中平中仄平平，中平中仄平平。
砌下落花风起，罗衣特地春寒。
中仄中平中仄，中平中仄平平。[1]

变体一：也是平仄韵转换格。与正体的不同之处在于上结句为六字折腰豆。

清平乐·秋暮
[宋] 赵长卿
鸿来燕去，又是秋光暮。
平平仄仄，仄仄平平仄。
冉冉流年嗟暗度，这心事、还无据。
仄仄平平平仄仄，仄中仄、平平仄。
寒窗露冷风清，旅魂幽梦频惊。
平平仄仄平平，仄平平仄平平。
何日利名俱赛，为予笑下愁城。
平仄仄平平仄，仄平平仄平平。[2]

变体二：仄格，上片二十二字，四仄韵；下片二十四字，三仄韵，第一句为非押韵句。

清平乐·画堂晨起
画堂晨起，来报雪花坠。
仄平中仄，平仄中平仄。
高卷帘栊看佳瑞，皓色远迷庭砌。

---

[1] 杜少静.《清平乐》词调探微 [J]. 黄河科技大学学报, 2016, 18 (2)：110-115.
[2] 杜少静.《清平乐》词调探微 [J]. 黄河科技大学学报, 2016, 18 (2)：110-115.

平仄平平仄平仄，中仄中平平仄。
盛气光引炉烟，　素草寒生玉佩。
仄中平仄平平，仄仄平平仄仄。
应是天仙狂醉，　乱把白云揉碎。
中仄中平平仄，中仄中平平仄。[1]

由此可见，《清平乐》"上下阕平仄韵互换，前紧促而后转舒徐。上半阕全用仄韵，句句协韵，显示情调紧张；下半阕转平，第三句并改仄收，隔句一协，就显得音节和缓，转作曼声，有缠绵不尽之致"[2]。上片长短句交替，显得跌宕起伏，下片的平韵显得舒缓缠绵，有较强的表现力。使得此词牌名的词曲情感有前紧促、后悠长、前急后缓的感觉。在低沉婉约的语调中表现了平和清淡的意境与情感。当然，这样的声情特征不是固定的，它也会随着时代的发展而改变。

结语

纵观历代《清平乐》作品的发展历程可以看出，在《清平乐》创作发生的开始，也就是唐代，题材还大多局限于宫闱庭院与男欢女爱，感情更加低沉婉转。在它发展变化的过程中，也就是宋代，一方面沿袭了李清照等词人对其婉转优美感情的继承，另一方面又由辛弃疾等豪放派的词人对其进行改造，题材范围扩大，感情基调也转向高亢。并且在其发展历程中，不仅是书写内容与情感基调，其声情特征、章法和平仄格式也有许多变化。因此，可以说《清平乐》这一词调并不是一成不变的，而是处于不断变化之中的。《清平乐》以其独特的风格和特征，作为唐宋词的词牌名之一，成了我们历史文化的瑰宝。

指导教师评语：

《清平乐》是唐宋词中的一个词牌，作者对这个词牌的题材、章法、声情特征做了细致梳理，并选取了大量唐宋词作品进行论证，结构较为合理。不足之处在于，如果作者能将《清平乐》与相似的词牌进行比较，论文可以更深入。（艾立中）

---

[1] 杜少静.《清平乐》词调探微 [J]. 黄河科技大学学报，2016，18（2）：110-115.
[2] 龙榆生. 词学十讲 [M]. 北京：中华书局，2017：63-85.

《四库全书总目·漱玉词》考论

2019级　陆森森

李清照（1084—约1151），号易安居士，济南人，宋代杰出女词人。北宋著名学者李格非之女，金石学家赵明诚之妻。她诗、词、文并擅，有"千古第一才女"之称。在以男性为中心的封建文学史上，她凭女性作家的身份占有重要地位。其词以南渡为界，前期多写闺中生活情趣，后期多写身世之悲、亡国之痛。作为词学大宗，其词集自然也被收录于《四库全书》。《四库全书总目》（以下简称《总目》）提要代表正统文学批评观念对李清照及其作品进行了精到的评价。

《总目》是由清代永瑢、纪昀等人编纂的大型官修目录著作。《总目》著录文化典籍一万多种，兼写有内容提要与评论，对两千多年的传统学术进行了系统全面的总结。作为中国古代书目编纂的里程碑，该书内蕴丰富，学术价值高，深刻体现了古代目录学"辨章学术，考镜源流"的价值与成就。《总目》大体上沿袭了传统的经史子集四分法，但各部类内部分类进行了一些细微的调整。就集部而言，下设楚辞类、别集类、总集类、诗文评类、词曲类五个小类。词曲类收录了自《花间集》起至清初的一百多种词集，体现了编修者以宋词为美的词学批评思想。

词集提要在介绍作者、版本、校勘等问题的同时，更以历史的眼光观照各家词曲的艺术价值与词史定位，鲜明地体现了四库馆臣的文学思想和治学理念。以李清照《漱玉词》为例，馆臣首先采用传统目录学"提要目录"的编撰思路，注明书名、卷数，馆臣抄录底本的来源，作者的朝代、姓名、别号和籍贯。其次介绍了李清照的家世、在世污点、作品散佚情况、艺术地位评价等问题。下面对《漱玉词》《总目》提要的一些问题进行具体的考论。

一、里籍之争

馆臣称李清照为"济南人"，当据《宋史》而言。《宋史·李格非传》

有载:"李格非,字文叔,济南人。"[1] 其父为济南人,则清照自无可辩驳地同为济南人。然而关于李清照的籍贯,实有"济南""历城""章丘"三说。

"济南"一说文献依据较多,流传甚广。《宋史·李格非传》、刘克庄《后村先生大全集·诗话》、晁补之《鸡肋集·有竹堂》均记录李清照或其父为"济南人",此处当指济南府人。李清照出生32年后,齐州乃升为济南府,辖历城、禹城章丘、长清、临邑五县。虽"济南说"绝无错误,却未讲明李清照籍贯属于何县的问题,关于李清照里籍究竟是"历城"和"章丘"的讨论就有了其必要性。

"历城"说是有文献依据支撑的。《山东通志》中称其为历城人,其中又有"清照故宅在柳絮泉"[2]之记载。《历城县志》有记:"柳絮泉在金线泉东南角。"[3] 柳絮泉正位于历城县城西南。清代诗人田雯作品《古欢堂集》中有《柳絮泉访李易安故宅》一诗,也认为易安故居位于柳絮泉边。田氏此诗既出,后多有沿袭者,如俞正燮、任宏远等。俞正燮在《癸巳存稿》中更称易安"居历城城西南之柳絮泉上"[4]。然而早期地方志如《崇祯历城县志》《济南府志》均不见载,该说未免有后人杜撰攀附之嫌,资料并不可尽信。

在新的资料发掘出来以后,"章丘"说似已成定论。1980年山东省文物管理部门于章丘县明水镇西三华里的廉颇村发现了《廉先生序》石刻,该文是李格非为已故"里人"廉先生所写的纪念性文章。于中航先生认为,"元丰八年九月十三日绣江李格非文叔序"之语及李迥跋语所记廉先生之居与明水镇位置一致的事实,足证清照为章丘明水镇人。[5] 清人汪珂玉的经眼书法文献录《珊瑚纲》中,也有"元祐庚午三月丙子绣江李格非题"[6]的落款。"绣江"即章丘的古称。两证互补,基本可将李格非与李清照的身份确定为齐州章丘(今济南章丘)人。

---

[1] [元] 脱脱,等. 宋史 [M]. 北京:中华书局,1985:13122.
[2] 湖北省哲学社会科学联合会语文学会. 李清照研究资料汇编 [M]. 武汉:湖北省哲学社会科学联合会语文学会发行,1964:9.
[3] 山东省历城县志编纂委员会. 历城县志 [M]. 济南:济南出版社,1990:2337.
[4] [清] 俞正燮. 癸巳类稿 [M]. 北京:商务印书馆,1957:598.
[5] 于中航.《廉先生序》石刻考释:兼谈李格非、李清照里居问题 [J]. 文物,1984(5):70-75,105.
[6] [明] 汪珂玉. 珊瑚纲 [M]. 上海:上海古籍出版社,1991:卷二.

二、再适之争

馆臣花较多笔墨着重阐述了李清照改嫁一事。馆臣援引了南宋胡仔《苕溪渔隐丛话》中的记载,材料谈及清照再适的基本事实、清照本人对此婚姻的感受和传者嘲笑的态度。接着,馆臣指明了《投内翰綦公崇礼启》与李心传《建炎以来系年要录》两则相关资料的留存情况,并对毛晋本因避讳而未收录李心传文章做出解释。

从这段文字中,可以发现馆臣相信李清照确有改嫁张汝舟一事。在宋代词为艳科的文学观念的影响下,几乎没有专门为词人作传的情况。李清照作为女性,缺少政治社会地位,只有在相关男性亲属的材料中,才见关于她事迹的只言片语,更无人专门为其作传。在宋代不多的材料中,宋人一致认为此事确凿无疑并持批评态度。除了胡仔外,晁公武《昭德先生郡斋读书志》称她"然无检操,晚节流落江湖以卒"[1]。陈振孙《直斋书录解题》言易安"嫁东武赵明诚德甫。晚岁颇失节"[2]。

自明代始,随着李清照词学地位的上升,一些人开始质疑李清照改嫁一事的真伪,出现许多为李清照改嫁辩诬的呼声。部分明人认为李清照当时年老位高,加之其与赵明诚感情深厚,断不可能再嫁。清人沿袭明人的道路走得更远,"辩诬说"蔚然成风,相较前人提出了更多翔实可信的证据。以下枚举一二:

第一,古代笔记真伪难辨,宋人笔记常常污蔑贤人。如司马光曾在《涑水记闻》中掺有痛骂政敌王安石的诽谤之语;魏泰托名梅尧臣撰《碧云騢》一书大骂当朝名公巨卿,欲嫁祸栽赃梅尧臣等。清人认为宋人有污贤之恶习,胡仔、李心传对李清照改嫁的记载亦属诬陷。卢见曾言:"此子与氏谓好事者为之,或造谤如《碧云騢》之类,其又可信乎?"[3] 俞正燮也同意该说法,补充说明李心传对易安与后夫的构讼也属不实之事。

第二,《投内翰綦公崇礼启》被宋人篡改或曲解。该启最早见于馆臣提及的宋人笔记赵彦卫《云麓漫钞》中,性质为一则对綦崇礼的感谢信,内容涉及改嫁前后。该《投内翰綦公崇礼启》虽间杂佳句,但总体文笔低劣,

---

[1] [宋] 晁公武. 昭德先生郡斋读书志 [M]. 上海:上海书店, 1985: 卷四下 25a.
[2] [宋] 陈振孙. 直斋书录解题 [M]. 上海:上海古籍出版社, 1987: 588.
[3] 湖北省哲学社会科学联合会语文学会. 李清照研究资料汇编 [M]. 武汉:湖北省哲学社会科学联合会语文学会发行, 1964: 85.

感谢之事并未清晰指明。因而不排除张汝舟或他人篡改文字的可能性。

四库馆臣认为李清照改嫁乃确有其事，但馆臣只是持客观中立的态度著录了前人的评价，而未表明对此事的态度。至今学界两方各执一词，由于缺乏资料，因此，这个问题仍无定论。虽然两方争执不下，事实无法确定，但可以确定的是：改嫁与否都不会影响李清照在文学领域的辉煌成就。

三、《漱玉词》的版本及流变

然后，馆臣说明四库本《漱玉词》乃祖毛晋汲古阁刻本，列举了其他文献对该词集不同的卷数记载。馆臣指明，别本"今皆不传"，而此本也"已非其旧"，清照词集流传的散佚情况可见一斑。

按照宋人的编选惯例，诗文合集，词作则于集外刊行。中国古代女性作家文学作品结集刊行的情况可谓凤毛麟角。根据宋人笔记的记载，宋代李清照的词集至少有四种版本（表1前三行）。《漱玉词》宋刊本版本众多，足证李清照词作数量之多和质量之高。但有宋一代李清照的作品专辑在明代中期以后几乎已散佚，现在我们所能见到的李清照词集，都是明清以来学者从历代选本和笔记中纂辑而成的。古代文献中对李清照词集版本的记载大致如表1所示。

表1 古代文献中对李清照词集版本的大致记载

书名	卷次	出处
漱玉词	一卷/五卷	陈振孙《直斋书录解题》集部歌词类
漱玉词	三卷	黄升《花庵词选》
漱玉词	六卷	《宋史·艺文志》集部别集类
漱玉集词	一卷	《世善堂藏书目录》集部闺阁类
漱玉词	一卷	汲古阁刊《诗词杂俎》本
漱玉词	一卷	知圣道斋藏汲古阁未刻本
漱玉词	一卷	《四库全书》本，与汲古阁刊本同
李易安词	一本	赵琦美《脉望馆书目》

续表

书名	卷次	出处
漱玉词	一卷	丁丙《善本书室藏书志》集部词曲集之属
漱玉词	一卷	吴重熹《石莲庵山左人词》本
漱玉词	一卷	劳巽卿校本,见陆心源《皕宋楼藏书志》词曲类
漱玉词	一卷	王鹏运《四印斋所刻词》本

现存最早的本子是毛晋汲古阁刊《诗词杂俎》本《漱玉词》,也就是《四库全书》所编收的本子。跋曰:"庚午仲秋,余从选卿觅得宋词廿余种,乃洪武三年抄本,订正已阅数名家。中有《漱玉》《断肠》二册。虽卷帙无多,参诸《花庵》《草堂》《彤管》诸书,已浮其半,真鸿宝也,急合梓之,以公同好。"[1]

汲古阁《诗词杂俎》本据毛晋跋该本刻于"庚午仲秋"即清崇祯三年(1630)农历八月。杂俎本仅收词十七首,较宋本《乐府雅词》所收李词还少五首,更有误收和存疑之作。后来毛晋另从《花草粹编》等书中辑得若干首李词,有抄本《漱玉词》一卷,即汲古阁未刻本。其收词已增至四十九首,亦有不少误收与存疑之作。然而必须正视的是,至明中后期时代,李清照的词集已经难觅其踪,杨慎在《词品》中谈道"其(指李清照)词名《漱玉集》,寻之未得"[2]。因此虽有疏漏,但毛晋对《漱玉词》整理辑佚的贡献仍是相当巨大的。

四库本与杂俎本同,录词十七阕,具体篇目包括《凤凰台上忆吹箫》(闺情)、《声声慢》(秋情)、《壶中天慢》(春情)、《渔家傲》(记梦)、《一剪梅》(别愁)、《如梦令》(常记溪亭日暮)(酒兴)、《如梦令》(昨夜雨疏风骤)(酒兴)、《醉花阴》(九日)、《怨王孙》(梦断漏悄)(春暮)、《怨王孙》(帝里春晚)(春暮)、《蝶恋花》(离别)、《浣溪沙》(楼上晴天碧四垂)(春暮)、《浣溪沙》(髻子伤春懒更梳)(春暮)、《浣溪沙》(秀面芙蓉一笑开)(春暮)、《武陵春》(春晚)、《点绛唇》(闺情)、《雨中花》(闺情)。另外收录了从《容斋五笔》中摘抄而来的残篇《金石录后序》一则。

---

[1] 徐培均.李清照集笺注[M].上海:上海古籍出版社,2002:514.
[2] [明]杨慎.词品[M].上海:上海古籍出版社,2009:40.

四、易安词作之评价

馆臣对《漱玉集》做出了高度的评价，认为李清照虽为闺阁女子，但词格足与周邦彦、柳永等杰出男性词人媲美，前人对她的赞美绝非名不副实。馆臣最后总结道："虽篇帙无多，固不能不宝而存之，为词家一大宗矣。"[1]"篇帙无多"的惋惜，"宝而存之"的珍惜，"词家一大宗"的爱惜跃然纸上，馆臣对李清照词学才藻和其词坛地位给予了官方的肯定。

李清照词学大宗的身份是在清朝确立的，随着对李清照研究的深入，她的词学地位不断提升，被推上了"婉约派宗主"的位置。为什么馆臣称她为词家大宗？若要评价文学作品在文学史上的地位与成就，应当从作品个性、作品内涵、艺术上的开创三个方面来看。

词是一种抒发情性的艺术，按照风格和题材分为婉约派和豪放派两种。婉约派乃是词家之正宗，该流派作品取材上多写儿女之情、相思离愁；表现手法上，情绪表达往往含蓄蕴藉；语言上，清丽缱绻；音律上，婉转和谐。总体而言，给人以柔婉的审美价值体验。李清照是一位典型的婉约派词人，其词柔婉而不艳俗，雅致而不造作，融俊逸清新与自然质朴为一体。她的词情感真挚细腻，其情真，发乎于心；其情深，细致动人；其语浅，通俗自然；其意美，淡雅清疏。

李清照的作品也具有丰富的思想内涵。她接受过良好的文学教育与文学训练，这为其才华的展露打下了基础。她以超人的才藻突破了社会制度和生活环境的限制，创作涉及国家、民族、历史等极具分量的主题。总的来说，她的创作因南北宋生活的变化而呈现出前后期不同的特点。前期的词反映闺中生活和思想感情，题材集中于自然风景和相思离别。南渡以后，词多写国破家亡之悲。她将爱国之情和个人身世遭遇融为一体，个人愁苦中又包含着家国之思。创作上生动地展现了词人的生命经历、情感历程。

具有突破性的是，李清照在《词论》中明确提出"词别是一家"的观点，肯定了词作为独立文体的价值。"别是一家"指词为独立的抒情文体，对音乐性和节奏感有更独特的要求，不仅分平仄，还要分五音、五声、六律和清浊轻重，以求协律可歌。她也努力地践行着自己的理论主张，词作

---

[1] [清] 永瑢, [清] 纪昀. 四库全书总目提要 [M]. 北京：中华书局，1965：1814.

强调协律，崇尚典雅。

馆臣称李清照"抗轶周、柳"，是从词格方面来讲的。婉约词是传统的词风，即所谓"正体"，周、柳两人均为婉约派的典型代表。李清照则将女性的柔美与个人性格的刚美俱融入词中，形成了刚柔并济的艺术个性。其词构思精巧，语言清新晓畅，善于移情于物，常熔铸典故和前人诗句。易安词在宋代词苑中自成一体，侯寅《眼儿媚》调下题曰："效易安体。"[1] 辛弃疾《丑奴儿近》调下题曰："博山道中效易安体。"[2] "易安体"的出现表明清照已经形成了鲜明的艺术风格。清人普遍认为她是当之无愧的"婉约派宗主"。王士禛在《花草蒙拾》中明确表达了自己的观点"仆谓婉约以易安为宗"[3]。《济南府志》中也说："其清照为词家大宗，尝谓词自唐、五代无合格者。"[4] 足见易安词确乎屹然为一大宗。

五、经典作品赏析：以《元宵词永遇乐》为例

馆臣特别提到张端义《贵耳集》极推李清照元宵词《永遇乐》、秋词《声声慢》二词。因而笔者在阐述完对李清照的总体评价后，兹以前者作为抓手，从具体的文本出发，进行微观、局部的分析，更深入地品鉴易安词的独特魅力。

《永遇乐》是李清照晚年流寓临安某年元宵节所作，该词对比今昔元宵的不同情景，抒发了深沉的盛衰之感和身世之悲。上片写今年元宵的情景：落日暮云、柳烟梅笛、暖和天气、香车宝马。当时，宋王朝为了粉饰太平，元宵节极尽铺张，浓烟染柳，春意撩人，临安城一派繁华，正是良辰美景元宵佳节。但词人以一句迷惘而痛苦的喟叹"人在何处"，使绚烂的暮色暗淡起来。词人身在热闹的临安，心却恍惚回到了故土。然而幻象消失后，劫后余生的人儿这才意识到自己早已背井离乡。作者坎坷的经历、孤独的阴霾不禁爬上心头，"独在异乡为异客"的心境一览无余。字字句句中蕴藏着惊惶与忧思。

---

[1] 马兴荣,刘乃昌,刘继才.全宋词广选·新注·集评 3 [M].沈阳：辽宁出版社,1997：14.

[2] [宋] 辛弃疾.稼轩长短句 [M].上海：上海古籍出版社,1988：138.

[3] 唐圭璋.词话丛编 [M].北京：中华书局,1986：685.

[4] 湖北省哲学社会科学联合会语文学会.李清照研究资料汇编 [M].武汉：湖北省哲学社会科学联合会语文学会发行,1964：6.

接下来转笔写春景，柳烟浓浓，春梅正放，可词人心境的悲凉让她眼前的美景都染上了愁色，只化作"春意知几许"的叩问。作为南渡遗民，李清照内心的愁苦是"融和天气"所消融不掉的。自保尚且难求，谁知"次第岂无风雨"，更何况应"酒朋诗侣"之召，上"香车宝马"呢？虽友人来邀，但国仇家恨郁积于心，词人早已丧失了赏灯玩月的心情。寓居异乡的悲凉心情和欢快的节日气氛形成对比，三组叩问流露出词人心中无限的悲慨。

下片更将词人昔日在汴京过元宵节时欢快的情形，同今朝的凄凉景象做对比，表现出盛衰无常、家国巨变的沧桑之感。词人对故国旧人的眷念之情体现得淋漓尽致。"中州"不仅是词人过去的地理坐标，更是她永恒的心理锚点。遥想身处中州的元宵，人们生活安定而未遭战乱之苦，多有闲暇庆祝元宵。姑娘们精心打扮，上街享受节日的氛围。可"铺翠冠儿，捻金雪柳"的风姿只属过去，当年同人"簇带争济楚"的词人现今已衰老憔悴，两鬓霜白。词人的心情是矛盾的，她向往昔日中州的盛景，却又怕触景生情，发出"怕见夜间出去"的感慨。词人最终还是没有出去，但此景这般勾人，她无可奈何地选择隔帘而立，静听帘外人笑语。复杂的感情在这一动作中表现得淋漓尽致。

全文起伏回环，意脉曲折，酸楚动人。佳节本是团圆日，思亲难免是常情。对于南渡后的李清照来说，国破家亡使得她愁肠百结，今昔对比更添伤感。故就内容而言，这首佳节伤怀之作尤为生动感人。此外，这首词有意识地将浅显平易的口语与锤炼工致的书面语交错融合，语言极富表现力。"记得偏重三五""怕见夜间出去"等皆是日常用语，但"看似寻常最奇崛"，其语浅而其意深。细细咀嚼"人在何处""春意知几许""次第岂无风雨"等语，沉重的家国情思由这些轻浅的常言平平道出，含蓄婉转，哀而不露。该词艺术感染力极强，南宋著名词人刘辰翁和此词时曰："余自乙亥上元诵李易安《永遇乐》，为之涕下。今三年矣，每闻此词，辄不自堪。"[1]

总之，李清照这位女词人，生活在济南章丘，接受了良好的家学熏陶，才华横溢又身世坎坷。其词散佚虽多，亦称冠绝，能与周邦彦、柳永等男性词学大家分庭抗礼。馆臣们既重视词人的家世生平问题，又重视词集的版本流传和作家的词史定位问题。他们客观冷静地阐述了李清照的改嫁之

---

[1] [宋] 刘辰翁撰，吴企明校注. 须溪词 [M]. 上海：上海古籍出版社，1998：345.

事，以包容的态度收录出于闺阁妇人之手的《漱玉词》，同时对李清照词做出了高度的评价。《漱玉词》《总目》提要不仅体现了四库馆臣们深厚的考证功力，还表达了对《漱玉词》价值的肯定，更显露出四库馆臣自觉"各取其所长，而不回护其所短"[1]的学术取向。

附：（一）《四库全书总目·漱玉词》提要曰：

《漱玉词》一卷（江苏周厚堉家藏本）

宋李清照撰。清照号易安居士，济南人。礼部郎提点京东刑狱格非之女，湖州守赵明诚之妻也。清照工诗文，尤以词擅名。胡仔《苕溪渔隐丛话》称其再适张汝舟，未几反目。有启事上綦处厚云："猥以桑榆之晚景，配兹驵侩之下材。"传者无不笑之。今其启具载赵彦卫《云麓漫抄》中。李心传《建炎以来系年要录》载其与后夫构讼事尤详。此本为毛晋汲古阁所刊。卷末备载其轶事逸文，而不录此篇，盖讳之也。案陈振孙《书录解题》载清照《漱玉词》一卷，又云别本作五卷。黄升《花庵词选》则称《漱玉词》三卷。今皆不传。此本仅词十七阕，附以《金石录序》一篇，盖后人裒辑为之，已非其旧。其《金石录后序》与刻本所载，详略迥殊。盖从《容斋五笔》中抄出，亦非完篇也。清照以一妇人，而词格乃抗轶周、柳。张端义《贵耳集》极推其《元宵词永遇乐》《秋词声声慢》，以为闺阁有此文笔，殆为间气，良非虚美。虽篇帙无多，固不能不宝而存之，为词家一大宗矣。[2]

（二）李清照《永遇乐·落日熔金》（《元宵词永遇乐》）

落日熔金，暮云合璧，人在何处。染柳烟浓，吹梅笛怨，春意知几许。元宵佳节，融和天气，次第岂无风雨？来相召，香车宝马，谢他酒朋诗侣。

中州盛日，闺门多暇，记得偏重三五，铺翠冠儿、捻金雪柳、簇带争济楚，如今憔悴，风鬟霜鬓，怕见夜间出去。不如向，帘儿底下，听人笑语。[3]

---

[1]［清］永瑢，［清］纪昀. 四库全书总目提要［M］. 北京：中华书局，1965：1267.
[2]［清］永瑢，［清］纪昀. 四库全书总目提要［M］. 北京：中华书局，1965：1814.
[3] 王仲闻. 李清照集校注［M］. 北京：人民文学出版社，1979：60.

指导教师评语：

作为本科低年级同学选择此题进行探究，是颇具勇气和底气的。论文围绕古典文献学的目录学问题进行研究，解读《四库全书总目》中"《漱玉词》提要"，对各项要素的解析符合规范，考论清晰，特别是对李清照的里籍、《漱玉词》版本演变做了较深入的探讨，并就四库馆臣提要文字提出自己的看法。由此可见，该生具有较扎实的古文献功底，有乐于科研的情怀，是一位可塑之才，其论文也在同龄者文章中颇为出彩。（程水龙）

冯梦龙的民歌思想及雅俗文学观新探
——从《挂枝儿》《山歌》到《夹竹桃顶针千家诗山歌》

2018级 贾书怡

有明一代，随着城市商品经济的进一步发展和繁荣，文人士大夫阶层的审美风尚发生转变，开始对生动地反映大众生活与情感的俗文学产生极大的兴趣。冯梦龙正是晚明时期众多对俗文学抱有热情的文学家之一。尽管他作为一个小说家的名声更大，但他在民间歌谣史上的重大意义也不容忽视——冯梦龙的民歌思想为民歌作为一种独立文体与雅文学的传统文体相颉颃提供了理论依据，他通过宣扬民歌的价值为其正名，在客观上提高了俗文学的地位，促进了晚明文学雅俗的对流涌动。

对冯梦龙的民歌思想及其雅俗文学观进行研究的，学界不乏其人，然而现有的研究均未将目光聚焦至冯梦龙受其民歌思想指导的创作实践上来，仅从冯梦龙对民歌的收集、整理和批评入手探究其思想之脉络，因而忽略了一个重要的问题：在冯梦龙的民歌思想中，"真"作为民歌胜于"假诗文"的对抗性根本，理应绝对地保有，因此，冯梦龙对那类有"文人之气"[1]的"远自然"的民歌创作持批评态度。然而冯梦龙自己的民歌拟作《夹竹桃顶针千家诗山歌》中潜藏的文人之气性与他希望保存的民歌之天然之间存在一种不言则难明的错位关系。究其根源，这种错位源自雅与俗、书面与口语、文人与民间等一系列二元划分之间的矛盾，而这也是冯梦龙试图将民歌定义为一种与雅文学诸文体并列的文学样式以提升俗文学地位所面临的深层次的难题。

一、冯梦龙的民歌思想及雅俗文学观

《山歌》是冯梦龙收集、整理、编纂、评点的一部明代民歌集，开篇的

---

[1] [明]冯梦龙.明清民歌时调集：上[M].上海：上海古籍出版社，1987：168.

《叙山歌》尽管只有寥寥数语，却简短有力，深刻反映了冯梦龙独特的民歌思想及其背后所包含的雅俗文学观。

在《叙山歌》中，我们可以从两个方面来认识冯梦龙的民歌思想及雅俗文学观：

第一个方面是冯梦龙对民歌发生以来历史的梳理，这主要反映了他对民歌作为文学源头之一的肯定、对后世民歌地位的尊崇及对民歌"自成一体"的强调。早在原生口语时代，原始社会的先民即用歌谣来表情达意。《尚书·虞书》中就有"歌永言"的说法，情感依凭声音的旋律和语言的结合从思想中流泻而出，恰是文学的雏形。冯梦龙敏锐地认识到诗与民歌之间密切的渊源关系，他指出"书契以来，代有歌谣，太史所陈，并称风雅，尚矣"[1]。被认为是雅文学经典的《诗》的来源之一就是民歌——在《诗》被经学重新阐释之前，民歌的血液已然注入它的内容当中。其实，即便是经学的阐释，也绕不过诗歌源于人之情感的特征：在经学传统里，《毛诗》将《诗》附会为与汉儒推崇的价值观相挂钩的政治性作品，然则《诗大序》有言："情动于中，而形于言，言之不足，故嗟叹之；嗟叹之不足，故永歌之；永歌之不足，不知手之舞之，足之蹈之也。"[2]到了理学高度发展的南宋，尽管朱熹强调"存天理，灭人欲"的理学观点，但在诗歌反映人欲方面也是直言不讳的，他明确提道"人生而静，天之性也；感于物而动，性之欲也……此诗之所以作也"[3]。由是观之，《诗》承继了民歌作为文学雏形所含有的原始性和情感流露的直观性，它的本质在历代的阐释之下是不变的。冯梦龙虽然在思想上继承了李贽对《六经》的批判，但他对成为经典之前的《诗》与民歌的渊源关系是认可的，《诗》中部分诗篇反映出的民间人情事态实与民歌同构，这也是民歌作为文学源头的一个有力的证明，因此，与《诗》存在紧密联系的民歌之后代的地位自然不言而喻。冯梦龙就这样质疑道："山歌虽俚甚矣，独非郑、卫之遗欤？"[4]恰恰证明了民歌在文学历史上不可争辩的地位。然而民歌的命运实际上并不及由它生发而来的诗或其他文学体裁，冯梦龙认为是楚骚唐律之类的文学"争妍竞畅"导致了民歌的落寞，这种认识正触及了文体由发生至成熟最终过盛而有弊

---

[1] [明] 冯梦龙. 明清民歌时调集：上 [M]. 上海：上海古籍出版社，1987：269.
[2] [汉] 毛公传，[汉] 郑玄笺，[唐] 孔颖达，等正义，黄侃经文句读. 毛诗正义 [M]. 上海：上海古籍出版社，1990：15.
[3] [宋] 朱熹. 朱熹集注·诗集传 [M]. 北京：中华书局，2011：1.
[4] [明] 冯梦龙. 明清民歌时调集：上 [M]. 上海：上海古籍出版社，1987：269.

的规律：诗由歌谣演化而来，它最初的形式与歌谣相似，同是拙朴的形态。随着思想和认识的提高，人们探知世界进而掌握了更多的知识，这不仅对文学的内容方面产生了重要影响，也对文学的形式趋于复杂化、精致化有决定性的影响。这种趋势使文学逐步脱离原始的稚拙形态，在思想和创作形式方面都向着隐藏和藻饰的方向发展——隐藏起原始的情感欲望基因，藻饰起为情而生的文学形式，雅文学就在这种意义上逐步与俗文学分野。到了冯梦龙所处的晚明时期，文学在雅俗两个方面更是发展到了不同的极端：或是李贽所言为虚伪道学屏蔽了真情实感的"假言""假事""假文"；或是通俗到极致的民间文学，其中不乏主要内容庸俗粗劣、情感展示于猥亵和色情之中的作品。毫无疑问，这两种极端倾向的形成与其距离文学权力中心的远近是密不可分的：精密的、工巧的、雕琢的文体和加以润色修饰可登大雅之堂的思想情感因接近权力的核心得以长久地维持它的正统地位，粗疏的、朴素的、稚拙的文体和不修边幅难登大雅之堂的思想情感则不断被边缘化。对此，冯梦龙也精到地指出："唯诗坛不列，荐绅学士不道，而歌之权愈轻，歌者之心亦愈浅……"[1] 然而，在冯梦龙看来，被边缘化的民歌及其所代表的民间传统是值得发扬的，因而他对民歌这种处于权力外围的文学有一个"自成一体"的认识——"而民间性情之响，遂不得列于诗坛，于是别之曰山歌"[2]。别之于诗的民歌，由于"性情之响"历来不受文人重视，但它们没有因此湮没于历史的尘埃中，而是作为一股活跃于民间的强大力量暗涌了数千年，与雅文学的发展并行不悖，时而浮出文学的地表，对雅文学的变化发展产生重大的影响。在民歌"自成一体"的发展过程中，它的寄情方式逐步向更加直露的方向演变，以至于到达俗的极端，而冯梦龙正是希望以民歌的俗对抗正统文学的雅，他在《叙山歌》中明确了自己收集编辑民歌的目的是"借男女之真情，发名教之伪药"[3]，期望以民歌"自成一体"的独特形式和内容向虚伪道学发起挑战。

第二个方面是冯梦龙对民歌之"真"的论述，反映了冯梦龙崇尚的民歌之"真"的特质和内涵。在《叙山歌》中，冯梦龙有一段关于"真"与"假"的讨论："且今虽季世，而但有假诗文，无假山歌，则以山歌不与诗文争名，故不屑假。苟其不屑假，而吾藉以存真，不亦可乎？"[4] 由于民歌

---

[1] [明] 冯梦龙. 明清民歌时调集：上 [M]. 上海：上海古籍出版社, 1987: 269.
[2] [明] 冯梦龙. 明清民歌时调集：上 [M]. 上海：上海古籍出版社, 1987: 269.
[3] [明] 冯梦龙. 明清民歌时调集：上 [M]. 上海：上海古籍出版社, 1987: 269-270.
[4] [明] 冯梦龙. 明清民歌时调集：上 [M]. 上海：上海古籍出版社, 1987: 269.

发端于社会最底层,它的情感是在一个广大的社群中互相印证和自我消化的,不需要因保有自身的权力从思想上向他人说教,或碍于形式的传统而折损表达的效果。这正是冯梦龙所指出的,"山歌不与诗文争名,故不屑假"[1]。诗文创作有维护掌握权力的阶级的属性,因此,它们必然要使自己处于一个被认可的位置,历来靠近权力中心的文学权力享有者惯用的手段之一就是提高诗文创作的难度,增加它的深度,这种做法一方面促进了文学的发展和繁荣,使文学得以向着趋于完备的创作状态发展,更善于表现情志;另一方面,在这种内外兼修的模式下,文学却又很容易因创作者的立场陷入一种极端的境地。如被李贽和冯梦龙所批判的假诗文,它们就是为了维持权力的稳定性而宣扬道德上不合理的教条,因"假人"所提倡的伪善之"道理"而误入歧途。民歌则不然,它不需要作为保有权力和规训他人的工具在道德性的意义上被大众认可,因此,得以维系本来的面目,完好地保存了"情真"与"自然"的特质。甚至可以这样说,民歌具备保留"真"的情感和欲望的能力同样是诗文给予的:诗文对传播统治需要的价值观负载有更大的责任,因此,需要进行一番道德的修饰和形式的藻绘,"假"的成分也随之增加;而游移于权力中心之外的民歌,因为不用承担价值宣传的责任,可以无功利地反映创作者想要反映的内容,以自然的形式流畅地表达,对"真"的保留也就更多。认清这一点,冯梦龙所言"但有假诗文,无假山歌"就指向民歌在表达"真"上超越于诗文的必然:民歌作为一种未经文人开发的文体,还保有它最初的本质,因此,民歌在情感上一定是真实的。那么,民歌保留的"真"在具体的内涵上又是什么呢?《叙山歌》中只有一句话可以回答这个问题:"借男女之真情,发名教之伪药。"[2]在冯梦龙的民歌思想里,"男女之真情"压过其他的情感,成为民歌所存有之"真"的外化。在"真情"的问题上,此处又产生了一个与雅文学的巨大分歧。尽管雅文学也不乏情感真挚之作,但它表达"真情"的方式是对"喜怒哀乐爱恶欲"等情感进行有选择的表达,几乎不涉及男女私情,或是使男女之情止步于合乎礼法的范畴内;然而冯梦龙在此提出的"男女之真情"含有越礼的成分,呈现出更加直露与尚俗的面貌。这与明代文人对"情"之体认的深入和冯梦龙本身革新性的文学思想及对俗文学的推崇是分不开的。"从明中期到晚期,文人论民歌之'情',存在着由'泛

---

[1] [明] 冯梦龙. 明清民歌时调集:上 [M]. 上海:上海古籍出版社,1987:269.
[2] [明] 冯梦龙. 明清民歌时调集:上 [M]. 上海:上海古籍出版社,1987:269-270.

情论'到'情爱论'的明显转向"[1]，因此，文人对民歌中反映出来的男女私情的态度也由含蓄保守走向开放大胆。在"情"之观念转变的时代思潮当中，冯梦龙自然也受到熏陶，伴随着他从李贽的思想中继承而来的"最初一念之本心"的叛逆思想，他所推崇的文学表现对象也转向作为人最原初欲望之标志的男女情爱。当然，冯梦龙对"男女之真情"的推崇并不止于思想意义上的晚明特征，也有文学意义上对新局面的考虑。由于雅文学与俗文学分野而各自产生的极端表现之一便是俗文学的庸俗特征，冯梦龙便以此为根据，期待民歌用这种"极致的俗"来挑战雅文学的绝对统治地位，他希望通过发扬符合广大市民阶层俚俗品位的民歌的思想价值，以民歌通俗化、大众化的性质契合于晚明时代潮流的优势，使俗文学逐步从边缘地带重新进入文学的角逐场内，实现文学意义上的雅俗对流。

二、文人拟作的文本罅隙：雅与俗、书面与口语、文人与民间的二元矛盾

《叙山歌》文本中反映出的民歌思想最重要的一点正是把民歌作为一种独立文体提出来的，以其"情真"与"自然"的风貌挑战雅文学诸文体的唯理失情与工巧藻饰。因此，冯梦龙的雅俗文学观是对抗性的，他所期待的是民歌作为俗文学的文体之一种以其自身的文体特性取得与雅文学诸文体并列的文学地位——雅俗文学之对流而非合流，争鸣而非补充，是冯梦龙雅俗文学观的核心立场。

由是观之，冯梦龙收集、整理、编纂、评点民歌，从根本上来说，是以一种求真、求实的方式将民歌的文体特性保存下来，纯以其天然之面目示人，以彰民歌不同于诗文的通俗性侧面，为民歌之体提供范式。这种做法的前提正是冯梦龙坚持的"从俗谈"——充分尊重民间文学的通俗性质，不改易其思想内容与外在形式，以维持俗文学的原貌，这样一来，雅俗文学之间便形成了泾渭分明的态势，俗文学也不会被仅仅作为改变雅文学的书写风格和内容的补充要素而失去自身独特的性质。从这一点出发，冯梦龙为确立民歌之文体特性做出了不少努力，这具体表现在他的收集整理工作中：在编纂《挂枝儿》和《山歌》时，冯梦龙存异文、标方音、评风貌、

---

[1] 徐文翔. 从"泛情论"到"情爱论"：明代文人对民歌之"情"阐释的转向[J]. 海南师范大学学报（社会科学版），2014，27（1）：87-92.

辨伪作，从这四个方面极力还原民间文学之"现场性"。经冯梦龙辑录之作，无论是私密性强的作品还是集体性强的作品，都使人读来犹若身在歌唱者所处的空间，可以切身体悟到歌唱者的情绪，同时领略民间大众的生活风貌与情致——冯梦龙在民歌的收集、整理、编纂和评点上期望达到的最高境界正是这种"存真"，即民歌思想的来源与内容、表达的场景与方式之"真"。

不难看出，在为民歌立体式的过程中，冯梦龙用标注吴地方音和评点文人拟作的方式保留了民歌的口语性与原生性，因而潜在地表现出一种对以民歌为代表的口语文学的敏感态度——事实上，诗与民歌文体特性的迥异不仅源自它们采用雅言或方言的不同，在更大程度上来源于它们在深层结构上的不同，即书面思维与口语思维的不同。在冯梦龙的民歌思想中，民歌是以自身的"真"从"假诗文"中突围的，而"真"则离不开"自然"的内容与形式。民歌作为一种文体之所以天然地保有"自然"之特性，一方面固然有冯梦龙提出的"情真"的心理动因，另一方面也是由口语文学的特殊性质决定的。试看冯梦龙在《挂枝儿》中收录的一首民歌及其拟作：

挂枝儿·春

孤人儿最怕是春滋味。桃儿红，柳儿绿，红绿他做甚的，怪东风吹不散人愁气。紫燕双双语，黄鹂对对飞，百鸟的调情也，人还不如你。[1]

挂枝儿·春暮（拟作）

恨一宵风雨催春去。梅子酸，荷钱小，绿暗红稀，度帘栊一阵阵回风絮。昼长无个事，强步下庭除，又见枝上残花也，片片飞红雨。[2]

对于这首民歌的文人拟作，冯梦龙评点道："亦通，未免有文人之气。"[3] 尽管冯梦龙没有详细地点出所谓"文人之气"的具体内涵，但我们仍能直观地感受到两首民歌之间的区别：

---

[1]［明］冯梦龙. 明清民歌时调集：上［M］. 上海：上海古籍出版社，1987：167.
[2]［明］冯梦龙. 明清民歌时调集：上［M］. 上海：上海古籍出版社，1987：168.
[3]［明］冯梦龙. 明清民歌时调集：上［M］. 上海：上海古籍出版社，1987：168.

一方面是语言的通俗程度的不同，这是表层的区别。如两首民歌同样要表现春景对抒情主人公心情的影响，民间创作者采用的是对单纯作为色彩而存在的红与绿表示恼怒的方法，以"他做甚的"一句直白地道出自己的情绪。"他做甚的"应是日常生活中常见的嗔怪之语，具有典型的俚俗性质；而文人拟作则采用了借代法与炼字法，以"红"与"绿"借代春天凋敝的植物，以动词"暗"和"稀"暗示景物之状态与韶光之流逝，含蓄地寄寓了抒情主人公恨时光流逝、相思苦闷的心情。

另一方面是口语思维与书面思维之间的不同，这是深层的区别。关于思维上的不同，还可以进一步从两个方面考察。首先，由于原生口语具有一种"前文字"的性质，它的思维方式与可以用文字记载作品的书面思维方式最大的区别在于，口语思维注重记忆性而书面思维注重互文性。试看冯梦龙所录《挂枝儿·春》的另一首同名异文民歌作品：

挂枝儿·春

　　去年的芳草青青满地，去年的桃杏依旧满枝，去年的燕子双双来至，去年的杜鹃花又开了，去年的杨柳又垂丝。怎么去年去的人儿也，音书没半纸。[1]

将两首同名作品进行比较，我们会发现两者在模式上具备的一些共同属性均有助于记忆和口语的再现：两首民歌都采用了重复和对仗的模式，第一首以"桃儿红，柳儿绿"和"紫燕双双语，黄鹂对对飞"两个对仗句式领起整首民歌的两大部分，第二首更是用六个重复的"去年的"结构全篇，在句中则采用"青青满地""双双来至""又开了""又垂丝"等对仗句式帮助民歌歌唱者进行记忆与再现。此外，两首民歌都使用了标准的主题环境，两者所抒发的相思离愁与其所歌咏的环境之间具有较高的关联度。不难发现，这两首民歌均歌咏了春天的环境，环境中的物象重合度也很高，这正是原生口语文学为唤起记忆而辅助联想的一种形式。与此同时，如果我们分析文人拟作则会发现，文人所作的民歌尽管也具备某种模式，但这种模式并不以记忆和口语的再现为根本目的，而是追求与文学经典的互文性。《挂枝儿·春暮》的语典运用特点突出，如作者以"梅子酸，荷钱小"来描绘春末夏初之景，令人想起赵长卿《朝中措·首夏》那句"荷钱浮翠

---

[1] [明]冯梦龙.明清民歌时调集：上[M].上海：上海古籍出版社，1987：168.

点前溪,梅雨日长时";而"片片飞红雨"则化用了秦少游著名的"春去也,飞红万点愁如海"一句。可以说,这种对互文性的追求源自以文字为媒介的书面思维,正因文字记载可对文化记忆进行长期保存,浸润在书面文学中的文人在进行民歌创作时便自然会从对文字的记忆中寻找与其所写之主题契合的语典来结构成篇。而口语思维对记忆性的追求则不同,口语文学保存的困难源自记忆的瞬时性,因而"为了有效地保存和再现仔细说出来的思想,你必须要用有助于记忆的模式来思考问题,而且这种思维模式必须有利于迅速用口语再现"[1]。其次,口语思维还使民歌呈现出一种情景式的典型特征,而书面思维则使文人拟作呈现出一种抽象式的典型特征。试看冯梦龙在《山歌》中收录的一首民歌及其拟作:

山歌·捉奸

　　眉来眼去未着身,外头咦要捉奸情。典当内无钱啰弗说我搭你有,月亮里提灯空挂明。[2]

山歌·捉奸(拟作)

　　古人说话弗中听,那了一个娇娘只许嫁一个人。若得武则天娘娘改子个本大明律,世间啰敢捉奸情。[3]

　　冯梦龙在评点中明确地标明这首《山歌·捉奸》为其好友苏子忠所作。不难发现,苏子忠的这首拟作在语言通俗性的表层上拟及民歌俚俗之精髓,然而,就思维的深层来说,苏子忠的这篇拟作含有书面思维抽象式的典型特征。对比民歌及其拟作,民歌致力于动作和场景的刻画,"眉来眼去未着身"一句便勾勒出一个有动态、有情绪、有细节的情景场面。拟作则不然。虽然拟作的主题与民歌相同,但是着眼于对概念的辩驳,"那了一个娇娘只许嫁一个人"正是作者概括提炼出来的一条抽象的概念,适用于"捉奸"这个主题之下抒情主人公的心理和想法。更进一步的是,拟作赋予抒情主人公希望武则天修改大明律的愿望,但这并非一种情景式的表达,而是采用了抽象的逻辑推演的方式进行结构:由"那了一个娇娘只许嫁一个人",到"武则天娘娘改子个本大明律",最终到达"世间啰敢捉奸情",正是一

---

[1] [美]沃尔特·翁. 口语文化与书面文化:语词的技术化[M]. 何道宽,译. 北京:北京大学出版社,2008:25.
[2] [明]冯梦龙. 明清民歌时调集:上[M]. 上海:上海古籍出版社,1987:290.
[3] [明]冯梦龙. 明清民歌时调集:上[M]. 上海:上海古籍出版社,1987:291.

段标准的线性逻辑思维轨迹。由此,我们可以看出,真正源自民间的民歌作品与大众的生活是密切相关的,正是口语转瞬即逝的特征使得民间创作者、歌唱者往往从贴近自己生活世界的具体情景出发,而少概念式的歌咏。即便他们需要倾诉某种概念,民歌也不会全然采用抽象式的表达,它或多或少会将概念放入情景式的框架中进行歌咏。口语思维将概念置于情景当中的做法与书面思维的概念式歌咏显然是两种迥乎不同的结构篇章的方式,因此,尽管冯梦龙评点苏子忠这首拟作时说:"子忠笃士,乃作此异想,文人之心何所不有。"[1]却仍然是对文人民歌拟作的批评——由于深层思维的不同,苏子忠的拟作毕竟是文人的一种"异想"而非民间大众真实的自然之趣。

通过以上两组民歌及文人拟作的对比,我们可以看到,冯梦龙所持有的雅俗文学之对抗性态度经由文人与民间、书面与口语这两组二元关系之间无法沟通的事实被确证。由于文人与民间大众所处的生活环境、接受的文学教育及对待文学的态度不同,他们所创作的民歌必然因书面思维与口语思维间深层的差异性而走向殊途。

三、冯梦龙民歌拟作《夹竹桃顶针千家诗山歌》的贡献

尽管冯梦龙对民歌总集中收录的文人拟作持批评态度,他仍然期望通过创作实践实现民歌作为一种独立文体必然需要具备的创作推广性——不仅在自然的意义上为民间大众所创作,也能在自觉的意义上为文人所创作。《夹竹桃顶针千家诗山歌》正是作为民歌理论家的冯梦龙在民歌创作上的实践成果。

《夹竹桃顶针千家诗山歌》共收录了冯梦龙所作的一百二十三首民歌,包括一首《前叙》和一首《后序》,以"夹竹桃"的曲调按照顶针的手法依次写下去,每首的最后一句采用《千家诗》中的诗句结尾。关于"夹竹桃"的含义,历来说解很多,但无定论,作者在《后序》中写道:"无中生有把歌翻,诗句拾来凑巧难。"可见"夹竹桃"仅仅是他"无中生有"的一种曲调,不过是"采用了传统的山歌风格和修辞造句罢了"[2]。虽然冯梦龙拟作的《夹竹桃顶针千家诗山歌》难免面临拟作文本必然具有的雅与俗、

---

[1] [明] 冯梦龙. 明清民歌时调集:上 [M]. 上海:上海古籍出版社,1987:291.
[2] [明] 冯梦龙. 明清民歌时调集:上 [M]. 上海:上海古籍出版社,1987:450-451.

书面与口语、文人与民间的二元矛盾，但他以一种"文人游戏"的方式巧妙地缓和了这种矛盾，并进一步深化了雅俗文学在各自的本质上足以分庭抗礼的观点。

从总体上来说，冯梦龙在创作时对民歌的"情真""自然"具有高度自觉的意识，但他仍不免暴露文人惯有的书面思维。在《夹竹桃顶针千家诗山歌》中，冯梦龙的不少拟作都采用了雅化的语言表达，或用典，或用雅文学常见意象，与民歌浅白通俗的语言风格并不全然相同。用典的拟作并不是很多，如《前度刘郎》中没有直接对男女情爱的场面进行描写，而是在使用一连串大白话式的说明引入主题后，以"我觉来时只道巫山梦"来代指，含蓄地指向宋玉《高唐赋》中巫山神女自荐枕席的典故，直而不露。又如《一任两山》中写女子与情人分离，为情人的薄情感到哀愁。然而它不像本书中其他女子谴责男子薄情的语言那般直白娇悍，而是运用了"薄情司马，空吟白头"的典故点到即止，欲说还休。出现雅文学常见意象的篇目也占有一定的比例，如《缓寻芳草》中写女子相思盼归的情感，用了"只见萋萋芳草，王孙路迷，夜深月落，子规又啼"一句来展现女子与情人分离时思念的迷蒙和心情的凄婉。芳草萋萋和王孙不归的意象常于雅文学中出现，如"王孙游兮不归，春草生兮萋萋"（《招隐士》）、"又送王孙去，萋萋满别情"（《赋得古原草送别》）、"萋萋芳草忆王孙"（《忆王孙·春词》）……在上述几首赋、诗、词中，作者分别以王孙不归的意象搭配春日茂盛的青草来表现离别和思念，题旨虽有所不同，书写的内核却是相同的。又如《轻薄桃花》《唯解漫天》《西楼望月》中出现雅文学写相思常用的杨花意象，《不须檀板》《酩然直到》中出现饮酒意象以传达及时行乐的思想……这些或用典或用固定意象来表情达意的创作手法是文人在进行民歌拟作时无法全然规避的。从效果上来看，在民歌中运用典故和雅文学常见意象使民歌与雅文学已经形成的文学符号构成互文关系，促进了民歌在表达上的贴切。但是，对于这份"极贴切"的创作效果，冯梦龙却批评道："惟贴切，愈远自然，当是书生之技。"[1] 无疑切中了文人民歌拟作之要害。

事实上，冯梦龙在创作时并不像另一些文人那样缺乏对口语文学特征的敏锐觉察力。正因冯梦龙具备这种敏感性，在《夹竹桃顶针千家诗山歌》的创作过程中，他选择了一种巧妙的方法来消解书面思维与口语思维之间

---

[1] [明]冯梦龙. 明清民歌时调集：上 [M]. 上海：上海古籍出版社，1987：189.

的差异性矛盾给文人的民歌创作带来的难题。

在《夹竹桃顶针千家诗山歌》中，我们能看到冯梦龙刻意安排的雅俗文学之间的互动，他采用的这种将诗与民歌相融合的写作手法是极富创造力的。朱光潜在《诗论》中陈述了这样一种观点："我们如果研究民间歌谣，就可以发现它们大部分都有一种传统的技巧，最显而易见的是文字游戏。"[1] 冯梦龙无疑利用了民歌这种有趣的、极富个性的技巧建构起了雅俗文学之间的互动框架。《千家诗》在这本拟作中充当了雅文学的角色，但作者从中摘引诗句好像只借其符号意义，继而进行一番断章取义式的重构：《千家诗》的诗句作为一首拟作的结句是固定的形式构成，同时，它所代表的含义也点明了整首诗的意义，但这些诗句往往不被用作自身原本的意义，而是脱离了原来的诗歌文本和语境而被强行植入拟民歌当中。这种方式本身就有一种游戏性和讽刺性，再加上拟作民歌"郎情女意"的性质，那些原本或清新或冲淡或严肃，无一例外是雅正的诗句由于新的文本语境的折射，而蒙上了一层色彩缤纷的俚俗感和饱含人欲的感性。雅文学因此以被拉下"神坛"的方式与俗文学对话，或者说，是俗文学以拿手的谐谑方式对抗性地将雅文学作为自己的补充要素丰富了自身的意蕴——这种近乎反转的话语地位在以往雅俗文学各自发展的传统中并不曾存在，的确，如果文人单纯以民歌拟作的姿态进行民歌创作，那么文人"先有"的书面思维必将破坏民歌作为一种独立文体需要维持的"自然"之特征，文人自觉的民歌拟作也势必困难重重。而冯梦龙依靠《夹竹桃顶针千家诗山歌》的特殊结构形式，在反讽的意味上既维系了民歌口语思维的特质，又将文人在拟作时不可避免的书面思维转化为雅文学的一种"示弱"，从而提升了俗文学的地位，使雅俗文学在文人创作的民歌当中有趣地共存。这也正是他对自己民歌思想与雅俗文学观的创作尝试和实际操作。

结语

总的来说，冯梦龙继承并内化了明代重情、重欲、尚俗的时代特点，在收集、整理、编纂、评点民歌集的同时，形成了自己独特的民歌思想和雅俗文学的对抗性观点。在创作实践中，面对文人自觉创作民歌作品时所必然遭遇的雅与俗、文人与民间、书面与口语之间的深层次矛盾，冯梦龙

---

[1] 朱光潜. 诗论讲义 [M]. 北京：北京大学出版社，2018：23.

以建构雅俗文学之间独特的互动方式所产生的谐谑性、游戏性和娱乐性巧妙地缓和这一系列二元划分之间的矛盾，在创作实践上有力地贯彻了自己的民歌思想及雅俗文学观。

指导教师评语：

  论文从冯梦龙整理与拟作民歌入手，探讨了三个逐层递进的问题：首先以冯梦龙《叙山歌》一文为例，对其整理晚明民歌所表现出来的文学思想及其内在矛盾进行了非常深入的研讨；其次通过对民歌与文人拟作的同题比勘，对晚明文人拟作民歌时的文本状态及其内蕴的张力进行了饶有兴味的揭示；并进而通过冯梦龙的民歌拟作《夹竹桃顶针千家诗山歌》，对其文学业绩中绾合雅俗的努力及其采用的方式进行了较为细致的探究。论文角度新颖，层次清晰，逻辑细腻，堪称佳作。（陈昌强）

论《聊斋志异》中的海洋叙事

2018 级　陈雅薇

一、中国古代海洋小说的发展历程

中国自古以来是以大陆农业文明为中心，在思想文化上主张以农为本、陆主海从。因此，在中国文化视野中，中原陆地象征着主流的庙堂文化，而海洋则是填补舆图空白的边缘。关于海洋在中国文化中的特点，张法在《怎样建构中国型海洋美学》一文中总结出了以下三点。一为夷，主要突出的是既非华夏文化且低于华夏文化，又尚被华夏文化所归化的性质，这与古代中国的朝贡体系和对海的夷性的定性和认识相关联。二为荒，主要彰显的是处在遥远的边缘。"荒"区别于理性的荒唐，同时又包含着未能认识或不可认知的一面。三为奇，包括景象之奇和事物之奇。[1] 以上观点表现了中国文化中关于海独特而多面的观念：海之夷成为中国文化的教化对象；海之荒产生了中国文化关于海的无穷想象；海之奇产生了海上奇观和奇幻传说。这种海洋文化和思想观念既对中国古代海洋小说产生了深刻的影响，同时小说又与文化融为一体，无形中塑造着中国古代的海洋思想。

中国古代海洋小说，除了时间上的"古代"框定外，主要是小说题材的"涉海性"。除此之外，也有学者从其他方面界定。如倪浓水认为，除了内容上的界定外，还包括海洋趣味的海洋思维和笔记小说的海洋表达。[2]

中国古代海洋小说的产生和发展，从时间的向度来看，有着悠久的历史。王青在《论海洋文化对中国古代小说创作的影响》一文中，将中国古代涉海小说的创作分为四个阶段：先秦时期、秦汉魏晋南北朝时期、唐宋

---

[1] 张法. 怎样建构中国型海洋美学 [J]. 求是学刊, 2014, 41 (3): 115-123, 2.
[2] 倪浓水. 中国古代海洋小说的发展轨迹及其审美特征 [J]. 广东海洋大学学报, 2008 (5): 21-25.

元时期、明清时期。[1]

先秦时期的理性意识尚未充分觉醒，对濒海地区的自然环境与自然现象的认识，还处于神话思维的阶段。此时，由于航海技术尚不发达，海洋主要作为一种阻隔而存在，因此，对海外世界的认知主要是通过想象来构建的。中国海洋小说最初的雏形是以对"海洋之神"的想象和描述的形式出现的，在《秋水》中，庄子描述了一个"北海若"的海神形象。在被誉为"中国海洋小说之祖"的《山海经》[2]中，海神形成了一个群体，成为各个海域的统治神。显然这是我们先民对海洋充满敬畏的体现，因此，对海神的描述视角也是远远地观赏的。这一远距离的观赏在中国至少延续到三皇五帝时代，直到那个时候，我们先民仍然觉得海洋神圣、怪异、神秘，绝非我们人类所能接近。此一时期的涉海文学重点表现在濒海自然神话、海外乐土神话和殊方异域传说之中。濒海文学的中心区域在黄渤海地区。此一阶段的作品通常属于神话性的想象。

秦朝至南北朝时期，奇幻瑰丽的想象逐渐被实际探索内容取代，神话想象逐步发展到笔记体的海洋小说叙事。一方面，随着东吴建国，江浙地区成为政治和文化中心之一，而福建、两广、海南等沿海地区得到了进一步的开发。另一方面，航海技术发展起来，到了秦始皇时代，徐福的船队已经能够到东海探险，后来各种活动如朝贡、商业宗教、征讨等均有出现与加强，与海洋的交往有所增多，海洋的神秘面纱逐步被揭开。东汉以后进入中土的佛教也开始产生强烈的影响，佛教经典中丰富的海洋文化要素，为中土海洋小说的发展提供了新鲜素材。这一阶段的海洋文学的主要内容往往与濒海地区活跃的佛道活动密切相关，如《神异经》《十洲记》《拾遗记》《洞冥记》《列仙传》《博物志》《神仙传》《搜神记》。它们大多是殊方异域、奇物异事的记载或来自海外的故事，或者有着极为强烈的道教背景，或者深受仙道观念的影响。

唐宋元时期，出现了以商人的海上冒险活动为题材的小说，涉海文学

---

[1] 王青. 论海洋文化对中国古代小说创作的影响 [J]. 江海学刊, 2014 (2): 195-200.

[2] 把《山海经》视为"小说之祖"早有前论。明代浙东学派的代表性人物胡应麟在《少室山房笔丛》之《四部正讹（下）》中指出，《山海经》是"古今语怪之祖"，又在《二酉缀遗（中）》说，《山海经》"当在《庄》《列》前，……盖古今小说之祖"。《四库全书总目》也称《山海经》为"小说最古者"，并独具慧眼地看出了它"书中叙述山水，多参以神怪"的文学想象和虚构性，因此把它归入"小说家"类，而不是因袭《汉书·艺文志》的"形法类"、《隋书·经籍志》的"地理类"、《宋书·艺文志》的"五行类"。

的纪实性大大增加。一方面，广州、明州（今宁波）、泉州等大型海港相继兴起，东南沿海地区以发达的农业、手工业和商品经济为后盾，在东南沿海地区形成了较大规模的海洋商业文化，表现出向海洋发展的强烈倾向。另一方面，航海活动如出使、征讨、朝贡、传教兴盛，很多海外见闻的著作乃自身亲历，如宋赵汝适《诸蕃志》，元周致中《异域志》、汪大渊《岛夷志略》、周达观《真腊风土记》等，虽非每处都亲至其地，但其所述有很高的信史成分。由于人们实际接触到的海外世界相对于中土文明而言，大部分还处于较为野蛮落后的阶段，人们对海外世界的认识开始现实化，其情感上夹杂着恐惧与害怕。人物航海活动串联的海上遇仙或历险小说取代了缺少人物活动的地理博物类小说，使中国古代海洋小说成为真正意义上的叙事文体。

明清的大部分文言小说基本上依然继承着汉魏六朝唐宋志怪小说的传统，但在长篇白话小说及杰出作家的文言创作如《聊斋志异》中，呈现出一些全新的特点。鲁迅先生在《中国小说史略》中称《聊斋志异》为"用传奇法，而以志怪"[1]。最重要的是，这一阶段的作者开始具有自觉的虚构意识。他们利用传统中与海洋有关的神话和殊方异域的传闻之辞进行神奇的发挥。明清长篇小说如《三宝太监西洋记》《西游记》《封神演义》《野叟曝言》《红楼梦》《蜃楼志》《希夷梦》《海游记》《镜花缘》《常言道》等或多或少有一些涉海内容。同时，随着西欧资本主义兴起，人类进入了殖民扩张的大航海时代，海洋商业文明带来远超于大陆农业文明的文化交流，海洋成为世界各个文明相互交流与冲突的文化枢纽，这也冲击着中国文化中自古以来对海洋文化观念的认知，同时也产生了新的涉海题材，在"三言""二拍"等拟话本和其他小说中，出现了以海外商业为题材的小说、以海盗入侵为背景的故事。

综上，中国古代海洋小说呈现出自己鲜明的特征，具有独特的美学和文化价值。

二、《聊斋志异》中海洋小说的材料来源及其改编

《聊斋志异》有10则故事，都与海洋有关：它们分别是《夜叉国》（卷三）、《罗刹海市》（卷四）、《粉蝶》（卷十二）、《仙人岛》（卷七）、《安期

---

[1] 鲁迅. 中国小说史略 [M]. 南宁：广西人民出版社. 2017：229.

岛》（卷九）、《于子游》（卷十一）、《海大鱼》（卷二）、《海公子》（卷二）及《疲龙》（卷十）和《蛤此名寄生》（卷九）。[1] 尤其是前几篇，都具有较高的文学审美价值和研究价值。接下来笔者将以前三篇，即《夜叉国》（卷三）、《罗刹海市》（卷四）、《粉蝶》（卷十二）为例，详细分析小说的材料来源和改编。

《聊斋志异·夜叉国》是一篇重要的涉海小说。小说描写一位徐姓交州海商，因遇风暴，漂流至一个孤岛上的奇遇故事。根据朱一玄《〈聊斋志异〉资料汇编》可知，《夜叉国》材料来源于宋朝洪迈的《夷坚志》。《夷坚志（甲志）》卷七有《岛上妇人》一文：

> 泉州僧本假说，其表兄为海贸，欲往三佛齐。法当南行三日而东，否则值焦上，船必糜碎。此人行时，偶（叶本作"遇"）风迅，船驶既二日半，意其当转而东，即回柁，然已无及，遂抵焦上，一舟尽溺。此人独得一木，浮水三日，漂至一岛畔。度其必死，舍木登岸。行数十步，得小径，路甚光洁，若常有人行者。久之，有妇人至，举体无片缕，言语啁啾（明钞本作"啾"）不可晓，见外人甚喜，携手归石室中，至夜与共寝。天明，举大石窒其外，妇人独出。至日晡时归，必赍异果至，其赋珍甚，皆世所无者。留稍久，始听自便。如是七八年，生三子。一日，纵步至海际，适有舟抵岸，亦泉人，以风误至者，乃旧相识，急登之。妇人奔走号呼恋恋，度不可回，即归取三子，对此人裂杀之。其岛甚大，然但有此一妇人耳。[2]

后来，冯梦龙以"焦土妇人"为题，把它编入《情史》卷二十一"情妖类"。故事内容没有做任何修改，唯在结尾处感叹说："一岛只此一妇人，世间果有独民国乎？留三子，用胡法可传种成部落，裂杀何为？"[3]

在《夷坚志》和冯梦龙的《焦土妇人》中，这个岛上的女人的遭遇非常凄惨：被丈夫背叛遗弃，幸福的人伦化为泡影，寂寞清苦的孤岛独居生活，她的声声呼喊，唤不回丈夫的回归，因此，她最终做出"活撕亲儿"

---

[1] 倪浓水. 从《聊斋志异》涉海叙事看蒲松龄海洋人文思想 [J]. 蒲松龄研究，2016（3）：41-50.

[2] 《夷坚志》，据1981年中华书局印何卓点校本.

[3] [明] 冯梦龙. 情史 [M]. 长沙：岳麓书社，1986：477.

的惨烈举动，实在是绝望至极的疯狂。但是在蒲松龄的《夜叉国》里，这种血腥、惨烈、绝望的内容，完全被改写了。《夜叉国》里前半部分的故事情节，与前人所写差不多，根本性的改变在徐姓男子回到故土以后展开。男子携一子回去，已经可以理解为回家探亲，而不是"本事"中的绝情逃走。所以后面的彪回岛寻母和弟妹，父亲竭力相助就显得合情合理了。最后的结局是非常美好的，兄弟俩都有功名，妹妹也有佳配，母亲甚至还被封为夫人。一个凄凉悲惨的故事，就这样被蒲松龄改写成了一个和谐美好的故事。

《聊斋志异·罗刹海市》渊源于佛经故事《罗刹国》。曲金良在《〈罗刹海市〉与〈罗刹国〉：从蒲松龄对佛经故事的改编看其时代思想之一例》[1]一文中对两者有详细的分析。佛教经典中，不乏"罗刹国"的故事。如《佛本行集经》卷第四十九、卷第五十，《六度集经》卷第四，《出曜经》等，而故事情节又不尽相同。我国魏晋六朝、隋唐时已把这些佛教经典翻译了过来，通过隋唐的"俗讲"而广播于民众。到了清代蒲松龄生活的时期，仍在民间口传，故而使蒲松龄得以写成具有独特意义的《罗刹海市》。

曲金良将《佛本行集经》卷四十九中的《罗刹国》与《罗刹海市》的母体相比较，发现后者在人物安排、情节结构、场景描写及人物语言上都受到佛经故事的影响。但又大异于《罗刹国》故事。在《罗刹国》里，马王是佛世尊的化身，是超度那些因入海事商求宝又迷恋财色而沦遭苦厄的商人众生的。而在《罗刹海市》中，马骥直接就是商人。马骥没有遇到超度众生的世尊，而是自己回到故土。而且相比之下，马骥的生活变得更好。在罗刹国中的人物，前者写的是一些罗刹女鬼，后者则写了一个丑鬼群；前者写的是五百商人的"历险记"，后者则写了一个商人的"观光旅游记"；前者写罗刹女们争相向商人求爱，生儿育女，后者写的是海龙君择婿招赘；前者写了一大段身陷铁城地狱的商人在此被食、受厄的阴森可怖的惨景，后者则写了海市、龙宫等令人向往的世界。

据朱一玄《〈聊斋志异〉资料汇编》，《粉蝶》的故事源自杜乡渔隐的《野叟闲谈》：

---

[1] 曲金良. 《罗刹海市》与《罗刹国》：从蒲松龄对佛经故事的改编看其时代思想之一例[J]. 蒲松龄研究，1994（3）：50-58，43.

康熙丙辰，琼州杨生泛海，飓风覆舟。生抱桴木，漂泊岛上，见岩石壁立，勒"神山"两字。穿林越涧，抵深邃处，有广厦一区，如宫苑。正瞻顾，小鬟采药林间，见客却入。俄一美丈夫出，询生来历，挽手开堂，情意真挚。生叩姓名，自云"晏某"。旋入趣夫人出，以侄呼生曰："我尔杨十娘也。不因颠覆，恶得觏面？"设醴颖生，絮及家事，生具告之，共相慰藉。生故年少，不辨往事，恳示端绪，但笑不言，曰："归白祖母自知耳。"宵深筵撤，寝生别室，留婢伴灯焉。生窥婢美，试挑之，欣然就。忽聆唤"粉蝶"名，婢起弃去。生惧事泄，蹑而察之，闻姑语曰："婢子尘缘已至，合遗去之。"生怏怏归寝，嗣是不复见婢，意甚惭恩，向姑告别。姑曰："非不相留，防门间倚望耳。"晨为设祖宴，援琴作歌，音节凄绝，名其操曰《云仙谪》。生素娴音律，默识之。既送登舟，姑脱湘裙张樯杪，曰："儿但闭目，保无虞也。"顷刻风生，舟行如矢。生若坐烟雾中，唯闻耳畔风鸣，竟不知几千里矣。忽人语嘈类乡音，开眼舟已抵岸，果琼境也。趋而归，祖母方愁切，见生喜且骇，盖离家已十六较载，谓无复生还矣。生以告。祖母曰："是真尔姑也，适晏氏，随婿采药不归，今其仙耶！"视其裙，固嫁时衣也。时生已壮盛，急为纳妇，得钱氏女，却扇相觑，宛然，而粉蝶，年恰十六，方悟姑语有因。质以前事，茫不记忆，但闻生鼓《云仙谪》一曲，便凄然心动。事颇载他书，此为最确。[1]

　　两个故事梗概大致相同：一书生无意中漂流到仙人岛，遇到神仙夫妇，与一婢女发生幽情，后书生返回人间，和转生为凡人的婢女结合，婢女对仙界已经烟云恍惚、不复记忆了。《粉蝶》的精彩处恰恰在于增加的几处情节：一是在故事中增加了古琴的黏合作用，由听琴—学琴—琴挑—学《天女谪降》操—弹琴试图勾起仙界回忆等，将故事完整精练地凝聚在一起。二是增加了阳生"初聘吴氏女未娶，且数年不还，遂他适"的婚约交代。在《野叟闲谈》中，古琴在通篇故事中缺少衔接和连贯，显得板滞突兀。而在《粉蝶》中，古琴贯穿始终，成了组织故事的线索，既承接上文，又为后来的情节张本：直接导致了粉蝶的被贬人间，也最终实现了后来的花

---

[1] 朱一玄.《聊斋志异》资料汇编[M]. 天津：南开大学出版社，2002：269-270.

好月圆。对阳生婚约的交代也是琴挑的需要：一方面弥补故事欠缺的瑕疵，另一方面疏通了两人结合的阻隔。[1]

其中一个细节，还体现了作者的独具匠心。阳曰旦的名字，取自《诗经·郑风·女曰鸡鸣》，此诗通过对黎明到来之前一段男女情话的描写，展现了夫妇之情的和谐美好。诗中有"士曰昧旦"一语，此外还有"琴瑟在御，莫不静好"之句，亦与《粉蝶》情节相吻合。[2]

通过以上对三篇文章的分析，我们发现它们所体现出来的叙事形态，不但是对中国古代海洋叙事诸种叙事模式的一种继承，而且是一种超越。根据叙事学的理论，作者的所有意图都隐藏在他们的作品中。我们通过分析作者的改编，或许可以一窥其或显或隐的思想。

三、《聊斋志异》中海洋小说所体现的作者的思想

第一，海陆和谐的大同思想。《夜叉国》本是一个凄凉悲惨的故事，却被蒲松龄改写成了一个和谐美好的故事。在以往的故事中，海岛和岛女是野蛮、荒凉的代称，男子逃离海岛是正确的选择。但是在《夜叉国》里，海岛是原始而美丽的，岛人是质朴而善良热情的。男子不仅在岛上娶妻生子，更为整个岛人世界所完全接纳。岛主"于项上摘取珠串，脱十枚付之；俱大如指顶，圆如弹丸。雌急接，代徐穿挂，徐亦交臂作，夜叉语谢之"[3]就证明了这一点。岛人来到象征文明世界的陆地，没有受到任何歧视，官方也对他们一视同仁，甚至可以说是恩宠有加。兄弟俩都有功名，妹妹也有佳配，母亲甚至还被封为夫人。

如果说夜叉国还是一个蛮夷之地，那么在《聊斋志异》的另一些故事中，大陆和海岛的地位，有时更是文明和野蛮倒置。如《仙人岛》一文。王勉来到仙人岛之后，岛主很有礼数地接待了王勉，显示出高度的文明程度。王冕自以为才名盖世，考取功名易如反掌，却在岛上两位姑娘的手下接连败下阵来。从内陆来的王勉，可以理解为代表内陆文化，他的才华和能力，象征着内陆文化的深厚基础，可是在这一对海岛姐妹面前，他败得

---

[1] 楚爱华. 古琴意象在《聊斋志异》中的传递与深化[J]. 蒲松龄研究, 2010 (3): 114-122.

[2] 楚爱华. 古琴意象在《聊斋志异》中的传递与深化[J]. 蒲松龄研究, 2010 (3): 114-122.

[3] 张友鹤. 聊斋志异：会校会注会评本1. 上海：上海古籍出版社, 2019: 379.

一塌糊涂。可见蒲松龄并不完全是"一种天朝上国，妄自尊大的心理"[1]。反而更体现了他对异国的尊重，倾向于一种海陆和谐相处的开放心态。

第二，鲜明强烈的女性意识。封建社会的文化市场几乎被男权垄断，"女子无才便是德"的礼教信条，残酷地剥夺了中国古代女性终身的文化权利。但蒲松龄并没有困于这种桎梏，而是赋予他笔下众多女性杰出的文化才艺，并让她们借此获得令人羡慕的幸福。在《仙人岛》一文中体现得尤为明显。

小说的主要情节是精彩纷呈的斗智过程，大致可以分为四个回合。起初王勉还有些托大，因为绿云仅仅背诵了三首《竹枝词》，王勉得意扬扬地念了一首自己的近作，还"顾盼自雄"，尤其对于其中的"一身剩有须眉在，小饮能令块垒消"[2]最为得意，似乎是旷世杰作。却不料听见芳云对妹妹绿云说："上句是孙行者离火云洞，下句是猪八戒过子母河也。"[3]第二回合，王勉又做了一首《水鸟》诗。但刚说了一句"潴头鸣格磔"，却无论如何也写不出下句了，窘迫之中绿云告诉父亲说："渠为姊夫续下句矣。云：'狗腔响弸巴。'"[4]这下满座更是大笑。第三次，岛主为了照顾王勉，就不再让他写诗，改请他"制艺"，也就是写科举专用文体八股文。王勉顿时精神一振，想这种海外荒岛上的人，懂什么八股文呢？"乃炫其冠军之作"，题为"孝哉闵子骞"两句，谁知刚刚说了破题的第一句"圣人赞大贤之孝"，却又被绿云毫不客气地打断，还嘲笑他弄错了圣人的意思，弄得王勉意兴索然，不敢继续下去了。在岛主的反复鼓励下，他才"复诵"。可是每说数句，就看见姐妹俩必相耳语，虽然听不见她们的话，但从神情来看，绝对不是赞赏之语。第四次，岛主出联说："王子身边，无有一点不似玉。"[5]王勉还没有想出一点头绪，小姑娘绿云就应声说："黾翁头上，再着半夕即成龟。"[6]王勉再也没有半句应语。作品中的女性所表现出的高超才艺和高雅情趣，显然不符合封建社会对女性的要求，但博得作者的偏爱。在他的观念里，女性有权利提高自身的文化修养，享有与男性平等进行文

---

[1] 曹湘雯，张祝平. 浅论《聊斋志异》中的海上异国形象[J]. 文教资料，2012（19）：13-15.

[2] 张友鹤. 聊斋志异：会校会注会评本3[M]. 上海：上海古籍出版社，2019：1039.

[3] 张友鹤. 聊斋志异：会校会注会评本3[M]. 上海：上海古籍出版社，2019：1039.

[4] 张友鹤. 聊斋志异：会校会注会评本3[M]. 上海：上海古籍出版社，2019：1039.

[5] 张友鹤. 聊斋志异：会校会注会评本3[M]. 上海：上海古籍出版社，2019：1040.

[6] 张友鹤. 聊斋志异：会校会注会评本3[M]. 上海：上海古籍出版社，2019：1040.

化艺术交流的权利。

第三，对儒道思想的推崇。《粉蝶》一篇里提到，十娘善琴，随意命题，皆可成调。且教阳曰旦弹奏《飓风操》，晏生也教他弹奏《天女谪降》，而且文章结尾也提到此曲，甚至连原本有姓无名的主人公也被细致地取了一个源于《诗经》关于礼乐的名字，可见作者对乐曲的重视。孔子曾提出"兴于诗，立于礼，成于乐"[1]。儒家思想把诗、礼、乐三者当作教化民众的途径，必须恰当利用。乐是教化百姓的方式和手段，而孔子本身有良好的音乐素养，因而提出"乐而不淫""乐节礼乐"的原则。《粉蝶》里多次强调十娘夫妇对琴乐的天赋，实则是作者对于儒家思想的认同与推崇。作者是一个封建社会的文人，在儒家思想作为统治思想的时代，或多或少受到其影响。作者积极入世，是希望在儒家思想的推广下，成为朝廷统治百姓的助手。

苏景《春草堂琴谱·鼓琴八则》曰："琴，器也，具天地之元音，养中和之德性，道之精微寓焉，故鼓琴者，心超物外，则音合自然，而微妙有难言者，此际正别有会心耳。"[2] 文人们借琴自娱，期望自己在与宇宙自然的沟通中获得心灵的安宁。古琴的自娱意象在《粉蝶》中深化为神仙意象。阳生泛舟于海而突遇飓风，"同舟尽没"，靠着一艘小船从死亡中脱险，可谓惊魂落魄。到了仙人岛，"遥闻琴声"，紧张的情绪才渐渐舒缓下来。在这个幽静超俗的仙境里，风采焕映的仙人淡雅从容、超然物外，终日弹琴自娱，在绝去尘嚣的琴声中悠游休闲，与繁杂喧嚣的尘世形成对比。这明显受到了老庄"不为物累逍遥天下"的影响。可能是因为作者对自己屡试不第的安慰，也可能是不被现实羁绊的浪漫性格所致。

第四，象征叙事的政治讽刺。清王朝是由少数民族实现大一统的时代。清朝廷的设立均依照明制。深谙利用汉族的儒家思想来控制社会的道理。为了强化君权，选拔听命于清廷的官吏，科举考试为八股文。程朱理学成为清代的官方哲学，严重限制了人们的思想。科举考试成了人们走向仕途的唯一出路，因此毁了一批如蒲松龄一样不得志的读书人。

《仙人岛》中主人公王勉就是一位无真才实学的八股文受害者。而蒲松龄塑造出这样一个人物，既是对自己屡试不中的愤慨，也是对自己才华的

---

[1] [春秋]孔子著，易丽华，马淑梅注译. 四书五经 [M]. 长春：吉林出版集团有限责任公司，2011：41.
[2] 蒋菁，管建华，钱茸. 中国音乐文化大观 [M]. 北京：北京大学出版社，2001：263.

肯定，希望自己得到朝廷的重用。借此，蒲松龄也讽刺了一些只会搬弄文字而无思想与才华的虚伪文人。《罗刹海市》更是赤裸裸的政治讽喻。罗刹国实行"以貌取人"的制度，并且人们都以丑为美。在天朝，文人尚可通过寒窗苦读获取功名，而在罗刹国，相貌已经决定一切。蒲松龄作为一个屡试不第、蹉跎一生的落魄文人，也许这样的制度才会让他放弃追求功名，不需浪费年华来争取加官晋爵。

四、结语

中国古代海洋小说呈现出鲜明的特征，具有独特的美学和文化价值。但是不可否认，与源远流长和极其灿烂的古代其他文学传统相比，古代海洋小说处于边缘地位。《聊斋志异》中的十篇海洋小说是对中国古代海洋叙事诸种叙事模式的一种继承，甚至是一种超越。通过分析作者的改编，我们发现了海陆和谐的大同思想、鲜明强烈的女性意识、对儒道思想的推崇、象征叙事的政治讽刺等独特的思想。我们应该努力整理、挖掘中国古代海洋文学和文化独特的诗意和价值，认真分析和总结作家背后独特的思想。

指导教师评语：

海洋占据人类居住地球的绝大部分，对人类生活自古产生深远影响，也自然成为文学艺术关注书写的重要内容。古代往往强调四海之内，而在一定程度上忽略四海之外，长期以来的文学研究同样如此。因此，陈雅薇的论文颇具问题意识与创新价值。该文从海洋空间的视角切入，以《聊斋志异》这一经典文本为中心，讨论其中的海洋叙事艺术、海陆和谐思想、鲜明女性意识、政治讽刺意蕴等问题，文献引用得当，写作规范，言之有物。当然，该文的思考也有进一步完善提高的空间，如《聊斋志异》中海洋文学的艺术特征问题，还可加强论述和提炼。（曾维刚）

《钦定词谱》中小令的六言句研究

2018级 黎慧芳 刘音孜

一、小令六言句源流

（一）小令定义

本文的研究对象系词中数量庞大的小令词，小令不同于慢词，兴起于词产生之初，于唐宋期间一直保有其生命力。此外，小令由于篇幅短小，急唱急转，多运用六七言句，更适合作为研究词中六言句的调查样本。按字数分词类的方法源于《草堂诗余》，"五十八字以内为小令，五十九至九十字为中调，九十一字以外为长调"[1]。这种词类分别方法以严明的字数为界，必会显现出其僵硬不合宜的一面。王力在《汉语诗律学》中主张按韵分别小令字界，这种方法固然有其贴合词具体声情特点的优势，但本文主要考虑六言句的内部结构与协调方式，五十八字小令界裁方法体现六言句在小令整体中的分布特点是充分的，故而在选择研究对象时参考《钦定词谱》中字数不多于五十八字的词牌极正体或变体。统计下，《钦定词谱》中包含六言句的词牌正体和变体共计337个，本文即从这337个小令词牌正体与变体入手，具体讨论小令中六言句的诸多特征。

（二）六言句源流

六言句在词中是一种少数句式，其使用量与分布密度均不能与三言、五言、七言句相提并论。

1. 赋的传统

《诗经》多用四言，《楚辞》多用六言，赋"受命于诗人，拓宇于楚辞"[2]，其句式于此两者中汲取并融合经验，用四言句体现灵动，用六言句展现优美。汉赋中的六言句脱胎于《楚辞》之中，内部音节常表现为"一

---

[1] 吴梅. 词学通论 [M]. 上海：复旦大学出版社，2005：2.
[2] [南朝梁] 刘勰. 文心雕龙 [M]. 上海：上海古籍出版社，2018：15.

二一二"的特点，譬如班婕妤《捣素赋》"改容饰而相命，卷霜帛而下庭。曳罗裙之绮靡，振珠佩之精明"[1]；司马相如《子虚赋》"靡鱼须之桡旃，曳明月之珠旗，建干将之雄戟，左乌号之雕弓，右夏服之劲箭"[2]。而词中六言句的音节分配多为"二二二"，这种平均化的音节分配起于民歌，如"断竹，续竹；飞土，逐宍"[3]，《诗经》将其进行了发展，赋中的四言句也得其意味。赋作为开始，在一种文体中融入了"二二"的音节分配和六字句的形式，而这两者在六言句的融合也自然出现在了赋的发展路途之中，于是，骈文写作中出现了灵活使用的"二二二"六言句式。

2. 诗的传统

近体诗讲求格律，五言绝句，七言律诗，所作者众多，而讲求格律工巧，六言诗亦有所成就。近体诗以前，便有六言诗出现，其出现年代可追溯至汉代乐府，譬如乐府《满歌行》尾一解"命如凿石见火，居世竟能几时"[4]。六言诗有别于诗经中出现的六言句，如《诗·周南·卷耳》"我姑酌彼金罍"[5]，而是减去了虚字的承接。唐代六言诗产出颇丰，有王维的《田园乐七首》，宋代亦有书写，多用"二二二"与"三三"两种，及至黄庭坚，又有灵活运用"二一三""一二三"句式的现象。陆时雍《诗镜总论》说："六言甘而媚。"[6] 六言诗在题材上多为景物状话，生活意趣，有舒淡婉约的韵味。在六言句的单句句式上，唐宋六言诗的诗句已经与宋词中六言句无异。宋词的六言句由于拥有其他诸多句式的调和，因此，能够书写更为丰富的题材与情感。

二、分布特征

《钦定词谱》是康熙时期王奕清、陈廷敬等奉命编写，以万树《词律》为基础，综采各种词谱之长，收录词牌完整，体例完备。本文以《钦定词谱》材料，整理含有六言句的小令并加以分析，概括总结六言句的分布特征。

---

[1] [宋] 陈仁子. 文选补遗 [M]. 上海：上海古籍出版社，1993：508.
[2] [南北朝梁] 萧统编，[唐] 李善注. 文选·第七卷 [M]. 上海：上海古籍出版社，1986：352.
[3] [明] 梅鼎祚. 古乐苑·第1册 [M]. 成都：电子科技大学出版社，2017：271.
[4] [宋] 郭茂倩. 乐府诗集上、下 [M]. 上海：上海古籍出版社，2016：567.
[5] [春秋] 孔丘编，党秋妮，编译，支旭仲，主编. 诗经 [M]. 西安：三秦出版社，2018：3.
[6] [明] 陆时雍. 钦定四库全书·集部八·总集类. 古诗镜. 卷一.

在搜集的含有六言句的小令中，大部分是唐代教坊所作之曲，宋代词人自度曲次之。词兴于唐盛于宋，最常用的是五七言交替的句式，但这种句式已经无法满足词人和歌者表达的需求。龙榆生《词学十讲》："长短句歌词的形式之美，是根据'奇偶相生，轻重相权'的八字法则加以错综变化而构成的。"[1] 因此，唐宋人在词的句式、平仄配置等方面进行了拓展，将三五七言与二四六言句交替分配，以获得顿挫变化之感。于是，这也造成了小令中六言句的增加。

《钦定词谱》中全为六言句的词牌有《渔父引》《回波乐》《舞马词》《三台》《塞姑》《河满子》《双漉鵝》。《渔父引》是三个六言句组成的单调，它主要运用相关意象的组合，构成河边沙头女子怀人的场景。《回波乐》《舞马词》是由四个六言句组成的单调，脱胎于六言诗，它充分发挥了六言句叙事的节奏感和递进的层次感，描绘的分别是侍宴和舞马之事。《三台》《塞姑》是由四个六言句组成的单调，最大的特点是以景起兴，融情于景。《河满子》是由六个六言句组成的单调，脱胎于五绝近体诗，《双漉鵝》是由八个六言句组成的双调，脱胎于七律近体诗，这两个词牌的声情特征深受近体诗的影响，但采用领字以增加其绵长霏娓之感。

三、内部特征

（一）格律特征

1. 声律

词作为用于演唱的文学形式，对音律韵位有着严格的要求，因为和谐的音韵不仅易于记忆，利于歌者演唱，而且能表现情感的起伏变化。对于声韵四声的作用，刘勰在《文心雕龙·声律》中说："异音相从谓之和，同声相应谓之韵。"[2] 这就要求词作不仅要字调安排合理，四声更替使用，还需要韵位疏密适宜，达到声音与情感的和谐统一。

六言句最常见的"二二二"的结构，六言三拍，呈现出一种特殊的韵律美感。同时，六言句用在词中，由三个双音节词组成，四声相配使用，和谐动听。

---

[1] 龙榆生. 词学十讲 [M]. 北京：民主与建设出版社，2018：45.
[2] [南朝梁] 刘勰. 文心雕龙 [M]. 上海：上海古籍出版社，2018：67.

2. 领字

朱承平《诗词格律教程》中说："领字，又称领字句，是词特有的一种句法。词的句法长短不一，如果都用实词，各句则无转折延宕之处，读起来就会觉得呆板生硬，也不便于歌唱。所以，有必要在长短参差的句子当中，夹杂一些承领上下句式的虚字，表示上下文语法关系，保证句意贯通，使不同的句式更为灵活，富有生气。"[1]

除了"二二二"结构外，六言句中普遍使用的还有"领字+后文"的结构。在六言句中，一个字的领字并不多：是（是瘦损人天气）；将（将共两骖争舞）；便（便同比目金鳞）；只（只向武陵南渡）；更（更卷珠帘清赏）；恰（恰恨照人欹枕）。

在六言句中，两个字的领字非常多，二字领字通常是由一字领字搭配而成的。比如：休说（休说旧愁新恨）；教人（教人见了关情）；那堪（那堪更被明月）；若是（若是知人风味）；正是（正是拾翠寻芳）；疑是（疑是水晶宫殿）；应是（应是天仙狂醉）；又是（又是清明天气）；尽是（尽是春愁落处）；忍看（忍看鸳鸯双结）；料想（料想那人不在）；怎得（怎得依前灯下）……

六言句中普遍存在领字，这些领字的存在也对六言句的表情达意发挥着巨大的作用。首先，是使音韵和谐，领字的产生是源于歌唱的需要，六言句中的这些领字起着发调定音、跌宕转折的作用。同时又能形成六言的形态，与三、五、七言的奇句相和，和谐动听。其次，能够在结构和情感中起承上启下的功能，比如"休说旧愁新恨"（辛弃疾《霜天晓角·旅兴》），向上承接词人乘船来到吴头楚尾，说明词人宦游之苦，向下转移话题，开启对长亭树木的描写。可见，六言句中的领字位于词中词意转折之处，转接过渡，连接前后语意。能够打破时空的界限，采用转折、跳跃、回想等方式，展现了情感的变化，扩大了情感的表达范围。

(二) 修辞特征

1. 列锦

列锦是汉语中特别的修辞方式，所谓"列锦"，就是全部用名词或者名词性短语巧妙组合排列，构成生动鲜活的图景。六言句最显著的特征就是列锦的修辞手法的使用，两字一顿，三个词组合而成，字词之间省略动词、介词等连缀词。比如"春水绿波南浦"，通过"春水""绿波""南浦"三

---

[1] 朱承平. 诗词格律教程 [M]. 广州：暨南大学出版社，1999：376.

个意象的组合，点明时间、地点，描绘了一幅春水初涨、碧波荡漾的春日图景，而代表着送别的"南浦"则暗示这是一场黯然销魂的送别，为春日图景增添了一抹别离的落寞惆怅。六言句中这样的例子还有很多，用三个词语并置组合，超越诸意象之和，构造了完整统一的审美情境，同时又使得语言凝练有力。

2. 动态叙事性

六言句虽然在句式上缺少变化，但是它的包容量是巨大的，属性是复杂多变的。它不仅能在静态的列锦中渲染出统一的意象世界，还能在动态的叙事中说明情节，表情达意。因为六言句两字一顿的节奏，使得它所描述的动作往往是连续递进的，因而具有很强的叙事性。比如"饮罢且收拾睡"（赵长卿《霜天晓角·霜夜小酌》），短短六个字，却描绘了一连串的动作：词人饮酒作罢，收拾自己，准备睡去。再比如"屈膝衔杯赴节"（张说《杂曲歌辞·其三·舞马词》），描绘了舞马屈下膝盖，衔着杯盏，奔赴玄宗寿诞之节。由此可见，六言句在描绘动作时，展现出顺移推进的特点，带有很强的叙述性和情节性，使得其在不大的体量中展现丰富的故事内容。

3. 数量词的使用

另外，六言句还应当注意的是数量词的广泛使用。六言句中的数量词并不单纯表达数量，常是作者有意选择，蕴含一定的形象性和感情色彩，能够于平淡中见奇崛，在朴素中见灿烂，达到独特别致的表达效果。

六言句中的数量词能精巧准确地表达题旨和情境，陈望道《修辞学发凡》："修辞以适应题旨和情境为第一义。"[1] 比如"一曲舞鸾歌凤"（李存勖《忆仙姿·曾宴桃源深洞》）与"羌笛一声愁绝"（温庭筠《定西番·汉使昔年离别》），都是描写声音的词句，但是数量词的不同选择造成了不同的表达效果，"一曲"是完整的一首曲子，能够有闲情欣赏的往往是在宴会酒楼之地，因此，词人选择"一曲"来描绘宴会的清歌，借以表达对美好记忆的怀念，勾起相思之情。而"一声"则是断曲残声，描写西北边塞的羌笛，呈现孤独萧索的环境，恰当地表达出边塞将士的思乡之情。还有"几番衾枕朦胧"（乔吉《天净沙·即事笔尖扫》）表现出词人多次无法入眠，郁结于心的情感；"凭栏幽思几千重"（赵长卿《画堂春·小亭烟柳水溶溶》）用数量词化虚为实，展现女子凭栏思人的闺怨。

六言句中还会运用模糊性的数量词表达，使词更加含蓄婉约，更具有

---

[1] 陈望道. 修辞学发凡［M］. 上海：复旦大学出版社，2015：21.

张力和想象空间，扩大词的容量。比如"芳树奇花千样"（毛文锡《西溪子》），词人模糊地描绘西溪的花草树木有千样，表现出春日西溪景色的绚丽繁茂；"千里玉关春雪"（温庭筠《定西番·汉使昔年离别》）模糊地说明边塞距离家乡的距离，更显示出边塞将士距离家乡之远，思乡之疾。

六言句中还有一些特别的量词，是词人推敲数量词达到的效果。比如"一点芳心休诉"（姜夔《醉吟商小品》），用"一点"轻轻着笔，表现小女子的思绪，一个含蓄思人的女子形象立刻被刻画出来；"一点烟红春小"（吴文英《霜天晓角》），用"一点"描绘初春花朵细细一点，如在烟中看，营造出一种朦胧的美感。

4. 叠词的使用

词学名家詹安泰先生曾将叠字按照词性分为五类：名词叠、动词叠、副词叠、形容词叠及感叹词叠。小令中六言句虽不是叠词使用的主力军，但其长短与内部节奏分配为双音叠词的使用提供了便宜之处。有针对意象的形容词叠（苏轼《华清引》"独留烟树苍苍"、赵长卿《画堂春》"野花白白红红"），侧重情感表达的副词叠（王大简《浣溪沙》"栏杆依遍深深"），强调突出的名词叠（晏几道《清平乐》"枝枝叶叶离情"）。相比奇字句的叠词使用，六言句中的叠词因为与修饰对象在节奏上的贴合更能够与其形成突出特征和浑然天成的艺术效果。

（三）意象结构特征

词中的六言句基本沿袭了唐产生的六言诗的句式结构，即"二二二"结构，同时也延续了其中铺陈意象的特征，为词人营造意境、驱动抒情提供了材料。总体而言，词中六言句的意象结构有以下几个种类：复指、并列、递进、跳跃、重复。

1. 复指

意象的复指，指单句中用同位词表现同一对象的意象组合，能够丰富词人的抒情强度。

意义与突出特征相同的复指。张先《后庭花》"晓蟾残漏心情"中"晓蟾"指黎明时候的残月，"残漏"指黎明快要漏尽的夜漏，两者都代指"黎明"这一意象，为单意复指。两个意象不仅意义相同，情感特征也相似，对于黎明这一时间点都从"夜晚的消磨尽"而不是"白昼的将到来"的角度来表现，"月"与"漏"，都是在长夜中被慢慢消磨事物，体现了作者长夜难眠背后一种连续的烦恼与愁苦。

意义与突出特征不同的复指。赵彦端《沙塞子》"春水绿波南浦"中

"春水""绿波""南浦",所指皆是河水,在文化语境中,"春水绿波"和"南浦"也都带有离别依依之情。"春水"侧重表现季节,"绿波"侧重表现生机,"南浦"则带有方位和温度的意义,通过复指丰富了河水的特征,也使得词人的情感张力得到扩充。

2. 并列

意象的并列,即同一空间中的不同平级意象,共同丰富了一个意境的整体特征。

陆游《好事近》"梦里镜湖烟雨"句中"镜湖"和"烟雨",韦庄《更漏子》"月照古桐金井"句中"古桐"和"金井"都是并列关系,前者共同营造了梦境湖上空灵梦幻的意境,后者一齐创造了一个清冷阒静的夜半深院意境。

3. 递进

意象的递进,即意象依照一定的顺序递进变化,由远及近,由低到高,使得句法富有理趣的同时能够延展情感。

吴文英《霜天晓角》"帘额红摇波影"句中"帘额"最近,精确到帘子的一部分,到"红摇"是屋内的蜡烛,形态已经较为摇动,再到"波影"已经远到屋外,形态也是只能依稀看见影动。全句用三个意象,串起了词人目光的转移。

沈蔚《清商怨》"城上鸦啼斗转"句中从"城"到"鸦"再到"斗",意象高度升高,有序地表现了夜晚城中的空间层次,有舒朗之感。

4. 跳跃

意象的跳跃,即表意无关联的意象的组合,它能使词句更具生动气质。

晏殊《诉衷情令》"东城南陌花下",三者意象跳跃,跨度较大,形成开阔之感。

5. 重复

意象的重复,即对同一意象词汇的重复咏叹,激化情感。

柳永《忆汉月》"明月明月明月,何事乍圆还缺",叠加三个"明月",颇有感慨之意。

(四)章法特征

1. 句式内部

六言诗的创作史从开始就为诗人们埋下了平均分配节奏的传统,并以其声律的和谐被长期延续,这一传统沁入了词中六言句的创作,然而六言诗尚有黄庭坚对句式内部结构的创新,词中六言句的句式也并非一成不变。

有"一三二"结构（黄庭坚《留春令》"是瘦损人天气"）、"二一三"结构（黄机《霜天晓角》"消得个温存处"）、"二三一"（蒋捷《霜天晓角》"说与折花人道"），这样的内部结构使其脱离于诗歌表达的思维定式，更具有浑成美感，在节奏上也区别于六言三拍，更寓变化。

2. 句式组合

六言诗在章法上讲求工巧，三拍节奏下内部用词有限，故而用词颇有藻饰感，做到无强牵、得神韵属实不易。由诗入词，是文人表情材料寻求转向的过程，这也可解释，相比五言、七言齐句词人对六言齐句创作热情不高的原因，六言齐句小令《河满子》与《三台》等，存词数量远不及七言齐句《浪淘沙》《八拍蛮》《杨柳枝》等。词在一定程度上用长短句的优势丰富了自身的节奏，六言句与其他句式的组合多端为抒情的灵动做出了贡献。"六六"（晏殊《雨中花令》"剪翠妆红欲就，折得清香满袖。"秦观《醉乡春》"唤起一声人悄，衾冷梦寒窗晓。"）句式组合延续六言诗，音律规则和谐。"七六"（尹鹗《满宫花》"草深辇路不归来，满地禁花慵扫。"）、"五六"（晏几道《梁州令》"莫唱阳关曲，泪湿当年金缕。"）句式组合略有参差，是对于近体诗五七言对句的改造。长句短句相接的"六三四"（周邦彦《凤来朝》"说梦双蛾微敛，锦衾温、酒香未断。"）等声律由舒缓转急促。短句长句相接的"三三六"（韦庄《应天长》"碧云天，无定处，空有梦魂来去。"）、"四六"（韦庄《河传》"花深柳暗，时节正是清明。"）等声律由急促转舒缓，六言句为表情重心。综上所述，词以其句式多样为六言句与其他句式的组合提供了弹性，通过六言句的不同组合，能够直观地调节词的节奏和声律特点，与抒情内容相契合。

四、总论

小令中的六言句在声律上的突出特点是以二音步为主，具有结构韵律感和跳荡性，能够将同一时空和不同时空的意象加以组合，也能够将一连串的动作加以组合，包含丰富的内容和深厚的情感，适宜表达婉约雅致的情感。在修辞上，小令中的六言句常常采用列锦、叠词、领字、动态性的叙事来写作；在意象组合上，六言句富于变化，有并列、递进、跳跃、重复、复指等组合结构；在章法上，内部沿用六言诗，采用二音步，外部与多种句式进行灵活的组合。陆时雍《诗境总论》"六言甘而媚"，六言句的这种音律特征使得词人常常铺陈渲染，达到"声、意、情"的统一。

指导教师评语：

本文以《钦定词谱》中小令六言句为对象，在全面梳理基本文献的基础上，详细剖析小令词中六言句的分布、格律修辞、意象组合、声情、章法等，选题较具创新意识。其研究能深入文本内部，做到论从史出，不做蹈空之言。唯部分论述如有关六言句的声情特征、审美特征的论述稍嫌简略，论文整体理论品性尚有提升空间。（薛玉坤）

近十多年词调研究综述

2019 级　罗可欣

词调是词的曲谱，词调的音乐形式与词的文学形式有机结合为一体，因而词调是词学研究的重要领域，为词学界所重视。近十多年来（2010—2021年），学界对词调研究仍抱有极大的热情，追溯前人的脚步孜孜不倦地补充、深入研究，取得丰富成果。学者们以宏观意识整体把握词调，研究包括词调的溯源，词调的类别，词调史，词调的音乐性，同调异名、同调异体问题等诸多方面；同时也从微观层面将词调的研究细化到具体词调研究和不同词人的用调特色研究，试图构筑单个词调史。本文将从以上两个维度梳理近十年词调研究的论文，分列几个方面略述于下。

一、词调研究

（一）宏观整体词调研究

1. 词调溯源研究

对词调渊源的考察可称为词调探源学，学界普遍认为词调的来源主要有三种：域外音乐和边疆民族曲调、宫廷歌舞大曲改制曲调和文人创作的曲子，另外有些词调还来源于内地民歌、歌伎创制等。近十多年来相关学者已将重心从宏观上整体把握词调源流转向追溯、考索单个词调的来源，也逐渐认识到燕乐决定词体论具有单一思维的弊病。

木斋《曲词发生史》[1] 大力反对词源于燕乐的主流说法，称燕乐系统中不能产生曲子，更不能产生曲词，主张词出于法曲，即华夏本土音乐。李飞跃《论词调的形成与词体的自觉》[2] 认为词调与燕乐有着密切关系，燕乐为词的产生提供了丰富的曲调来源，早期的部分词作原是燕乐歌辞。但是燕乐不等于曲调，更不等于词调，不是所有的燕乐乐曲都能转变为词

---

[1] 木斋. 曲词发生史 [M]. 北京：光明日报出版社，2011.
[2] 李飞跃. 论词调的形成与词体的自觉 [J]. 文艺研究，2014（12）：58-68.

调,也不是所有的词调都来自燕乐。除了燕乐外,还有为数众多的词调或来自汉魏清商乐、民间歌曲与佛道之曲,或来自乐府、声诗、酒令等,它们都不等同于燕乐。谢桃坊《唐宋词调考实》[1]在区分词调与大曲时提出大曲是词调来源之一,词人们从中摘取某一段为词调,如《梁州令》《伊州令》《水调歌头》《六州歌头》《齐天乐》《法曲献仙音》《法曲第二》《州第一》《霓裳中序第一》《隔浦莲近拍》《薄媚摘遍》《泛清波摘遍》等都是摘自大曲与法曲的。钱志熙《词与燕乐关系新论》[2]针对一些学者质疑词出隋唐燕乐的说法,重新梳理燕乐的源流,揭示词与隋唐燕乐关系中的晦昧之处。他认为词体产生的基本条件之一是隋唐燕乐,并且隋唐燕乐与传统的各种燕乐并没有直接的渊源关系,唐宋相承的坐部伎、教坊乐才是词乐的基本归属,从而将"词出燕乐"的内涵进一步缩小为"词出坐部伎"。

此外,潘天宁先生所著《词调名称集释》[3]专门对流传至今的一千三百多个词调名称的本义做了探赜索引、钩沉辨析的探究和阐释,把符合"词"的判断标准的词调名称归入正文部分,把不符合或不完全符合"词"的判断标准的词调名称归入附录部分。

2. 词调的类别研究

词调的类别按字数可以分为小令、中调、长调三种体式,按照乐曲体制可以分为令、引、近、慢四种类型,这种划分方法是词体诸调中最合理的类目。李飞跃对令、引、近、慢的内涵问题进行了系统性研究,《"令"体考辨》[4]一文考镜令曲源流,辨章令体形式,辨析"令"体之含义与短曲小调、急曲子、歌令、小唱、小品之含义,全面梳理小令的丰富内涵及其嬗变,把握其不同历史时期呈现出的不同形态特征与文体功能。《"慢"体考辨》[5]与《"引"体考辨》[6]基于不同历史时期和不同参照,用同样的方法对有关"慢"体、慢曲、慢声、曼唱、长调等含义做出详细阐释,揭示了"慢"体由乐曲特征、歌曲风格、演唱方法向文学风格、文体类型进而向文本格律嬗变的过程,又从乐曲、歌法、文本等方面综合考察"引"

---

[1] 谢桃坊. 唐宋词调考实 [J]. 文学遗产, 2012 (1): 61-68.
[2] 钱志熙. 词与燕乐关系新论 [J]. 文史哲, 2019 (2): 85-97, 167.
[3] 潘天宁. 词调名称集释 [M]. 郑州: 中州古籍出版社, 2016.
[4] 李飞跃. "令"体考辨 [J]. 河南社会科学, 2015, 23 (1): 107-113.
[5] 李飞跃. "慢"体考辨 [J]. 鲁东大学学报(哲学社会科学版), 2016, 33 (3): 31-37.
[6] 李飞跃. "引"体考辨 [J]. 郑州大学学报(哲学社会科学版), 2014, 47 (6): 118-123.

体的丰富内涵。他的《"令引近慢"合称概指词体考论》[1]则从整体上考证"令引近慢"合称概指词体的原因，弥补词学研究的空白，他认为并非因为它们来自同一大曲的不同乐段，亦非基于均拍、韵断或篇幅、字数对词体的划分，而是清人宋翔凤《乐府余论》以"令""引近""慢"分别代指小令、中调、长调，具有一定的文本依据与历史合理性。

也有学者着力探析不同类别词调的艺术特征。霍明宇《试析令词常用词牌的格律特征》[2]对唐宋词中创作量较高的令词词调加以分析，归纳出这些令词词调往往有大量的五七言句式，与诗形似；用韵频繁，多用单韵；相同句式，复沓迭唱的特点。王春《论北宋慢词勃兴时期的艺术特征：以柳永、张先为中心》[3]从柳永、张先代表的早期慢词创作入手，概括出早期慢词由作闺音、抒艳情变为以作者为本位进行叙事抒情的特点，认为由小令之法作慢词而探索出的"屯田家法"增强了词作的逻辑性和丰富性，同时也确立了景与事合、事与景契的写作模式。张代会的博士论文《宋代九长调体式研究》[4]分别对宋朝较为流行的《念奴娇》《满江红》《沁园春》《贺新郎》《满庭芳》《水龙吟》《木兰花慢》《摸鱼儿》《八声甘州》九个长调词调体式进行平仄格律、句式、用韵及名家名作四个方面的定量考察。

3. 词调史研究

近年来学界一直致力于梳理词调的发展演变，建构词调史，但多集中在北宋前期词调史和两宋词调史。刘尊明和李志丽合作的《唐五代词调和用调的统计与分析》[5]则着重考察词史初期唐五代词的择调和用调，统计出一份珍贵的唐五代词调的排行榜，弥补了唐五代词研究的不足。刘尊明、范晓燕《宋代词调及用调的统计与分析》[6]弥补清人所编《词律》《词谱》的缺陷和不足，据最新考订与统计得出宋词沿用唐五代词调仅75调，宋代创制和运用的新声词调则多达769调，不仅总数远超唐五代，而且众调兼

---

[1] 李飞跃."令引近慢"合称概指词体考论[J].郑州大学学报（哲学社会科学版），2011，44（5）：88-94.

[2] 霍明宇.试析令词常用词牌的格律特征[J].人文天下，2019（20）：63-67.

[3] 王春.论北宋慢词勃兴时期的艺术特征：以柳永、张先为中心[J].浙江学刊，2019（3）：223-229.

[4] 张代会.宋代九长调体式研究[D].上海：华东师范大学，2015.

[5] 刘尊明，李志丽.唐五代词调和用调的统计与分析[J].黄冈师范学院学报，2011，31（4）：6-11.

[6] 刘尊明，范晓燕.宋代词调及用调的统计与分析[J].齐鲁学刊，2012（4）：124-131.

备，体式多样，中长调反而显现出超越小令的优势，创制长调慢词的成就尤为卓著，有力地印证了宋词的繁荣气象和绚丽风采，彰显了唐宋词史发展演变的历史进程。姚逸超《北宋前期词调研究》[1] 以北宋前期这一唐宋燕乐转型阶段为时间范围，以其间所新创及运用的词调为研究对象，结合文学与音乐的交叉视域，从词调史的意义上展现唐音宋调的衍变过程。

田玉琪是词调史研究方面的大家，他所著《词调史研究》[2] 一书视野宏阔，通幽洞微，系统深入地构建出词调的理论和架构。上编为历代词调史研究，结合音乐背景、诗词关系、词曲关系等论述六朝至明清时期的词调发生史、运用史、研究史三方面的内容，再现了词调千年的嬗变轨迹，同时以柳永、苏轼为个案，探讨词人用调的词史意义，以小见大，点面结合；下编为历代词调考析，详细考察各调缘起、声情、题材之演变等诸多问题，系统探讨了词调发生的演变，词调与诗体、曲牌之发展关系，以及词调的运用等领域的诸多问题，极具参考价值。

4. 词调的音乐性研究

词体本身就是配乐歌唱的歌词，这就决定了词的创作和演唱都具有音乐性，近十多年来词调的音乐性颇为学者关注。洛地《宋词调与宫调》[3] 集中研究宋词词调与宫调的关系，对《全宋词》《白石道人歌曲集》《清真集》《碧鸡漫志》等文献中关于词调和宫调的资料进行了全面细致的梳理，他认为宫调对于词调词作（的唱）没有决定性意义，词调并没有确定的旋律，律词也根本不是什么音乐文学。谢桃坊《论宋词之词调与宫调的关系》[4] 提出和洛地完全不同的观点，他认为词是音乐文学，或者准确地说应是音乐的文学，词调和宫调是紧密联系的，每个词调也都有稳定的旋律。

姚逸超《北宋前期词调研究》[5] 兼顾词调的音乐、文学和文化属性，从文学与音乐的角度切入北宋前期的词调研究，文章的第六章就宫调与词调声情、乐器与词调声情、词调声情研究与声调之学的建设等问题做了专门探讨，并以《倾杯乐》一调为例，考其源流，辨其声情，进而探究词乐与词作的声辞配合关系。伍三土《宋词音乐专题研究》[6] 从词乐研究出发，

---

[1] 姚逸超. 北宋前期词调研究 [D]. 杭州：浙江大学，2017.
[2] 田玉琪. 词调史研究 [M]. 北京：人民出版社. 2012.
[3] 洛地. 宋词调与宫调 [J]. 西华师范大学学报（哲学社会科学版），2012（1）：1-15.
[4] 谢桃坊. 论宋词之词调与宫调的关系 [J]. 东南大学学报（哲学社会科学版），2013，15（2）：113-118，136.
[5] 姚逸超. 北宋前期词调研究 [D]. 杭州：浙江大学，2017.
[6] 伍三土. 宋词音乐专题研究 [D]. 扬州：扬州大学，2013.

填补了词乐中的声辞关系尚缺乏深度考察的空白，全面详尽地探讨宋词与音乐的关系及细节，介绍了唐宋宫调理论、宫调体系的演进关系，在此基础上以宫调为线索考察词调的传播过程，对《词源·卷上》涉及的部分音乐问题和宋词声辞关系都做了考察与讨论，各部分内容彼此关联，可供综合性查阅。韩晓娜《唐宋曲子词的音乐学研究》[1]实际是对唐宋曲子词进行音乐学研究，介绍了关于词调加工的方法，如乐曲旋律上做"重头、换头、筋斗、双拽头、三拽头、转调"等变化，文辞上通过"减字""偷声""摊破""犯调"等艺术手法进行创新。

5. 同调异名、同调异体问题研究

南通大学文学院近年来对唐宋词调的同调异名现象做了深入研究。王向月、成烨《论唐宋词调易名的文化审美现象》[2]归纳词调易名的缘起主要有词人与伶人间的交流、男权社会中对女性的情感表达及宗教思想的影响三个方面，并探讨了同调异名的审美意趣等问题。成烨、王育红《唐宋词同调异名的成因探析》[3]总结同调异名的成因有三：名家名篇词句被用作调名、词家自取其词句以为调名、中国本土宗教文化的浸染，并从成因出发探讨词人更改调名的心理、方式及效果。同样也是这两位学者合作的《唐宋词同调异名考》[4]考证《钦定词谱》所列826个词调，发现其中234个词调都存在改名现象，并对其进行简要分析，以求总览唐宋词同调异名现象之全貌。徐曼丽、刘佳《浅述唐宋词小令调名改易对后世词学传播的影响》[5]将唐宋词调异名现象对后世词学传播的影响分为对词调雅致的美学理想的坚持、对词调悦耳的节奏韵律的向往、对名实统一的词调本源的追求、对小令传播的范围的强化四点。

另外，其他学者如高印宝《词调异名现象与词调流行之关系》[6]指出宋朝以后大量出现同调异名现象，一般常用词调都是多名，并深究了词调

---

[1] 韩晓娜. 唐宋曲子词的音乐学研究[D]. 新乡：河南师范大学，2014.

[2] 王向月，成烨. 论唐宋词调易名的文化审美现象[J]. 文学教育（上），2017（3）：89-91.

[3] 成烨，王育红. 唐宋词同调异名的成因探析[J]. 名作欣赏，2019（17）：18-20，25.

[4] 成烨，王育红. 唐宋词同调异名考[J]. 宁波职业技术学院学报，2019，23（4）：104-108.

[5] 徐曼丽，刘佳. 浅述唐宋词小令调名改易对后世词学传播的影响[J]. 安徽文学（下半月），2017（3）：1-2，6.

[6] 高印宝. 词调异名现象与词调流行之关系[J]. 河北北方学院学报（社会科学版），2017，33（2）：13-18.

异名产生的原因，分为有意为之和无意而为两种情况。霍文雅《唐宋词调名研究》[1] 回归词调名本身的意蕴内涵和审美价值，对唐宋词调中有异名的词调做了统计与定量分析。

江卉《唐宋词调衍生关系研究》[2] 关注到词调在发展过程中产生的纷繁复杂的衍生现象，包括调名衍生（同调异名）和词体衍生（同调异体衍生、异调异体衍生）两个类型。该文第二章对同调异体衍生发展情况展开分析，认为词调自身内部是存在衍生关系的，并且一调多体的现象在宋代尤为普遍；第三章依据衍生关系的明显度将异调异体衍生分为显性衍生和隐性衍生两种类型，说明了不同的词调之间是存在衍生关系的。田玉琪《依调填词二论》[3] 认为同调异体产生的原因主要是填词时作者对音乐节奏的不同处理或者所填音乐本身小有不同，同调异体不能否定一字一音的基本规律。在他的另一篇文章《唐宋词调字声与"又一体"》[4] 中以"又一体"的概念指称词调中同调异体的问题，他从律句、拗句的角度，结合唐宋词人的具体创作和《词谱》的归纳总结对"又一体"做一辨析，认为以"律句"比勘同调同句应作为辨别词体的重要方式，唐宋词调中同调同句往往存在不同的律句类型，不能混校，而应在分辨不同类型的律句是偶用或误用的前提下再对词调体式分别主次，同样在宋代慢词调中同调同句也常常存在既有拗句又有律句的情况，须视情况而为拗句另立别体，力图还原唐宋词调体式本身。

（二）微观具体词调研究

个体词调的运用研究，构筑分调词史，是当代学者关注、研究的重要内容，唐宋流行词调的专题研究更是硕博论文选题的热门，南京师范大学、河北大学、兰州大学等对此进行了集中研究。田玉琪《词调学研究的学术空间》[5] 指出词调运用研究是当代发展起来的词调研究的新领域，学术空间非常大，还有相当一些流行词调没有做过全面的梳理研究，并且对于一些唐宋词调中比较偏僻的词调，在明清时期又流行起来，比如柳永、周邦彦、姜夔、吴文英的一些孤僻词调在明清时期的运用情况，也都应给予

[1] 霍文雅. 唐宋词调名研究 [D]. 深圳: 深圳大学, 2018.
[2] 江卉. 唐宋词调衍生关系研究 [D]. 厦门: 厦门大学, 2014.
[3] 田玉琪. 依调填词二论 [J]. 淮阴师范学院学报（哲学社会科学版）, 2012, 34 (5): 674-678.
[4] 田玉琪. 唐宋词调字声与"又一体" [J]. 文学遗产, 2016 (1): 89-95.
[5] 田玉琪. 词调学研究的学术空间 [J]. 中国韵文学刊, 2019, 33 (1): 76-81.

关注。

1. 《浣溪沙》

《浣溪沙》是唐宋词坛上使用频率最高的"第一调",学界早就做过专题研究,近十多年来仅有左晓婷《〈浣溪沙〉研究》[1]一篇硕士论文继续考察该词调。文章从音乐、文学层面入手,系统梳理不同时代《浣溪沙》的文本特点及音乐形态,兼论其曲名、曲调、曲辞、风格及后世流传情况,清晰呈现发展脉络。作者考辨源流时对杨慎"浣溪沙取自少陵诗意"的说法进行质疑,并推测"浣溪沙"曲名来源大抵与西施故事有关。

2. 《河传》

李玉洁《〈河传〉词调研究》[2]主要通过对《河传》文本的解析,论述其形式、内容、风格等三方面的内容,梳理《河传》一调的创调、发展、衰微、繁盛史。隋炀帝游汴河时,始创《河传》调,本事当属"闺怨"一类。今隋炀帝本词亡佚,唐五代时多以此调作闺怨词,宋代继续丰富题材,增加了宴饮酬唱、羁旅行役、咏物等类别,元代创作衰微,明、清初词人对此调创作不断,达到鼎盛时期。从风格上来讲,《河传》闺怨词婉约哀怨,咏物、写景之作清新自然,颇得神旨。

3. 《菩萨蛮》

李芳《唐宋〈菩萨蛮〉词研究》[3]通过对《菩萨蛮》调在唐宋时期被运用填词的历史、规律、特征等问题的考察,探讨《菩萨蛮》调的句法、章法、声情、用韵、平仄等体制特征和格律特征,描绘唐宋《菩萨蛮》词作的填制历程和发展演变过程,归纳其主要题材,阐述其功能和文化意义,分析其艺术特征,揭示了这一词调在唐宋传唱不衰的魅力。刘振乾《唐宋〈菩萨蛮〉研究》[4]抓住以诗为词和词的雅化两条主线,重点对元祐词坛和南渡词坛《菩萨蛮》的作品内容与风格特征进行解析。北宋《菩萨蛮》创作高潮发生在苏轼登上文坛之后的元祐年间,突出的特点就是《菩萨蛮》的创作数量增多,词人之间以《菩萨蛮》唱和频率较高,词的题材范围扩展,相同素材在《菩萨蛮》词牌中的重复现象较多;南宋《菩萨蛮》雅化的路径沿北宋而来,词脱离了音乐进行创作,严守词牌内部的格律。《菩萨蛮》词经文人士大夫的修饰日益雅化,原本用于侑觞助酒的歌舞性情之词

---

[1] 左晓婷.《浣溪沙》研究[D]. 石家庄:河北师范大学,2012.
[2] 李玉洁.《河传》词调研究[D]. 保定:河北大学,2014.
[3] 李芳. 唐宋《菩萨蛮》词研究[D]. 南京:南京师范大学,2013.
[4] 刘振乾. 唐宋《菩萨蛮》研究[D]. 桂林:广西师范大学,2012.

到北宋中后期开始向抒情言志词过渡，南宋以后《菩萨蛮》咏物词蔚然成风，其中咏梅词最为突出。

但关于李白《菩萨蛮》的真伪问题至今仍没有定论。田玉琪《词调史研究》[1]、李芳《唐宋〈菩萨蛮〉词研究》[2] 都认为无实据证伪，还是应归入李白名下。王卫星《李白为词祖当非虚誉：〈菩萨蛮〉〈忆秦娥〉真伪考论》[3] 采用将李白名下诗词的体势与意境相对照的方式，发现李白名下《菩萨蛮》《忆秦娥》诸词与其《寄当涂赵少府炎》《灞陵行送别》、赠内及代内赠诸诗高度相似而认为该词确是李白所作。刘青海《从词史建构、文献考辨重论李白词的真伪问题》[4] 也同样认为应当是李白所作。而徐拥军《李白词真伪考论》[5] 认为《尊前集》不应作为考证李白词的证据，且从词作本身来看《菩萨蛮》也不太可能是李白所作。王辉斌《再论〈菩萨蛮〉非李白作》[6] 从版本学与文献学的双重角度来重新考察《尊前集》《湘山野录》、宋咸淳本《李翰林集》录载的李白《菩萨蛮》（平林漠漠烟如织），结果表明三部著作对于此词之所收所载均不可靠，因此，判断李白不是《菩萨蛮》的作者。

4.《望江南》

在唐五代众多词调中，《望江南》颇受争议，从宋人开始，直到近代以来的王国维、任二北、朱金城，甚至日本的村上哲见等，都在争论《望江南》调创于何时何人，在唐五代有多少同调异名。刘尊明、余泽薇《唐宋〈望江南〉词调的创制源流与声情特征》[7] 对这两个问题有较为详细的梳理：关于其音乐渊源和创调时间，历代主要有创调于隋炀帝、李德裕和开元教坊三说，而以开元教坊采录或创制最为信实；以敦煌词《望江南》"敦煌郡"双调体一首为最早，李德裕《谢秋娘》佚词和白居易《忆江南》三首，以及晚唐皇甫松等《梦江南》等词，皆为《望江南》之改名与异名。

---

[1] 田玉琪. 词调史研究［M］. 北京：人民出版社，2012.

[2] 李芳. 唐宋《菩萨蛮》词研究［D］. 南京：南京师范大学，2013.

[3] 王卫星. 李白为词祖当非虚誉：《菩萨蛮》《忆秦娥》真伪考论［J］. 长江学术，2020（4）：90-101.

[4] 刘青海. 从词史建构、文献考辨重论李白词的真伪问题［J］. 北京大学学报（哲学社会科学版），2020，57（1）：68-79.

[5] 徐拥军. 李白词真伪考论［J］. 中国文学研究，2012（2）：62-65.

[6] 王辉斌. 再论《菩萨蛮》非李白作［J］. 铜仁学院学报，2017，19（11）：4-10.

[7] 刘尊明，余泽薇. 唐宋《望江南》词调的创制源流与声情特征［J］. 湖北大学学报（哲学社会科学版），2013，40（3）：56-61.

此外，也指出《望江南》词调清越和婉的声情特征，兼具南吕宫"感叹伤悲"和大石调"风流蕴藉"的审美风情。刘尊明另一篇《试论唐宋〈望江南〉词的艺术风格》[1]认为唐宋《望江南》歌词创作主要有感叹伤悲、风流蕴藉、清新俊爽、流丽疏快、诙谐滑稽五大特征，既与曲调的音乐声情特征相联系，也与该词调独特的形体结构特征及大量赋咏江南风情的内容题材有关。李定广《唐代苏杭二州与"第一金曲"〈望江南〉》[2]则详述了《望江南》调改编、翻唱的过程：初兴于盛唐，中唐李德裕改编为《谢秋娘》，白居易依调翻为《忆江南》新词，从此风行开来，成唐宋词坛金曲第一调。王旭《〈望江南〉辨析》[3]通过爬梳文献，对《望江南》在历史上的流变情况进行追溯。

5.《西江月》

徐倩《唐宋〈西江月〉词研究》[4]整理研究了《西江月》调在唐宋时期的发展情况。全文分上下两编，上编为综论，阐述了《西江月》词调的发展演变过程：最早出现在唐代，经过初步发展之后，于两宋词坛的创作达到繁盛，元明清乃至现当代都处于持续发展的状态。通过对唐宋480阕《西江月》词的梳理和统计，从格律、句法、章法、声情四个维度归纳总结出《西江月》词调的体制特征和词作的题材特征、艺术特征。下编为分论，主要以填制《西江月》词的代表性词人欧阳炯、柳永、苏轼、辛弃疾为中心，探究《西江月》词调的选择、运用及个性化特征，最后则将《西江月》词作放在词史中去定位其地位与价值。

6.《蝶恋花》

黄盼《唐宋〈蝶恋花〉词研究》[5]着意构建《蝶恋花》词史，认为《蝶恋花》调最开始以《鹊踏枝》的别名产生于盛唐时期的曲子词中，主要反映民间生活，感情基调轻快活泼；接着晚唐五代文人士大夫开始慢慢接触填写这种新的词调，由冯延巳定体从而得到初步发展；最后在两宋众多词人的争相填写下，《蝶恋花》调发展达到全盛时期，在唐宋众多词调中的使用频率位居第8位。此外，也对《蝶恋花》调的格律、句法、章法和声

---

[1] 刘尊明. 试论唐宋《望江南》词的艺术风格[J]. 学术研究，2012（8）：135-142.

[2] 李定广. 唐代苏杭二州与"第一金曲"《望江南》[J]. 学术界，2014（3）：134-140，309-310.

[3] 王旭.《望江南》辨析[J]. 艺术评鉴，2019（16）：21-22.

[4] 徐倩. 唐宋《西江月》词研究[D]. 南京：南京师范大学，2011.

[5] 黄盼. 唐宋《蝶恋花》词研究[D]. 南京：南京师范大学，2015.

情,《蝶恋花》词的填制历程、题材、功用、文化意蕴与艺术特色等进行具体的考察,通过对唐宋时期最具代表性词人的《蝶恋花》词作的研究,探讨其对整个《蝶恋花》调的发展所做出的巨大贡献。代晓漫《宋词〈蝶恋花〉词体、词情与词艺研究》[1]系统地探究了《蝶恋花》的起源,梳理了《蝶恋花》词调的声情、格律、章法、句法等体制特征,并采用图表统计、分析归纳的研究方法对《蝶恋花》词调的使用情况做了统计研究,清晰地呈现出宋代《蝶恋花》词的发展脉络,揭示出其独特的审美意蕴。吴琼的《〈蝶恋花〉词牌研究》[2]和白露的《且看〈蝶恋花〉》[3]也对《蝶恋花》词牌名的由来、创作流变及风格情调加以论述。

7.《浪淘沙》

张改莉《唐宋〈浪淘沙〉词研究》[4]填补了20世纪90年代以后《浪淘沙》词调研究的空白。文中详细阐述唐宋《浪淘沙》词调发展历程:该调最早出现于唐代,经历唐五代初步发展之后,于两宋时达到文人创作的高峰期,金、元、明、清时期仍处于持续发展状态。在此基础上,探讨了《浪淘沙》的本事溯源、格律体制、用韵声情、异名等本体特征,进而爬梳整理了《浪淘沙》在唐宋时期的具体发展情况及审美特征,总结唐宋《浪淘沙》词的流变意义。卢文芳《唐宋诗词中的"浪淘沙"》[5]梳理《浪淘沙》源流发展:中唐刘禹锡、白居易依小调"浪淘沙"唱和而首创乐府歌辞《浪淘沙》,五代李后主衍小令《浪淘沙》,宋柳永创长调慢曲《浪淘沙》,周邦彦学习柳氏慢词并加以熔铸创新,使得《浪淘沙慢》成为一种更适宜于表现情思的体式,从而进一步认识"浪淘沙"在唐宋诗词史上的地位,并体味此调在不同体式下的情感色彩流变。

8.《点绛唇》

杜欣儒《唐宋〈点绛唇〉研究》[6]是当前唯一关于《点绛唇》调研究的学位论文,该文追溯《点绛唇》调的源头和本事,赞同调名起源于江淹诗"白雪凝琼脂,明珠点绛唇",最早出现在晚唐五代,于两宋时期达到文人创作的高峰,金、元、明清时期仍然广为流传。考察《点绛唇》词调体

---

[1] 代晓漫.宋词《蝶恋花》词体、词情与词艺研究[D].武汉:中南民族大学,2015.
[2] 吴琼.《蝶恋花》词牌研究[J].襄樊职业技术学院学报,2010,9(1):75-77.
[3] 白露.且看《蝶恋花》[J].中学语文,2011(7):115-116,125.
[4] 张改莉.唐宋《浪淘沙》词研究[D].兰州:兰州大学,2014.
[5] 卢文芳.唐宋诗词中的"浪淘沙"[J].安庆师范学院学报(社会科学版),2015,34(1):113-117.
[6] 杜欣儒.唐宋《点绛唇》研究[D].新乡:河南师范大学,2019.

制,包括词谱格律、用韵分布、声情、章法等各个方面;探讨《点绛唇》词的题材功能和艺术特色,总结冯延巳、王禹偁、苏轼、李清照《点绛唇》词之贡献。

9.《临江仙》

王高阳《宋代〈临江仙〉流变论》[1] 主要从词史角度研究《临江仙》填词史的发展流变,首先对《临江仙》调的源流进行了考察分析,对此调的曲子、调名本事、歌词创作三要素之间的关系进行研究,整体再现《临江仙》调在古代创作的全貌。其次对《临江仙》调在不同时期的创作情况进行分析论述,具体分析《临江仙》填词史在题材、风格等方面的演进特点,并结合两宋词史进行对比研究。李莹《唐宋〈临江仙〉词研究》[2] 阐述了唐宋《临江仙》调的源流及其在唐宋时期的填制历程,系统梳理了《临江仙》调的格律、用韵、声情等体制方面的特征,并对唐宋《临江仙》词作的艺术特征、题材、功能及文化意义等方面进行探讨。结合苏轼、叶梦得、辛弃疾等代表性词人所填《临江仙》词,探究该词调的选择、运用及个性化特征,从而定位其地位与价值。董碧娜《〈临江仙〉发展过程漫议》[3] 梳理了《临江仙》调的发展过程:最早见于敦煌词,五代时体式大致固定,北宋初有所发展新变,至慢词兴起,柳永增补《临江仙》为《临江仙慢》双调,又作《临江仙引》,但引、慢形式只是昙花一现,后明清多沿用的还是小令形式。

10.《满庭芳》

王倩倩《两宋〈满庭芳〉词研究》[4] 系统完备地对《满庭芳》调进行了研究和论述。追溯其词源,认为该词调取名于唐柳宗元"偶地即安居,满庭芳草积"一诗;探讨《满庭芳》调的体式、平仄、用韵、声情、句法及章法等问题,分析比较该词调的正体和变体,总结出《满庭芳》词灵活多变又不失和婉的句法特点和清晰井然的章法特点。又从历时的角度探讨《满庭芳》词从北宋南渡至南宋的填制情况,将《满庭芳》调和其他六个著名长调对比揭示出其独特魅力,确定两宋《满庭芳》词在词史上的意义和地位。张云蕊《宋代〈满庭芳〉词调研究》[5] 认为宋人对《满庭芳》一调

---

[1] 王高阳. 宋代《临江仙》流变论 [D]. 北京:首都师范大学,2012.
[2] 李莹. 唐宋《临江仙》词研究 [D]. 南京:南京师范大学,2011.
[3] 董碧娜.《临江仙》发展过程漫议 [J]. 文学教育(上),2018(5):60-61.
[4] 王倩倩. 两宋《满庭芳》词研究 [D]. 桂林:广西师范大学,2018.
[5] 张云蕊. 宋代《满庭芳》词调研究 [J]. 湖北科技学院学报,2013,33(9):113-115.

青睐的原因在于其体式格律较为稳定，隔句入韵、押平声韵、用韵较宽等特点与创作内容相得益彰，词作或祝寿庆生，或咏物状景，或酬唱应和，或送别怀旧，总体上呈现出细腻绵邈、悠扬柔美的声情特征。池瑾璟《新历史主义视阈下的［满庭芳］研究》[1] 一文运用新历史主义的研究方法，有机地重建解释中的历史，总结了《满庭芳》调千年以来的填制情况：北宋是该词牌发展的盛期，题材广泛，涉及隐逸、宗教、爱情、写景、咏物、咏怀等，涵盖社会生活的方方面面；南宋时在填制的数量上达到巅峰，相较于前朝，也更加注重词的功用性，具有一定现实意义，例如家国情怀、祝颂、唱和一类的词在数量上激增，渐呈浮华辞藻；金元两朝亦有延续，数量虽与两宋相当，但在质量与成就上已大不如前朝，道教兴盛后《满庭芳》也融入道教相关的文化，开始走向市民化、通俗化。

11.《满江红》

杨黎明《论词调〈满江红〉在宋朝的创作流变》[2] 认为《满江红》调的源头并非如明代杨慎、清代毛先舒所说来自唐人小说《冥音录》中载曲名《上江虹》，两者并非同一词调，没有渊源关系。通过探求此调在整个宋代的创作流变情况，发现北宋时期《满江红》词作较少，至岳飞的"怒发冲冠"拓宽词的题材，革新词体风格，《满江红》的词作也进入高峰期，出现了大量的贺寿词，并根据岳飞之后南宋关于《满江红》词调的创作少有慷慨激昂之气推测"怒发冲冠"一词并没有流传开来。孙亚男《宋代词调〈满江红〉的格律用韵分析》[3] 通过对《全宋词》中 551 首《满江红》的平仄和用韵情况进行定量分析后认为，《满江红》的句法既有一定的规律可循，又富于变化和表现力，灵活自由；《满江红》的声情特征既可以用来表达缠绵怨抑的情感，又可以抒发豪壮情怀，而"清新绵邈"才是其本色特征，类似于岳飞的《满江红》"怒发冲冠"这种豪放风格的作品并不多见，北宋时期的词作中大多为羁旅、行役、写景、赠别之类的主题，直到南宋末年对于亡国之恨的描写才格外突出。通观整个宋代的《满江红》的创作，它延续的是宋初柳永的痕迹，绝大部分是抒写个人得失荣辱、离情别绪，或者用于酬赠、贺寿，抒写爱国之情的和豪放之意的只是小部分。刘尊明

---

[1] 池瑾璟.新历史主义视阈下的［满庭芳］研究[J].音乐探索，2020（4）：136-141.

[2] 杨黎明.论词调《满江红》在宋朝的创作流变[J].内江师范学院学报，2010，25（7）：79-82.

[3] 孙亚男.宋代词调《满江红》的格律用韵分析[J].湖北科技学院学报，2013，33（9）：111-112.

《论宋词长调"金曲"〈满江红〉的形体格律特征》[1] 归纳出《满江红》二十九体，弥补前人研究的遗漏和失误，分析得出《满江红》调的形体格律特征主要表现在三个方面：对称和谐而又富于变化的音乐体式特征，整散结合、奇偶相生、灵活多变、摇曳多姿的形体格律特征，融谐婉与拗怒为一体、宽严相济、富于变化的声律美感特征。刘尊明、殷玉纯的《论两宋〈满江红〉歌词创作的发展历程》[2] 将《满江红》的创作放置北宋、南渡、南宋三个大的发展阶段，历时态地观照该调创作各方面的发展演变情况。

12.《喜迁莺》

张好慧《唐宋〈喜迁莺〉词调研究》[3] 以唐宋《喜迁莺》词为研究对象，通过梳理《喜迁莺》小令与长调的体式及题材，探究该词调在唐宋之间的发展变化。《喜迁莺》出现于唐末，调名取自韦庄词。在唐代，此调以调名咏本意，抒发中举的喜悦；在北宋，《喜迁莺》由令增衍出慢，因而《喜迁莺》调名之下有两种词调，可按字数进行分类：小令首见于韦庄，共存词二十九首；长调首见于蔡挺，共存词八十八首，作者对《喜迁莺》小令和长调的发展分而述之。

13.《南歌子》

贾亮亮《〈南歌子〉词调研究》[4] 从词调起源、乐舞风貌、题材内容、声情特征、地域特色五个方面对《南歌子》词调展开较为深入的综合研究。考证《南歌子》词调源于唐代教坊曲名，乃唐人酒筵行令之著辞，配合短歌小舞，后作为词调广为流传，有单调、双调二体，自唐五代至明清一直流行不废。

14.《生查子》

文坛对于《生查子》词调的关注多集中于作者辩证上，即《生查子·元夕》一词作者究竟是朱淑真还是欧阳修，忽视了其他方面的研究。刘栋《〈生查子〉词调探微》[5] 考察了《生查子》调的渊薮和唐宋时期该调的演

---

[1] 刘尊明. 论宋词长调"金曲"《满江红》的形体格律特征 [J]. 厦大中文学报, 2016 (1)：89-99.

[2] 刘尊明, 殷玉纯. 论两宋《满江红》歌词创作的发展历程 [J]. 徐州工程学院学报（社会科学版), 2019, 34 (5)：39-46.

[3] 张好慧. 唐宋《喜迁莺》词调研究 [D]. 上海：华东师范大学, 2020.

[4] 贾亮亮.《南歌子》词调研究 [D]. 合肥：安徽大学, 2014.

[5] 刘栋.《生查子》词调探微 [J]. 邢台学院学报, 2010, 25 (4)：30-32.

变情况，包括意象、题材与声情的演变。惠晶晶《唐宋〈生查子〉词调研究》[1]将研究重点放在唐宋时期《生查子》调的发展流变及其声情特色，从词调溯源、体制格律、题材内容、声情变化及审美特征五个方面对《生查子》进行综合的探讨。《生查子》原是唐代教坊曲，唐宋时期此调用韵规律为隔句押韵，限押仄声韵，且上去通押，音调和谐婉转，所属宫调有双调、南吕调、大石调，具有"健捷激袅""感叹伤悲""风流蕴藉"等声情特点。唐五代时期《生查子》以闺情为主，间有少量的其他题材，如宴会、咏物等，宋代《生查子》在继承传统题材的基础上有所突破，出现了祝颂、羁旅、节序、闲适等题材类型。

15. 《江城子》

杨阳《唐宋〈江城子〉词调及其词作研究》[2]对唐宋时期《江城子》调进行调名、词体、音律声情、词作内容风格与艺术手法的系统性探究，试图以此构建《江城子》的单调词史。从"江城"和"子"的名称内涵探究调名，考辨词调的别名；从字数入手，逐步分析词调的字数、句数、句式、平仄四声、押韵等形式特征，并对"七三三"和"四五"句式、"仄平平"和"平仄仄"、"三连韵"和"隔句韵"的声韵结构进行主要探析；考辨《江城子》"高平调"的宫调；以横向剖析、纵向贯连的方法对《江城子》词做具体分析，深入细致，面面俱到。唐道琴《苏轼对〈江城子〉词调的继承与发展》[3]认为苏轼在《江城子》词调发展的历史进程中起到了极为重要的推动作用，他敢于坚守和突破，在前人基础上首创《江城子》双调词体形式，拓新了该词调的章法、句式与声韵。

16. 《水调歌头》

马里扬《宋词调〈水调歌头〉考》[4]考订宋人创作《水调歌头》之文辞、韵律，寻绎乐曲"均拍"对苏轼等词作风格的形成所产生的直接作用，并对曾布《水调歌头》"七遍"详为校考，认为曾布的歌词并非苏轼等歌词之原始形态，应是在一定"均拍"的作用下，吸收民间说唱形式的产物，而这也是宋人歌词更为大众的流播形态。刘子闻《〈水调歌头〉首句格律献

---

[1] 惠晶晶. 唐宋《生查子》词调研究 [D]. 武汉：湖北大学，2018.
[2] 杨阳. 唐宋《江城子》词调及其词作研究 [D]. 长春：东北师范大学，2013.
[3] 唐道琴. 苏轼对《江城子》词调的继承与发展 [J]. 乐山师范学院学报，2021，36（3）：1-5.
[4] 马里扬. 宋词调《水调歌头》考 [J]. 词学，2013（2）：35-54.

疑》[1]就该调首句五字进行考量，认为"中仄仄平仄"是该词首句最为通用的格式，而在其内部又当以"仄仄仄平仄"为第一选择，同时"中仄平平仄"这种格律也占有一定比例。

17.《水龙吟》

郭鹏飞《〈水龙吟〉词调考原》[2]结合相关文献，考释《水龙吟》词调，认为《鼓笛慢》是据北宋教坊乐《鼓笛曲》而创制的新调，以笛、鼓为主要演奏乐器，苏轼嫌其名不雅而改为《水龙吟》。其他关于《水龙吟》调的体制特征、《水龙吟》词作的艺术特征暂时未有学者涉足。

18.《昭君怨》

李婷《词调〈昭君怨〉研究》[3]将目光聚焦于鲜有学人问津的《昭君怨》词调，从《昭君怨》词调的源起、《昭君怨》词调在历代词人创作过程中的流变、《昭君怨》词作题材的探究三个方面展开研究，勾勒出《昭君怨》词调产生与演进的过程，丰富了词学领域对小众词调的研究。古曲《昭君怨》源远流长，曾为乐府旧题，作为词调名初见于宋代，出于苏轼之手。

19.《兰陵王》

董消消《〈兰陵王〉词调研究》[4]对《兰陵王》词调进行全面系统研究，认为该调名和乐曲来源于北齐名将高长恭战于金墉城时战士赞咏之歌《兰陵王入阵曲》，后由宋大晟乐府以旧曲制新声而成《兰陵王》词调，创调者为北宋周邦彦，以其《兰陵王·柳》为正体，因句读小异而有众多别体，共计30种。其句式基本以二、三、四、五、六、七字句构成，为三叠词，参差错落，灵活多变。章法严整，多以景起，中片插入回忆，以情结。其声情拗怒激越，适宜表达复杂的情感，词调皆用仄声韵，且以入声韵为主，更增激越声情。作者梳理宋至清该词调的发展与演变，发现北宋时期《兰陵王》词调虽盛极一时，但宋元时期作品数量不多，此时是《兰陵王》词调的形成与兴盛期，其词作内容题材共有羁旅愁思、离别相思、乱世悲歌、疏狂隐逸、写景咏物、交游祝颂等六大类，风格上分别呈现清雅凄婉、闲适豪逸和沉郁悲凉三大类。明代是《兰陵王》词调的发展探索期，清代则是其成熟完善期，作品数量有了大幅提升。张蓓蓓《〈兰陵王〉词调声情

---

[1] 刘子闻.《水调歌头》首句格律献疑［J］.晋阳学刊，2020（4）：135-139.
[2] 郭鹏飞.《水龙吟》词调考原［J］.学术研究，2016（1）：171-176.
[3] 李婷. 词调《昭君怨》研究［D］.广州：广东外语外贸大学，2016.
[4] 董消消.《兰陵王》词调研究［D］.大连：辽宁师范大学，2020.

探微》[1] 一文从《兰陵王》词调本身所具有的文本特征出发，发掘其文学内涵，并以周邦彦《兰陵王·柳》为例具体分析该词调声情的清越激昂。

20.《念奴娇》

周丹《宋代金曲〈念奴娇〉词研究》[2] 整体研究宋代《念奴娇》词的发展、演变与接受，系统阐述了《念奴娇》词调的起源，梳理了《念奴娇》词调的音乐、声情、格律等体制特征，并对《念奴娇》同调异名在宋代的使用情况做了统计研究，清晰呈现出宋代《念奴娇》词的发展、演变脉络，揭示其独特的审美内蕴。根据史料追溯调名起源于唐代歌妓念奴，北宋沈唐首创传统艳词《念奴娇》写相思之情，苏轼两首《念奴娇》词以其"豪放、清旷"的抒情范式，奠定了《念奴娇》词调的主流感情基调；南宋经辛弃疾、姜夔全方位地对《念奴娇》词调进行丰富与拓展，达到了文人创作的高峰时期；金元、明清时期仍然广为流传。

21."花间"词调

王卫星《论"花间"词调及其奠定的词体特色》[3] 将《花间集》中收录的文人词看作一个整体，定为"花间"词调，实为创新。根据统计与分析，发现基本律句主导类小令和混合类小令两大类词调数量最多。"花间"词调特色由温庭筠奠基，主要表现为篇句短、韵密、偶字句增加，押换韵频率、句式长短、结构、声律更灵变，因此"花间"词调以繁促著称，更擅写细美柔婉意境。

22. 无名氏词调

近几年来，刘尊明关注到无名氏词及其词调，对此撰有一系列论文，拓展了词调研究的新领域。《宋代无名氏词所用词调的数量与成就》[4] 对宋代无名氏词用调进行了定量分析，得出结论：从用调总数看，宋无名氏所用词调总数超过了两宋词坛任何一个具名的大家与名家；从用调成就看，宋无名氏不仅有188调对唐宋旧调的继承，而且以118个新调对唐宋词调的繁衍做出了创新，小令与中长调兼具、大曲与杂曲并重，也为宋代词调的

---

[1] 张蓓蓓.《兰陵王》词调声情探微 [J]. 青年文学家，2015 (15)：57.
[2] 周丹. 宋代金曲《念奴娇》词研究 [D]. 兰州：兰州大学，2013.
[3] 王卫星. 论"花间"词调及其奠定的词体特色 [J]. 中山大学学报（社会科学版），2021，61 (2)：23-32.
[4] 刘尊明. 宋代无名氏词所用词调的数量与成就 [J]. 深圳大学学报（人文社会科学版），2017，34 (3)：149-154.

发展做出了重要贡献。《宋代无名氏词中首见词调之考辨》[1] 考辨《梅苑》词集选本选录的宋代无名氏词中的首见词调 12 调，一一分述。《宋代无名氏词中的首见词调及其创调成就》[2] 对首见于宋代无名氏词的 41 个常用词调进行考订与探讨，总结了宋代无名氏词首见词调的创调特征和词学成就：以赋咏本意为主体的创调特征、以雅俗共赏为特色的审美风貌、以灵活多样为特征的艺术成就。《宋代无名氏词中的孤调及其词史意义》[3] 总结了宋代无名氏词中孤调的类型和词史意义。从用调创调的角度考察无名氏词，目前只有刘尊明的 4 篇论文，仍有很大的研究空间。

二、词人用调特色

词人创作首先面临的是选声择调问题，词调的具体选用直接关系到词人创作的过程和风格特征及在词史上的地位。目前学者已对唐宋时期的著名词人进行了用调专题研究，但是绝大部分词人，尤其是唐末五代、金元、明清及近代很多重要词人的用调研究还属于空白。

（一）柳永

孙祎曼《柳永词调研究》[4] 着力探究柳永词的词调及其词调对后世词人的影响。其宫调声情商羽并用，以感伤清细为主；用调类型超过半数是长调，其次是中调，最后是小令；柳永词中的 142 调，柳永创始或首见柳词的新词调，多达 125 调 174 首，占其用调总数的比例高达 88%，有 77 调为宋代词人所沿用，尤其是《鹧鸪天》《满江红》《八声甘州》等词调，都成为两宋鼎鼎有名的词调。柳永所用的词调，具有繁备的音乐体式和诸多变化，在创调模式方面，多采用民间新声，增衍小令为慢曲，变旧声作新声，除了自度曲之外，也充当纯粹的编曲者。缪蔚《柳永〈乐章集校笺〉用调研究》[5] 根据《乐章集校笺》，分析认为柳永词宫调分布十分广泛，用调大胆，更偏爱用林钟商调、仙吕调、大石调、中吕调、双调来作词。柳永

---

[1] 刘尊明. 宋代无名氏词中首见词调之考辨 [J]. 徐州工程学院学报（社会科学版），2017，32（4）：54-60.

[2] 刘尊明. 宋代无名氏词中的首见词调及其创调成就 [J]. 词学，2017（2）：18-36.

[3] 刘尊明. 宋代无名氏词中的孤调及其词史意义 [J]. 南京师大学报（社会科学版），2017（6）：120-128.

[4] 孙祎曼. 柳永词调研究 [J]. 青年文学家，2020（14）：46-47，49.

[5] 缪蔚. 柳永《乐章集校笺》用调研究 [J]. 中国文艺家，2020（5）：51-53.

自创的词调大约占了北宋前期新创词调的一半,且带有很浓的个人色彩和对音乐独到的演绎。

(二) 苏轼

刘尊明《东坡词用调数量和成就的统计与分析》[1]认为苏轼用调可分三种主要类型:沿用唐五代旧词调,凡33调;采用宋代新词调,凡32调;首见和创始之调,凡11调,反映出苏轼用调继承与创新并重而更重开拓创新的创作特征。苏轼用调小令占40调,中调占19调,长调占17调,中长调与小令的比例已接近平衡,也反映了苏轼用调体式多样、勇于探索的艺术成就。王莉施《苏轼词用调研究》[2]根据苏词现存75个词调331首词作,对其用调进行全面探讨。苏轼对词进行改革,开拓豪放与清旷的词风,雅化婉约词,使其显得高雅、脱俗与有情趣。苏词虽多采用唐五代的婉约词调填词,但他用调不拘一格,或以豪放词调表现婉约之情,或以婉约词调表现豪放、清旷的声情;他打破"诗言志,词言情"的传统观念,"以诗为词"大大提高词的表现功能与内涵;他的用调也打破格律的束缚,以自我为抒情主体,普及词题的运用与用语的独特。苏词用调与创作手法,形成矛盾与对立相统一和随物赋形的创作风格,表现了苏词兼含阳刚与阴柔之美,苏词独特的用调和艺术手法也为宋词的革新做出了不朽的贡献。

(三) 黄庭坚

朱惠国、石佳彦《论〈山谷词〉的用调特色》[3]通过对黄庭坚所用词调及其内容、形式的考察,发现黄庭坚有较为明确的选调意识,在用调上有以下特征:时间分布上,山谷晚年贬谪时期的用调较早年更为集中,词作数量也激增,且同调词作在形态上都很相似,题材多以酬赠为主;词调选择上,黄庭坚偏好使用僻调来写情词和俗词,有"好新求奇"的一面,同时也有不少自创的词调和词体,开拓和丰富了词调的种类和体式,为词调的发展做出了贡献。

(四) 秦观

曹辛华《论秦观词调选、用特点及其意义》[4]由词调视角入手对秦观《淮海词》进行全面论述,进一步理解秦氏词风。在选调方面,秦观词的短

---

[1] 刘尊明. 东坡词用调数量和成就的统计与分析 [J]. 齐鲁学刊, 2018 (5): 109-115.
[2] 王莉施. 苏轼词用调研究 [D]. 南京: 南京大学, 2015.
[3] 朱惠国, 石佳彦. 论《山谷词》的用调特色 [J]. 长江学术, 2017 (4): 53-62.
[4] 曹辛华. 论秦观词调选、用特点及其意义 [J]. 北京大学学报 (哲学社会科学版), 2012, 49 (5): 43-48.

调小令与长调慢曲兼采,但是短调小令明显多于长调,在复古沿用旧调的同时又大胆地倚新调填词,主动改创词调;在填词方面,秦观词具有用调得体、用调错位、一调多态、多技提升等特点。李琳《论淮海词的用调特色》[1]也指出同样的探索结果,秦观《淮海词》选用词调丰富,用调得体,兼采小令与长调,不仅使用时调也擅长使用旧调,同时也进行了改调与创调。

(五)晁端礼

词人晁端礼常因大晟词人的空头衔被埋没在大家云集的宋代词坛,马玲鲜《北宋晁端礼词用调研究》[2]将目光聚焦于他,探究其用调特色,发现晁端礼词用调源于柳永,多续填柳词新创之调,在体式、声律、声情、题材等方面大多严守柳永创调之规范。通过对晁端礼现存徵调词调的具体考释,不仅为大晟乐书乐谱的研究提供了若干线索,还可探究诸如中腔、踏歌是否为大曲一遍等具体问题。

(六)周邦彦

祁宁锋《词调形态与词学演进研究》[3]一文以周邦彦为个案,分析其用调及其词史意义。发现清真词的用调极其广泛,既有唐五代以至北宋的常用词调,亦有不少较为生僻的词调,但极少选用豪放词派喜用的词调。周邦彦创调多达47调,是宋代除柳永之外创调最多的词人,其词作格律淳雅,词调体式大多为正体,为后人所遵用,《瑞鹤仙》与《齐天乐》甚至成为宋代的常调。周邦彦在致力于慢词的创作之余,又对令词的句法形式、创作手段进行拓展,其所创小令多用折腰句、拗句,同时又在令词中铺叙、融情入事,使得短篇的令词达到丰韵婉转、和雅幽深的艺术效果。

(七)陆游

朱惠国《论〈放翁词〉的用调特色》[4]通过对《放翁词》用调情况的统计和分析,发现陆游词作在用调上多使用僻调、别名,在词调类型上则以小令居多,并且在东归后尤为突出;在长调字声的使用上则有多用去声字的特点。陆游虽以余力为词,但对词调的使用基本能做到调情与文意融合,并在此基础上积极开拓创新,发掘僻调别名,改创长调。

---

[1] 李琳. 论淮海词的用调特色 [J]. 作家天地, 2019 (19): 17-18.
[2] 马玲鲜. 北宋晁端礼词用调研究 [D]. 杭州: 浙江大学, 2019.
[3] 祁宁锋. 词调形态与词学演进研究 [D]. 南京: 南京大学, 2014.
[4] 朱惠国. 论《放翁词》的用调特色 [J]. 文学遗产, 2016 (5): 48-59.

(八) 辛弃疾

刘荣平《论词人择调与审美联想》[1]认为词人作词时，他们对词调的审美联想会影响到对词调的选择，并重点分析辛弃疾如何用调，如何表现出择调时的审美感悟。探究发现辛弃疾词守律甚严，同一词调的词作字句平仄基本相同，全篇合乎词调所应有的格律规范，也有意尝试不同词调的创作，平均6首词就用1调，更对《鹧鸪天》调情有独钟，是两宋词人中用此调作词最多的一个词人。作者认为是词调字面意义的呼唤、词调格范的美感效应与辛弃疾心态的完美契合，造就了辛弃疾60多首《鹧鸪天》词的涌现。朱惠国《论辛弃疾24首〈临江仙〉的体式及其词谱学意义》[2]分析了辛弃疾二十四首《临江仙》词的体式、格律和声情，认为其词总体呈现出舒缓流畅的声情特点，与传统的《临江仙》60字体的声情保持一致，这对该体谱式的最后定型和词调风貌的确定，均做出重要贡献。沈燕《论辛弃疾23首〈贺新郎〉词》[3]认为辛词章法、句法和用韵等皆体现出该调的基本特征和情感基调；用语用典，无意不可入，无事不可言；化用前人诗文，熔铸经史子集入词等反映出辛词豪迈奔放的情感和创作的独特风貌。沈燕另一篇《论辛弃疾词的用调特征》[4]认为辛弃疾喜用豪放声情之调，用调时段相对集中，用调数量多，呈现多样化艺术风格。

(九) 姜夔

黄敏《姜夔词用调研究》[5]统计了姜夔词各类型词调的运用情况，数据显示姜词用调以长调为主，占全部词调的52.7%；填词数量以小令为最，占比47.6%，而中调无论是用调数量还是填词数量所占比例都最小。由此可以窥见姜夔对各类词调的喜爱程度，南宋令词流行，填词时姜夔倾向于沿用现成的小令，而在进行创调时他则是更加偏爱长调。柴玲《姜夔自度曲的艺术特征和演唱研究》[6]认为姜夔通过音乐表现手法的不同，打破了上下阕一致的宋词曲调结构，在创作方法上，他的自度曲所运用的曲式结

---

[1] 刘荣平. 论词人择调与审美联想 [J]. 厦门大学学报（哲学社会科学版），2021 (1): 141-150.

[2] 朱惠国. 论辛弃疾24首《临江仙》的体式及其词谱学意义 [J]. 文艺理论研究，2017, 37 (4): 100-109.

[3] 沈燕. 论辛弃疾23首《贺新郎》词 [J]. 文教资料，2014 (8): 6-8.

[4] 沈燕. 论辛弃疾词的用调特征 [J]. 语文学刊，2014 (14): 70-71, 82.

[5] 黄敏. 姜夔词用调研究 [D]. 保定：河北大学，2018.

[6] 柴玲. 姜夔自度曲的艺术特征和演唱研究：以《鬲溪梅令》等四首作品为例 [D]. 南昌：江西师范大学，2017.

构形式分别是换头、合尾、合头和变奏；在旋律节奏上很少出现平行进行，大多是将级进与跳进进行完美的配合，在作品中以跳进为主，间以级进为主。潮阳《从〈白石道人歌曲〉看南宋姜夔词调音乐的风雅特质》[1] 也指出姜夔进行词调音乐创作常使用换头、合尾、串联三种方法，落实"起调毕曲"的观念和"调式落音"的规范化，善于运用以诗入词、情景交融的创作手法，妥善处理文辞和唱腔，形成了姜夔词调音乐的风雅特质。

苏怡充、刘尊明《柳永、周邦彦、姜夔三家词用调的比较分析》[2] 一文详细统计了柳永、周邦彦、姜夔三人的用调和创调情况，综合多角度比较三家的用调特征及贡献。其中，柳永用调量、创调量最多，所创词调在两宋词史上也最负盛名，被宋代词人采用的词调也最多；周邦彦用调量略逊于柳永，创调量虽不及柳永的半数，但周邦彦用调的特色和成就则更为突出；姜夔虽在创调数量上处于劣势，但他以"自度曲"而独擅胜场，所创21调中有13调得到南宋中后期词坛的采用，成功率或应用率达62%，大致与柳永相当，实属难能可贵。

（十）蒋捷

赵翊君《〈竹山词〉用调研究》[3] 依据蒋捷现存94首词作，从其中50余个词调的用调概况、用调与题材内容、风格声情特征的关系等角度探寻《竹山词》的创作情况，认为《竹山词》的用调形式很有特点，尤其是在其用韵和字声上更是多具"福唐独木桥体"的特殊形式。蒋捷用调较为分散，多用长调，少用熟调，在继承前人词调的基础上对体式和题材声情均做出创新和发展；词作题材类型丰富，以题咏类词作居多，而蒋词用调也以题咏类占多数，每种题材类型的词调使用数量和词作数量基本成正比；词风多呈现清疏典雅的特征，长调婉转，小令清雅，对于阳羡词派、浙西词派等后世创作产生不小影响。

（十一）张炎

豆晓楠《张炎词用调研究》[4] 以黄畬《山中白云词笺（外一种）》为底本，对张炎用调情况进行全面剖析，通过对张炎词用调与题材内容、艺

---

[1] 潮阳.从《白石道人歌曲》看南宋姜夔词调音乐的风雅特质[J].兰台世界，2015 (15)：156-157.
[2] 苏怡充，刘尊明.柳永、周邦彦、姜夔三家词用调的比较分析[J].乐山师范学院学报，2017，32 (5)：31-37.
[3] 赵翊君.《竹山词》用调研究[D].保定：河北大学，2019.
[4] 豆晓楠.张炎词用调研究[D].保定：河北大学，2020.

术风格、艺术手法之间的关系的深入研究，进一步发掘张炎词的词史意义与文化价值。梳理后发现张炎用调十分丰富，偏爱清劲的长调和清雅的小令；喜用仄韵格，尤其是上去韵；于北宋喜用周邦彦调式，于南宋喜用姜夔调式；其用调题材和声情上均实现了突破，呈现出词情相配、时有变调和一调多态三种特点；清刚淳雅的词作风格和多元统一的声情表现在宋元交游词人与清初浙西派词人中备受追捧。

（十二）士大夫词

石岩《唐五代士大夫词源流探微》[1]将士大夫词归为一体，整体研究士大夫词的用调特色，具有创新性。他认为士大夫词的产生最早可追溯到初唐时期，中唐时士大夫词在词调选择与词牌运用上，除了使用由教坊曲演变而来的词调如《三台》《浪淘沙》外，还使用了当时未入教坊曲的词调，比如《调笑》《广谪仙怨》。到了晚唐五代，词调运用呈现多样化特点，除了沿用中唐《杨柳枝》这样的词调外，还运用了如《酒泉子》《浣溪沙》《定西番》《甘州遍》一类源于唐教坊曲的其他词调，同时，还有《河传》《江城子》《思越人》一类出现在晚唐五代的新词调，且词的内容多缘题而作，体现出词人在时世变迁中的感慨，士大夫词也一步步发展变化，不断走向成熟。

三、余语

笔者爬梳了近十多年来有关词调研究的将近百篇论文，比较全面且清晰地认识到目前学界对于词调研究的内容与进展，归纳为两个层面分述：宏观层面上，学界对词调的整体把握可以说囊括了方方面面，学者们也跨越学科，结合文学与音乐，侧重于词调音乐性的研究；微观层面上，学界对词调研究仍在不断深入，不断开辟新的视角，致力于构筑词调分史，对单个词调进行专题研究，不仅有《菩萨蛮》《满江红》等流行的热门词调，也有较少为人提及的词调如《昭君怨》。此外，关于具体词人的用调研究也已初具规模，主要集中在两宋词人上，晚唐五代、金元、明清、近代词人都少有涉及，连温庭筠、欧阳修这样的名家用调研究仍是空白。从总体呈现的趋势来看，近年来学界越来越偏重微观层面的研究，并将继续保持这一趋势。

---

[1] 石岩. 唐五代士大夫词源流探微 [D]. 成都：四川师范大学，2017.

指导教师评语：

  本文以近十多年来词调研究为对象，全面梳理有关词调溯源、词调类别、词调史、词调音乐性、同调异名、同调异体，以及词人用调特色等方面的研究成果，选题较有前沿意识，论述亦全面细致，是一篇较为成功的研究综述。唯文中有关具体词调研究成果的论述稍显枝蔓，重点不够突出。
（薛玉坤）

第二部分 中国现当代文学研究论文选

矛盾中的现代性
——浅析清末小说《恨海》

2019 级　徐涵

《恨海》由清末作家吴趼人发表于 1906 年，甫一问世，便在社会上激起千层浪，此后更是屡次被改编成电影、戏剧等其他艺术形式。然而，随着时代的发展，学界对《恨海》的评论出现了严重的分歧。有人对它不吝赞誉，认为《恨海》"区区十回，独能压倒一切情书"[1]，将《恨海》视为言情、写情小说中的佼佼者，尤其推崇它用"情"感染人的能力，认为《恨海》做到了真正打动人心。与之相反，有人则认为这本书不过是"旧的才子佳人小说的变相"[2]，否认《恨海》在传统的言情叙事上进行了有价值的突破，并指出其思想、内容上与"才子佳人"模式的相似性。进入 20 世纪 50 年代，《恨海》则被打上旧时代糟粕的烙印。20 世纪 80 年代之后，人们对《恨海》的评价又开始发生转变，认为它对封建礼教的罪恶进行了揭示，具有一定的积极意义。

那么，作为一篇篇幅并不长、情节也并不复杂的小说，《恨海》为什么会遭遇这样严重的评价分歧呢？除了不同时代背景下不同的价值观和评价标准这些外在因素外，很大一部分原因在于这部小说本身。《恨海》是一部蕴含着矛盾的小说。例如，作者在卷首提出的、重点论述的创作目的与他在后面向读者展现出来的故事中的现代性，这两者本身就存在矛盾。而深究文字背后作者的创作心理，或许可以碰触到产生这种矛盾的源头。

以下主要从《恨海》的叙事、描写及作者的创作心理这三个角度，浅析《恨海》矛盾中的现代性。

---

[1] 寅半生. 小说闲评 [J]. 游戏世界，1906（5）：87.
[2] 阿英. 晚清小说史 [M]. 南京：江苏文艺出版社，2009：178-179.

一、叙事：远离"说书人"

叙事是小说中非常重要的因素，影响情节、描写效果、主题等各个方面，是考察小说时需要首要重视的内容。通观《恨海》，它的叙事在继承中国古典小说的基础上，有了现代性的萌芽。

《恨海》诞生于清末，传统写作的深刻烙印无法彻底抹除。故事的每一章都保留了中国古典章回小说中常见的对偶式标题和结尾的"请听下回分解"。但值得注意的一点是，"看官"这一经典称呼在《恨海》中已完全消失。

中国传统小说是从瓦舍、戏台发展而来的，它的前身是话本、曲词。"看官"两字直白地表明了这一点。它意味着阅读小说的过程，是一个了解故事一切来龙去脉的"说书人"坐在观众面前，用"全知全能"的视角向台下的"听众/观众"演说事先排布好的话本故事，并以此来唤起他们的兴趣、赢得他们的喝彩。故事的讲述者是超越故事本身之上的，而且这种超越不同于第三人称写作，他的存在更为明显，他的口吻更加理性，他的目光则更具审视性。读者即听众/观众，读者不断被讲述者的"看官"两字提醒自己位于小说世界之外，像听一场说书、观看一场戏剧一样审视一个"表演"给自己看的故事。因此，读者和讲述者之间的关系是微妙的，读者虽然会因为讲述者叙事的引人入胜逐渐将自己带入故事中，但时不时出现的"看官"两字，以及以"上帝视角"写作的品评人物情节的诗词，又在不可忽视地提醒读者自始至终有一个将故事展现出来的"说书人"在场，他是除了故事本身、读者外的第三方；同时也提醒读者，他的阅读过程有着浓厚的"表演—观赏"意味。虽然随着中国古典小说本身的发展，这种意味在许多小说中显得非常淡薄，但它的存在依然是不可否认的。

反观《恨海》，"看官"称呼的隐去，意味着与之紧密相连的"说书人"的隐退。传统章回小说中将故事讲给读者的"说书人"形象在《恨海》中依然存在，却只留下一个模糊的虚影。"看官少安勿躁，且听小子说来"这种存在于说书人与听众之间，带有现场交流痕迹的语句，在20世纪头20年的章回体小说，如蔡东藩的《两晋通俗演义》[1]中还大量存在。而《恨

---

[1] 蔡东藩在1916年至1926年的10年间完成了《中国历朝通俗演义》系列共11部，最先撰写的是《清史通俗演义》，1916年9月问世，最后完成的是《后汉通俗演义》，1926年秋脱稿。

海》与之相比，虽然年代更早，与这种传统叙事却更为疏离，这不得不说是一种带有超前进步性的尝试。

随着"看官"这类称呼的消失，小说也减少了诗词等韵文的插入。诗词往往是"说书人"发表评论的载体，也印证了他超越故事本体的身份地位。这在《红楼梦》《三国演义》这样的古典长篇小说中尤为明显。《恨海》的主体叙事中没有任何诗词韵文，全知全能的"说书人"丧失了直接的介入机制，只在结尾附上了一首《西江月》，抒发感叹，进行总结，这也是传统章回体小说对作者影响的留存。

对称呼和诗词的抛弃是从形式和文字而言的。为了远离传统的"说书—看客"模式，《恨海》对新叙事的尝试还进行了更为深入的实践。

中国古典小说和西方现代小说在叙事上的一个很大的差异，就在于前者"开宗明义"的传统：对写作目的、小说内容进行概括交代，使读者对故事有一个总体上的了解。比如在《红楼梦》这部中国古典小说的代表作中，作者首先交代了"为闺阁立传"的写作动机，并且通过一僧一道、补天顽石、空空道人的交谈，说明故事内容是补天石的人间经历。在"冷子兴演说荣国府"一章中，更是借配角之口将故事的主要人物都进行了介绍。反观西方现代小说，虽然也会在开头列出大批人物，但这种情况大多是通过某种集会型事件来触发人物的集中登场，比如《娜娜》中的剧院演出、《战争与和平》中的舞会和游猎等。作者让人们在集会上彼此接触、交流，从而将人物关系网的头绪、故事情节的初始脉络展现在读者的面前。同时，这样的集会叙事也为更多矛盾的产生、爆发提供了孕育的胚胎。至于像中国古典小说那样在小说开头简述故事梗概，在西方文学中几乎没有。东西方相比较，后者显然更多地借人物之眼将故事展开。

《恨海》对中国古典小说的传统叙事发起了挑战。它的故事几乎是围绕着各个阶段主要人物的切身感受展开的。例如，对逃难途中张、陈两人采取双线叙事，张棣华的惊惶、镇静、柔肠百转，都是通过她的心理活动而不是第三者的观察来反映的。再者，写义和团火烧教堂、劫掠百姓等大事，这些传统小说中往往使用上帝视角描写的内容，在吴趼人的笔下全都通过张棣华和陈家兄弟残缺的个人视角展现。书中角色代替了置身事外的"说书人"讲述故事。因此，读者便会不由自主地放下旁观者身份，把自己带入角色的感受之中，产生触动和期待。这种"浸入—探寻式"的写作手法与阅读体验，已经与传统的"说书—看客式"有了很大区别。

在娟娟和仲霭的故事上，作者的有意创新更加明显。仲霭在父母双亡后投奔父亲故人，在官场上积累了一些财富。他怀抱坚贞之心一直寻找未婚妻。然而，在一次酒席上，他偶遇已经沦为妓女的娟娟。两人的相认也颇具戏剧性，一句"还是表兄表妹么"让娟娟仓皇逃离，也让仲霭心如死灰。娟娟如何沦为妓女，仲霭的官场经历，这些作者都没有交代。两人的情感故事只在小说首尾出现，着墨远远不及棣华、伯和两人。从这一方面来说，他们的故事似乎是残缺不全的。但在阅读时，读者感受到的这段感情又是"有头有尾"的，是缥缈中见实在的。原因就在于吴趼人成功运用了现代小说的技法，对读者进行了"召唤"。

《恨海》对娟娟和仲霭的这一处理在古典小说中非常少见。传统叙事会自觉地铺陈补全情节，这不仅仅是话本、传奇出身的小说在形式上满足长度、效果上吸引观众的必然要求，也是作者出于思维定式的自觉举动。传统的文学意识中不能接受故事的残缺，要求"有因有果""明明白白"。而《恨海》大胆留白，让读者自己用想象弥补空缺，个人的生活体验和思维被融入小说阅读之中。缺失的具体场景究竟是什么样？这一问题召唤读者加入对作品的深入阅读、体会，乃至共同的补全写作中去。已经给出的情感起源是对起因的交代，既定的悲剧结局则是对留白部分情景基调的暗喻，也是所有个人想象不可避免的最终归宿。《恨海》中的另一对青年男女张棣华与陈伯和，则为想象提供了参照。这一处理的意义不仅仅在于为一个哀艳的爱情故事增添了命运无常的幻灭之感，更重要的是它做到了"召唤"读者，让读者调动个人想象，起到了无形中丰富小说质感、拓宽小说经纬的作用。即使作者的这一处理还存在道德观上的考虑，但其中暗含的进步性是显而易见的，带有类似西方蒙太奇的特色。

可以说，对"说书—看客"模式的远离使《恨海》在叙事上具有现代性，它是后来一系列学习西方现代叙事的文学作品的先声。

二、描写：探索内心世界

（一）对心理描写的充分运用

中国古典小说主要通过语言和动作塑造人物，这一传统可以上溯至先秦史传文学。虽然有《红楼梦》等在心理描写方面达到了很高高度的作品，但明清大部分小说都无法摆脱传统创作方法的束缚，即使有零碎的心理描写，也是情节的附属品，地位远低于其他手法。而《恨海》的描写艺术独具特色。它在没有忽视语言、动作、神态描写的基础上，对人物的内心世界进行了前人鲜少有过、同时代同类型小说中难以匹敌的深入探索。

这种全新的尝试，主要体现在女主人公张棣华的身上。作者用大篇幅的心理描写，勾勒出一个纯善、孝顺、坚贞的清末女性。刚开始，她谨遵封建礼教，严守男女大妨。伯和在炕的另一端歇息，她便坐着不愿睡觉。在伯和主动出外回避后，又怕他生病，便把母亲推醒，却只是"向外间一指，眼边不觉一红"[1]，再到后来为伯和盖被，在这段不长的叙事中，棣华的心理描写多达6处。伯和失踪后，作者又对棣华的多次思念进行了大量的心理描写。第四章中，棣华灯下放纵思绪，不断对自己的行为提出假设，再推翻，再假设……400多字的篇幅中，"忽然又""或者""若是"这类表示心理转折的词语出现了11次之多，可谓百转千回。这种心理描写性质纯粹又高度流动，呈现出类似意识流的肆意随性的倾向，在传统小说中极为少见，带有现代小说注重个人意识的特征。

而《恨海》心理描写的高峰是第五回"惊噩梦旅夜苦萦愁"。棣华的入梦、梦中，再到出梦，都体现了作者对梦境高超的处理手段。入梦，是"正欲蒙眬睡去，只见五姐儿说道：'恭喜小姐，你家陈少爷到了！'"[2] 借照顾母女俩的五姐儿引入梦中，过渡自然，却也借她的一句"你家陈少爷"不留痕迹地暗示梦境与现实的分野：五姐儿并不知伯和的样貌与名姓，如此可见以下皆是梦境。梦中，棣华看到的是伯和乘车从自己面前跨着车檐直趋而过。他不理睬自己的呼唤，并责怪她："好忍心，姐姐一向不理我。"[3] 这里正照应张棣华的自责心理。出梦的处理也格外巧妙。棣华梦中被牲口叫声惊醒，正对应她先前遭遇的骡子受惊一事。梦醒一看，屋外正拴着客人的骡马，则给出了现实中现时的解答。模糊虚实界线、虚实相互对照、格外注重梦境内容与人物心理的关联、联系现实物象平稳处理梦境的进出，这种写梦的组合手法在中国古典小说中很容易找到，例如《三国演义》中曹操的梦境，《红楼梦》中甄士隐、王熙凤、林黛玉的梦境。《恨海》充分吸收传统文学中的优秀基因，并结合西方现代创作手法使之发扬光大。

（二）现代性的关键：心理推动情节

对张棣华的心理描写，将一个心思细腻、情窦初开的少女形象展现在

---

[1] [清] 吴趼人. 恨海 [M]. 南昌：百花洲文艺出版社，2011：9.
[2] [清] 吴趼人. 恨海 [M]. 南昌：百花洲文艺出版社，2011：27.
[3] [清] 吴趼人. 恨海 [M]. 南昌：百花洲文艺出版社，2011：27.

读者的眼前，读来让人深觉可亲可叹。然而，这些大篇幅、高质量心理描写对情节的作用，更能体现《恨海》对西方现代写作技法的吸收。

中国传统章回小说大多以复杂的情节取胜，比如《三国演义》《儒林外史》《西游记》《水浒传》等，都选择了这条路途。情节是推动故事向前发展的重要动力，但只是外在动力。中国传统小说情节，大多与时代、命运、个人沉浮息息相关，这些力量是巨大的、摧枯拉朽的，人物的人生被它们强硬地向前推动，不受自我控制。在情节面前，自我是被动的，甚至是缺失的，读者看到的大多是人物对情节的应对和接受。

相比之下，由于只有十回的体量，《恨海》的故事情节显得简单集中。作者无法展开复杂的情节，外界力量推动发展的垄断地位被动摇了。而大量的心理描写弥补了情节方面的缺失，这时人物内心的矛盾就被自然而然地放大，成为一股和外在力量并驾齐驱的、推动故事发展的内动力。张棣华情感态度的变化就是一股这样的力量。棣华的尴尬羞涩让伯和不与她同坐，导致两人离散；棣华将伯和的堕落归结到自己身上，因而一再劝他改过自新；并且凭借这种深沉的爱与愧疚完成了一定程度上的觉醒，冲破礼教阻碍为伯和哺药，造就了情节上的高潮。心理描写为人物塑造增色添彩的同时，也发挥了情节上的作用，更将故事导向了思想主题上的超越。人物自身的心理导致了他的选择，而选择又使他于无意中走向命运的结局。对人类心理世界文学力量的发掘是《恨海》的一大进步。也因此，有的研究者将《恨海》称为"中国心理小说的开端"[1]。

但不可否认的是，《恨海》中外界力量对故事的推动依然起到了重要的作用，心理描写的内在力量也是被包含在这一框架之下的。于腐朽混乱的清末发生的"庚子事变"作为《恨海》的大背景，是导致两对青年男女最终走向悲剧的决定性因素。乱世的背景让有情人难成眷属，让原本满怀理想的青年人万念俱灰遁入空门，让无数家庭妻离子散。时代洪流裹挟着每个人的命运，这一点在《恨海》中得到了充分的体现，也是身处清末乱世的作者想要用故事表达的重点。但这并不是《恨海》发挥现代性的绊脚石。《恨海》中推动故事发展的外在力量与心理内在力量的并存，可以说是作者在继承传统的基础上对现代新技法的尝试，是一次成功的结合；也可以说，正是在浓墨重彩的时代力量的衬托下，其中的那一抹来自人物内心世界、代表个人的亮色才显

---

[1] [加]迈克尔·艾格.《恨海》的人物塑造[M]//[加]米琳娜编.从传统到现代：19到20世纪转折时期的中国小说.伍晓明,译.北京：北京大学出版社,1991：178.

得格外突出，它所象征的现代性萌芽也就更为难能可贵。

三、创作心理：时代转型中的矛盾者

自《恨海》问世以来，围绕它的争论就不曾停歇。这究竟是一本卫道士宣扬封建道德的腐朽之作，还是一封揭露礼教罪恶的宣战书？争论来源于这本书自身的矛盾性，而书的矛盾性又直指文字背后作者矛盾的创作心理。

（一）吴趼人的"情论"

吴趼人在《恨海》的开头提出的"情论"，可以作为探索作者矛盾心理的切入点。在这段论述中，他明确提出了自己的小说是"写情小说"，并对"情"的含义进行了规定。而这一定义本身就存在矛盾。首先作者肯定了"情"是人的天性，也就是"未解人事以前便有了情，大抵婴儿一啼一笑都是情"[1]。"情"被看作一种会随着外界条件的不同改变面貌的"本源"，忠孝节义，都是从"情"中生发出来。然而，作者的笔锋很快一转，将"儿女私情"排除在外，认为这"只可叫作痴"，至于男女肉欲，更被认为是"魔"，是应当反对和抵制的。因此紧接着，作者便对那些实为"写魔"却说"写情"的小说进行了批判。

现在看来，"儿女私情"毫无疑问是人性的一部分，就连吴趼人口中的"魔"，也是出自人的原始欲望，是不能从人性中剔除出去的。吴趼人主张弘扬"情"，似乎是对人性的肯定，但由这一点可以看出，肯定中隐藏着否定，吴趼人眼中的"情"并不是后世所说的概念；相反，带有很浓重的封建价值观色彩，是一种于名教上、文学上都高度纯洁、抽象的概念。他认定的"情"是不完整的，自身根深蒂固的封建意识让他自觉地对"情"的范围进行了切割。人性中的"情"，要符合封建道德规范，才能称为"情"。这就是吴趼人的"为情正名"：用封建道德对"情"进行提纯，从而使"情"的表达服从社会规范。言为"正名"，实为对一个从人性整体中分离出的抽象概念的塑造。

"情论"并不是吴趼人的发明。明中叶以来的文人和思想家们，已经构筑起了"情论""情教"的理论高楼，并在明末达到了顶峰。"公安三袁"、汤显祖、冯梦龙等人肯定私欲、推崇至情，文学上的"主情论"催生了大

---

[1] ［清］吴趼人. 恨海［M］. 南昌：百花洲文艺出版社，2011：1.

批描写男女爱情的作品，文人个人生活也倾向于回归自然、放纵情欲、宣扬个性。但明清之际的血雨腥风让"尊情尚性"的风花雪月落入了虚空与毁灭，清初尚有李渔、袁枚等人推崇性灵，但此时的"情"已经从可以与"理"分庭抗礼乃至凌驾于"理"之上的位置下落，而被"以理节情""融情入理"等理论主导。随着清代思想控制的加强、理学的复兴、"朴学"的兴起，"情论"和它的重要根源——"王学"，都遭到了毫不留情的批判。

但"情论"始终不曾销声匿迹。它的存在，根植于士大夫的心理诉求，更根植于人类共有的弘扬个性的欲望。吴趼人的"情论"在许多方面是对先辈理论的重拾。汤显祖、冯梦龙等人认为，情是人之所以为人的根本，是催生万物的生命力，更是世界的本源。"情"在这里包含"欲"，而又不仅仅是欲。明代士人在肯定私欲的同时，又毫不掩饰地推崇能使"生可以死，死可以生"的带有神秘主义色彩的"至情"。这种情是抽象的、梦幻的。到了明末，人们更加乐于在才子佳人小说里，将这种情写作人生的终极追求，将为情而死、从一而终当作人生的浪漫。人的一生都与自己的唯一"真情伴侣"拴在一起，个性的解放因为对"情"的纯度和抽象之美的过度要求，反而走向了反面。反观吴趼人在《恨海》中提出的"情论"，相隔几百年，汤显祖、冯梦龙等人的影子依然存在。吴趼人认为，"情"是世间种种情感的本源，人生来有情，这些都与明人"情论"中"孝悌即是情"等理论有着异曲同工之处。同时，吴趼人用来实践"情论"的《恨海》中，张棣华因陈伯和之死而出家、仲霭因娟娟堕落而出家等，又对应着明末对"至情"的要求。吴趼人对"情"的提纯，则与明末才子佳人小说中一见钟情、为情而死等将"情"抽象化、神圣化、神秘化的倾向类似。可以说，吴趼人的"情论"受到了明末清初"情论"的很大影响。有意无意之中，在某种程度上，一种思潮在不同时代背景下以不同的形式得到了承继。

但是，吴趼人的"情论"，其意义和目的不能说与汤显祖、冯梦龙等人一致。明末清初的"尊情尚性"推崇个性解放，在这种思潮影响下，文人的风流轶事数不胜数，传为佳话。汤、冯对私欲是肯定的，也不认为其有害。"三言"等世俗小说尤其反映了这一点，正如当时著名的思想家李贽所说，"穿衣吃饭，正是人伦物理"。汤显祖、冯梦龙的"情论"，是对程朱理学的挑战，有着重建价值观体系的野心。虽然后期的"情教"明确提出要让"情"起到教化社会的作用，但这种政治和社会层面的诉求，归根结底是为了肯定私欲、解放人性，从而达成"有情世界"的理想。

吴趼人则不然。19世纪初20世纪末，中国处于社会转型期，传统的社会结构、社会思想都受到西方资本主义的强烈冲击。在这样的背景下，旧道德衰落，人们开始直白地追逐钱财和肉体的欲望，反映在文学上就是《九尾龟》这样的"狭邪小说"的流行。如今看来，这些作品的出现，是大的社会潮流下的必然，也有人性解放的意义。但思想较为保守的吴趼人在"情论"中斥其为"魔"，认为自己有责任写出一部真正的"写情小说"，用最高尚的"情"，完成对当时文坛情感叙事的净化。吴趼人从小接受传统教育，士大夫习性深重，他身上旧思想的残存远远超过同时代的进步作家。在《恨海》中，他借仲蔼之口，表达了对《红楼梦》的轻视，认为它们祸害青年男女，就反映了这点。鲁迅曾在《中国小说史略》中指出，吴趼人的写作目的是"恢复旧道德"，还认为这是"改良社会第一要义"[1]。

在这种思想指导下写出的《恨海》，自身就不可避免地带上了封建色彩。可以很明显地看出，吴趼人的"情论"，初衷不是为了张扬人性，而是为了用旧道德改良社会。他一方面指出"情"是自然的，另一方面又坚定而自豪地为它套上了封建旧道德的枷锁。这是《恨海》的作者被许多批评者斥为"卫道士"的主要原因。在小说中体现出来的，就是作者试图将张棣华和陈仲蔼描写成孝女节妇、孝子贞夫的典型，如张棣华割肉救母等。因此，虽然在"情论"某些方面，吴趼人和明末的汤显祖、冯梦龙、袁宏道等人有着跨越时空的相似之处，隐约可见思维上的共性和理论的传承，但两者的内核并不相同，目的也截然相反。可这并不意味着它们有高低优劣之分，实际上，不同的时代背景造就了它们，而这两种"情论"都为文学、思想的发展做出了贡献。

与后来的新文化作家相比，吴趼人对情感故事的叙写带着很强的道德目的，两者有着本质上的不同。《恨海》中的情感故事，其实细节上并不十分丰富。这又使他的创作与后来的鸳鸯蝴蝶派小说，如《玉梨魂》《雪鸿泪史》等存在区别。后者的重心几乎完全落在情感描写上，有时时代背景不过是为了提升文学趣味，这与《恨海》将"庚子事变"与情节、人物、主题紧密结合并不相同。吴趼人的最终目的是宣讲道德，而鸳鸯蝴蝶派小说则有更多的考虑。

(二) 突破：于矛盾中超越

吴趼人的写作目的存在落后之处，但是，他在文字中表现出来的东西却远远不止封建道德。张棣华情窦初开的小女儿情态被他描写得淋漓尽致，

---

[1] 范伯群. 中国近现代通俗文学史 [M]. 南京：江苏教育出版社，1999：267.

她为伯和盖被，在失散后裹着伯和用过的被子对未来痴痴幻想，这样生动的女子形象是封建话语体系所不能概括的。这些描写难道不在作者所说的"痴""魔"之中吗？她暗恨自己恪守礼教才致两人离散，甚至亲自为未婚夫哺药，唤他"陈郎"。这时候礼教不再重要，种种举动只是发乎"情"。棣华从矜持到明朗的心态变化，暗含了作者对礼教的反思。写出这些的吴趼人，已经在不知不觉中向他在卷首力图规避的那些倾斜了。即使作者主观上极力向传统价值观靠拢，却还是无法违背转型期中国社会反思和突破旧道德的时代潮流。

吴趼人虽然接受传统教育，但对西方文化有着较为深入的了解。他精通英语和法语，大量阅读外国小说，"统计自购及与友人交换者……各三百余种。所读美国小说，亦不下二百种"[1]。对外国作品的阅读使他的写作拥有了现代性的倾向，他也极有可能通过这一方式接触到西方的新思想。再联系吴趼人在国内的活动，有记载称他每当酒后，常慷慨激昂论天下事。虽然吴趼人自身的局限性让他选择了旧道德作为救世的方法，但是他渴望拯救国家、改变时局的赤诚之心是毋庸置疑的。作者在《恨海》开头向旧道德宣告，自己"断不犯这写魔的罪过"，又在成书后坦白"虽是写情，犹未脱道德范围，一或不致为大君子所唾弃耳"[2]。作者自己也意识到了他是戴着沉重的镣铐在写作。在小说结尾，他让张棣华出家守节，并语露赞赏。一个一度冲破礼教束缚的女子又重新回到千百年来旧道德给她划定的本位。这也意味着吴趼人的笔触在越过了旧道德的边界后，又立刻主动退回。在某种程度上，这位"又多情又贞烈"[3]的张棣华，正是文字背后作者矛盾心态的投射。她的身后，是新旧两股思想力量在作者的脑海中、在中国社会上的拉锯战。在这样的个人和社会背景下，《恨海》的矛盾性自然不可避免，而《恨海》中表现出来的现代性，则显得更加可贵。

结语

吴趼人曾这样提起《恨海》："出版后，偶阅之，至悲惨处，辄自堕泪，

---

[1] 范伯群.中国近现代通俗文学史［M］.南京：江苏教育出版社，1999：266.
[2] ［清］吴趼人.杂说［M］//陈平原，夏晓虹.二十世纪中国小说理论资料：第一卷.北京：北京大学出版社，1989：258-259.
[3] ［清］吴趼人.恨海［M］.南昌：百花洲文艺出版社，2011：58.

亦不解当时如何下笔也。"[1] 他在写作时融入了自己深沉的情感体会。《恨海》中的部分情节如出家守节、割肉救母等，在今天往往受到谴责。但笔者认为，我们在评价《恨海》这样一部诞生于中国社会转型期的作品时，应当结合它的进步性和局限性，理性看待。

  如果带着一颗同理心去体察作者内心的矛盾，我们或许可以领悟到，吴趼人正是在用这样一个不同于传统"才子佳人"式爱情的彻头彻尾的悲剧，向世人展现大时代的倾颓给无数"凡夫俗子"带来的挣扎与毁灭。张棣华恪守封建礼教的后果，是她永远地失去了自己的爱人；她的割肉救母，是出自拯救亲人的一腔孤勇，然而封建迷信欺骗了她，她失去了自己的母亲。这样一个完美的旧道德典范，却面临着种种"无可挽救"。现实中的吴趼人，他所坚信的封建道德，是否真的给他带来了美好的明天？吴趼人一生用笔反映黑暗，改良社会，最后却凄凉而死。在张棣华的身上，在《恨海》这本书中，他寄寓了自己的道德理想，却也未尝没有暗含内心深处对"无可挽救"的挣扎和叹息。如此看来，吴趼人在重温《恨海》时落下的泪水，也许更多的是为了文字背后尽微末之力而欲"补天填海"的自己。

指导教师评语：

  徐涵的论文对清末小说家吴趼人的代表作《恨海》做出了富有新见的研究。论文认为章回小说《恨海》在叙事上与传统小说有较多区别，尤其是小说的心理描写，具有明显的现代特征。作家吴趼人通过小说所抒发的"情论"既接续晚明传统，又带有道德色彩，其中的矛盾正体现出时代心理的特征。论文对《恨海》的分析十分深入到位，对已有的相关研究及文学史、理论方法等都有很好的把握。这是一篇优秀的本科生学术论文。（张蕾）

---

[1] [清] 吴趼人. 杂说 [M] // 陈平原, 夏晓虹. 二十世纪中国小说理论资料：第一卷. 北京：北京大学出版社，1989：258-259.

论双雪涛短篇小说《间距》内部叙事的连续与倒置

2019级　王静

《间距》这一部短篇小说出自东北作家双雪涛2017年出版的《飞行家》一书，讲述了主人公"我"在朋友疯马的帮助下构思剧本的故事，全文梦境与现实交织，思路架构上借助博尔赫斯的"自我虚构"手法，透露出朦胧、魔幻的色彩。在叙事层面，小说多线并行，表面上具有连续性且结构对称，然其表达的主题充满了颠倒与移位，两者在矛盾中实现了文本的复杂性与丰富的阐释意味。

一、叙事结构的连续性

笔者将《间距》的叙事结构（图1）分为三个层次。第一层是"我"对故事的叙述，第二层是疯马对剧本剧情推进的叙述，第三层是梦境的叙述，包含疯马和"我"的梦境，两者在最后达到融合。这三个层次在小说里穿插进行，虽然拥有各自的发展脉络，但是内部逻辑是对应的，都可以被提炼为四个阶段。对应关系如表1所示。

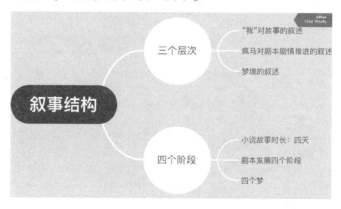

图1　《间距》的叙事结构

表1　叙事的四个阶段

"我"对故事的叙述	第一天	第二天	第三天	第四天
疯马对剧本剧情推进的叙述	第一阶段	第二阶段	第三阶段	第四阶段
梦境的叙述	第一个（"我"）	第二个（疯马）	第三个（疯马）	第四个（疯马）

纵向来看，首先，剧本的发展是顺着"我"对事件的叙述脉络进行的：第一天"我"和疯马相遇，剧本有了基础；第二天疯马打来电话，剧情属性确定；第三天正式讨论，剧情框架显露。疯马这一人物在推进剧本时的作用非常关键，而故事中与他相关的每一阶段的行动符码都绕不开剧本本身，这隐含了两者之间紧密的联系，从后续对人物的分析可以看到，剧本情节实际上是疯马心理的投射。

其次，梦境叙述作为小说里最神秘、最魔幻、最令人捉摸不透的叙述层次，虽然发展逻辑与以上两者叙述是对应的，但这一对应并不齐整，疯马的三个梦境和第三、第四段的剧本剧情相互对照：在剧本的每一次推进后，疯马都会做梦，其产生的效果又会反过来对故事发展产生推动和指导作用。但开头"我"做的梦与故事和剧本并没有直接的联系，我们或许可以将其作为一个"药引"，由猛虎逐羚羊而不得的梦境，读者被领入作者笔下这一由阴冷的黑色作为基底，再添之五彩斑斓的奇异的梦幻世界，闸门开启，故事如流水，冲泻而下。

横向来看，三个层次的展开较为整齐，这不仅因为三个层次各个阶段具有共时性的对应，还由于各个阶段间清晰的界限。如情节层面，界限主要是由时间自身划出的，"天"作为基本量词，将情节的发展路线一分为四，而由"个"作为基本量词的梦境叙述同样。剧本剧情发展稍显复杂，但是从其内部分析，四个阶段经历初步提出、定位、发展、成形四个过程，也遵循自然的成长轨迹，各阶段有各阶段独特的时间点和作用。

将横与纵结合起来看，看似紊乱的小说内容在经过梳理后呈现出清晰的结构，如同一棵大树，我们摸清了它的枝条脉络，知晓它的始与终，便容易分析每条枝干上的叶片与果实及两者的关系。

二、倒错的"间距"主题

单在文章中检索"间距"两字，会发现全文一共只出现了三次，第一、第二次是疯马打来电话将剧本中的国共关系比作"两列诗行"产生"间距",这种"间距"用他的话说"具有引力和斥力",两者作为内在属性相互保持;第三次出现在疯马的梦话中,"可怕的间距是不是?"这里首先指的是笔架山与家、月亮、地球的"间距"。虽然这一主题"本尊"的显现次数极少,但是从象征的角度看,小说中处处是"间距"。

1. 身份的倒置——疯马与马峰

首先,疯马这一人物的名字就具有倒置的性质。疯马本名马峰,前者只是外号。但似乎没人叫他本名。他的身份认同问题是小说的内核。无论是故事、剧本还是梦境,都紧紧围绕着疯马的自我识别展开,它们同时也是疯马自我识别过程的投射。

疯马,辽宁锦州人,很早就离开了家乡,住过大连、烟台,近几年才来到北京,居无定所,这是他身上的符号符码。他浑身散发出强烈的漂泊感,他的根在锦州,在笔架山,但这些对他而言只是朦胧的回忆,只有在梦里才会得到碎片式的反映。他的过去和现在是断裂的。

通过弗洛伊德梦的解析方式,我们推断,疯马曾经陷入离开还是陪伴母亲的两难抉择,并最后选择了前者。他对母亲饱含着深深的爱与关切,同时这爱又形成悖论,文中疯马说了这样一番梦话,"妈妈,我想像花瓣一样一分为二……一瓣给你,照顾你,一瓣给我,想怎么活怎么活"[1],然而这是不被允许的。于是在北漂的过程中,罪恶感和孤独感将他裹挟住。"我"在交谈中提到的笔架山则成为现实留下的伏笔,使他的童年记忆在梦中被唤起,一个孩童被母亲遗忘在海中山上,海水涨潮,挡住了回家的路,他只能待在山中独自望月。由于心理防御机制的作用,他在梦中暗暗责怪母亲将自己抛下,通过将这一罪恶感转移到母亲身上,他能够在梦中稍稍缓解内心的痛苦,因为梦即愿望的实现。

马峰和疯马之间,隔了一位印象中的母亲,隔了从锦州到北京的420千米,隔了一名成人对作为孩童的自己的回望。这是两者的"间距"。而这一"间距"最终被缩短。在小说最后,疯马在梦中让母亲为自己套上缰绳,因用力过猛几近窒息,在梦境连着两次被现实的冲击打断后,他短暂地清醒,并说会带"我"和两个助手去个地方。他将回到故乡,此时,马峰和疯马成为一个人。成人的马峰与孩童时期的马峰合二为一,借此,他重新获得对身份的指认,他是母亲的儿子,是锦州的孩子,他有他的故乡,落在海

---

[1] 双雪涛. 飞行家 [M]. 桂林:广西师范大学出版社,2017:111.

中山里的孩子找到了归处。

我们可以看到这一心理变化在剧本推进中的反映。

疯马在剧本讨论会上一开始便改变了剧情的走向，将一个单纯的谍战故事变成一个女革命者的成长历程，他强调剧本的文学性，强调要恢复十九世纪现实主义的传统，此时，他针对的是个体的人生，侧重点在"成长"，这似乎是他自身失落的元素。在孩童与成人的疯马之间，存在故意被抹去的空白。

然而在疯马第三次醉酒醒来后，他通过对剧本的思考重新反省，并将结论投射到剧情走向。他提出了时间分岔的概念。疯马在文中首次出现时便说："博尔赫斯曾经说过，事情都发生在那另一个博尔赫斯的人身上。"[1]这是博尔赫斯"自我虚构"的思想。他倾向于认为个体性之间的差别仅仅属于表象，是由时间和空间的不同造成的，自我与他者在本质上是"同一"的。这一思想深深影响了小说中疯马的心理变化。当他意识到个人即他者，人的命运充满了重合与交叉时，他的视野拓展了，他看到的不仅是当下，还看到了过去和未来。

于是在剧本中，疯马大胆提出平行时空的理念，他将剧情像地图一样摊开，一如他自己对待的命运。用一个人的"灵"去穿梭于不同时空的人的"身"，他如此设计主角文修良的结局，让她存在于三个迥然相异的时间地点，以不同的年龄、身份生活，由此，他也看清了自己的归处。思想、梦境、酒精与合适的时间点促成了他的转变，隐匿的过去被重新揭开，他明白自己终将返乡。

2. 倒置时间下异化的人物

小说的环境设定较为阴暗，包含晚间饭局、梦境、地下室、末班车、会议室等符号符码，人物在其中穿梭、行动，推进主线剧情。同时，文中月亮的意象反复出现，黑夜成为故事基调，时间主要聚焦于下午到凌晨这个时间段，上午几乎被抹去。由时间颠倒引起的巨大的颓丧感笼罩了整部小说，这与文中人物尤其是主人公心理状态是对应的。

主人公"我"通过过往经历的回忆与个人形象的展示，向我们揭开了现代社会人的典型"异化"状态。"我"没有朋友，离家多年，工作不稳定，昼伏夜出，像是被时空颠倒的正常人，喜欢乘坐末班地铁观察和自己一样渐渐"腐烂"的他者，极度爱钱，可以为此抛弃做人原则，精打细算，

---

[1] 双雪涛. 飞行家[M]. 桂林：广西师范大学出版社，2017：111.

浑身散发着焦虑的气息。在小说其他三人身上也可以找出相似的痕迹,如都是漂泊在外,没有固定工作,并且都具有"疏离"感,那是一种首先与自己产生的"间距"——疯马不在乎过去,不在乎生存处境,柳飘飘(其中一位女性助手)淡漠提及自己差点受到侵犯的经历,"我"丧失了对生活的具体感受,唯一关注的是它们是否可作为自己写作的素材。这种"间距"背后映射出的是个体与外界缺少联结的孤独,人人无所依靠,无论是精神还是肉体。

3. 难以分隔的梦与现实

梦作为小说中一大象征符码被反复提及,它与现实的介隔并不是清晰的,甚或常常被颠倒,它们的"间距"也会产生变化。

人在现实中,其心理会在梦境进行投射,正如疯马做的关于笔架山、童年、母亲的梦,这是他压抑的意识的表现,如上文的分析,这是他现实中受到的刺激而产生的梦的意象,也是他逃避罪恶的愿望的满足。而梦也会反过来影响现实,干预人的行动和心理。

疯马在最后一个梦里向母亲屈服,他梦魇了,用手掐住自己的喉咙,随后又掐住了"我","我"因此陷入昏迷。这是梦对行为的渗透。但之后,"我"在昏迷中做了关于疯马童年的梦,潮汐、集市、同样的笔架山,这是疯马的梦对"我"的心理的影响。小说行文到此达到了高潮,两个人的梦产生了交融。这一过程充满了魔幻色彩。此时在梦中,"我"变成了孩童的疯马,潮汐退却,土桥高架,"我"回到了陆上,看见成人的疯马将月亮抓在手中,他成功地解放了那个落单的孩子,也解放了自己。这些是"我"编织的画面,一方面反映"我"的潜意识里希望疯马找到自我的愿望,一方面是"我"由于被扼住脖子而产生的强烈的求生欲。疯马实现了他的梦,而"我"也会重获安全。我们从博尔赫斯的角度去分析,这恰恰是作者所推崇的梦与现实的倒置。

博尔赫斯想要表现的主题之一,就是梦境比现实更真实,世界的本质是虚幻的,不同的人梦境交叉,得以相遇,我们出现在彼此的梦境中,并且梦境之外,仍是梦境。小说想要渲染的便是这一梦外仍是梦,梦与梦重叠渗透的神秘气氛,在此,笔架山的孩子是否真实存在过,我们无从知晓,唯有推测,梦与现实难分彼此,难以区隔。

三、叙事节奏与媒介的矛盾性

文本内部因连续和倒置产生的矛盾集中反映在《间距》小说的叙事节奏与媒介中。

就叙事节奏而言,小说中"我"是比疯马要慢的,虽然故事时间只有四天,但是剧情的叙事推进是超越日常生活的时间速度的。原因有二。

第一,疯马每一次讨论剧情时都是主导的姿态,他采用的是祈使语气而非商量的语气,他不是在述愿,而是在述行,述行语把语言活跃的、可以创造世界的用途引上了中心舞台。这里,文本本身成为一个事件,它的发生即进行,不像"我"在故事叙述中采取的述愿——描述性话语,仅仅是在平面上推动故事展开。

第二,故事的上一级结构是人物的一生,它占据的是人物生命中的一小段过程,它既没有确定的开头,也没有确定的结尾,本身就是开放的。而剧本中的剧情达成了封闭的完整结构,从开头至结尾,已经有了初步的发展脉络,轮廓被敲定,剧情浮出水面。因此,一个未完成,一个已完成,后者从剧情层面完成了人物的一生,所以疯马对剧情的叙事跨越度更大,节奏也就更快。

另外,小说中有一些偏离主叙事线的旁支线索,它们在行文过程中荡开一笔,由此紧张的主线节奏也就得到了缓和。如前文提到的第一个"我"做的梦——猛虎逐羚羊,又或是"我"望着窗,开始回忆自己从老家沈阳来北京五年的境况。这些旁支细节通过意象的叠加和意义的积累形成,而它们又共同营造出一种氛围——现代生存困境的荒诞性。主线在该氛围下迅速推进,于是一种矛盾性流露出来。一静一动,读者一边等待剧本内容,一边被裹挟进小说一以贯之的气场中,徐徐前行。

就表达媒介而言,小说中两处重点提及了文字与语言的对立,但两处皆为隐含。一个是关于剧情的表述方式,另一个是关于梦境的表述方式。

在剧情表述中,第三、第四阶段为正式讨论,此处疯马想法的呈现形式由对话变为转述再变成文字,这是一个渐进的过程,然而与剧情的走向显然是矛盾的。在古典希腊哲学和修辞学传统中,以及在西方哲学文化的流变之中,被说出来的词语和被诉之于言语的理性被认为是对于被书写出来的词语和被表达出来的情感的"扬弃",因此前者优先于后者。然而,在剧本剧情随着基础奠定、主题确立迎来高潮时,呈现形式由语言变成了文字,疯马尤其提到"我讲不出来,我写写试试",虽然两者都不足以表达心智,但在语言都无法反映的情况下,"隔"了两层的文字真的能够承担起传达思想的重任吗?这同梦境的表述一样,在梦境达到高潮时,小说却是用"我"的笔墨进行勾勒的。

在梦境表述中,第一个"我"的梦以文字的形式直接呈现,而第二、第三个梦是"我"通过识别疯马的语言再转录成文字的,最后"我"昏迷时的梦又直接回到了文字的形式。这当然是因为"第一人称"的叙述方式,虽然解构主义者认为文字比语言多隔了一层,但从小说上讲,"我"的梦确实比疯马的更完整和直观,后者的梦境是破碎的、混乱的,但不可否认,是更加真实的。

换个角度看,一扬、一抑,这是文本内在的矛盾。而我们不得不对剧情中"时间分岔"的精妙论述投以怀疑的目光——这是疯马的真实想法吗?这是真的梦境吗?在"以我手写我口"的传统倾覆以后,什么才能准确无误地表达心智呢?在这一命题下,我们又回到了那个潮湿的地下室,回到了会议室内,回到了那个发生车祸的雪天,没有回响的阐释符码与这些文化符码共同构成了阴暗的小说基调。

四、结论

整个小说以"间距"为题,通过分析我们可以看到,不论是疯马人物自身,还是人与人、梦与现实,这一倒置的"间距"在各种关系中都不断缩短、拉近。但是,这一"间距"可能消除吗?

答案是否定的。正如投资方撤资、剧本剧情戛然而止,"我"和疯马都差点走向死亡,这些预示着"间距"永远都只能在"引力"和"斥力"的僵持中得到保持。我们无法将此矛盾打破,唯有在两相对立中保持折中状态。这颇像弗洛伊德的"死亡驱力",它这样界定人的状况:没有解决的方法,也无法弃之而去。要做的不是去"克服""消灭"它,而是甘心忍受,学着识别它令人恐惧的维度,然后以这个根本性识别为基础,努力阐明应对它的权宜之计。[1] 这与本文的主题思想非常相近,既然"间距"无法消除,那么我们唯一能做的,就是努力缩短它。

---

[1] [斯洛文尼亚] 斯拉沃热·齐泽克. 意识形态的崇高客体 [M]. 2版. 季广茂, 译. 北京: 中央编译出版社, 2017: 6.

小说中疯马说："我们并不解释为什么有这样的迷宫，为什么过去，现在，未来并肩而立，各自循环。只是建造，只是呈现，只是请君入瓮。"[1]

这也是这篇小说的魅力所在，它为我们建构了一个巨大的迷宫，而我们入瓮，出瓮，破瓮，最后得到了故事的基本架构、内核和主题思想，从连续与倒置的矛盾中感受来自小说叙事的独特美感。

指导教师评语：

该篇论文借用罗兰·巴特的五种符码分析双雪涛短篇小说《间距》的叙述结构，指出文本叙述层的"连续性"却营造了主题的"倒错性"。论文还以叙述结构分析为基础，从精神分析的视角，阐释了"间距"的丰富内涵。文章主题鲜明，层次结构安排合理，分析逻辑较为清晰。（潘华琴）

---

[1] 双雪涛. 飞行家 [M]. 桂林：广西师范大学出版社，2017：116.

格非《褐色鸟群》中不可靠的文本世界

2018级　李清越

格非的中篇小说《褐色鸟群》是一部以记忆为主体构造的小说,其结构之精密复杂,被学者陈晓明称作"中国当代文学小说中最为玄妙的作品"[1]。通常来说,小说的叙事内容往往建立在作者告诉读者的确凿事实上,而在《褐色鸟群》中,格非则尝试用"否定"进行叙述,由此使文本具有强烈的不可靠之感。

本文尝试从叙述方式、时间认知、色彩意象三个方面出发,分析在《褐色鸟群》中格非是如何建立了一个不可靠的文本世界的。

一、叙述方式:相互遮蔽的叙述者

《褐色鸟群》的故事开始于"我",即"格非"在水边寓所进行创作时,一个自称为"棋"的女子前来拜访"我"。于是,"我"向棋讲述了"我"和一个穿栗树色靴子的女人的故事,包括"我"和她的初遇、再见与产生感情并结为夫妻的整个过程。经历了一夜的讲述后,棋离开水边的寓所,并许诺下一个秋天再来探望"我"。而当"我"再一次见到棋时,她却否认自己是那个叫棋的女人,并且对"我"毫无印象。

在整篇小说的叙述过程中,"我"、棋、"我"的妻子先后成了叙述者,并由此引出了四个不同的叙述层,由外而内依次是:"我"作为主要叙述者,用回忆的方式叙述"我"、棋、"我"的妻子的故事;"我"与棋两次相遇的故事;"我"追忆和妻子的故事;在"我"的追忆中妻子给"我"讲的有关她的前夫的故事。

而《褐色鸟群》中的小说叙述就是建立在"我"、棋、妻子三个叙述者相互交叠遮蔽的叙述之上的,暂且抛却最外层"我"的回忆叙述不谈,在

---

[1] 陈晓明. 表意的焦虑:历史祛魅与当代文学变革 [M]. 北京:中央编译出版社,2002:95.

小说内部的三层叙述中，三个叙述者的叙述都展现出了一种强烈的不可靠性，甚至还出现了前后矛盾、相互冲突的情况，这些难以解释的谬误最终构成了《褐色鸟群》在叙述方式层面上的不可靠。

（一）"我"：不可靠的叙述者

在小说中，"我"作为最重要的一个叙述者，是贯穿于所有叙述层中的核心人物，但这个核心叙述人物在一开始就被明确指出，"如果不是我的记忆出现了梗阻，那一定是时间出了毛病"[1]。这是作者在明确地告诉读者，"我"不是一个可靠的叙述者，"我"的叙述不一定是完全基于事实的叙述，而是基于对"我"所感知到的世界进行加工变形之后的叙述。

正因如此，"我"展现出了超乎常人的感知能力，能够清晰地看见水底的各色卵石、微生物的爬行姿势，甚至星体的不规律运动，这些都是我感受到的世界。但当"我"对"我"感知到的世界进行描述时，尤其是对"我"记忆中发生过的事情进行描述时，"我"就无法确保自己的叙述的真实性——因为连"我"自己都已经分辨不清楚很多事情究竟是原本就那样，还是仅仅是在"我"的感知下才那样。

在小说内部的三层叙述中，"我"的叙述不仅前后出现过多处矛盾，而且与其他叙述层中的叙述者的叙述也产生了无法互相解释的现象。这不是作者在故弄玄虚，而是作为叙述者的"我"早已对自己亲身经历的事情也无法自我确认：比如"我"在与棋的交谈中，一开始不记得自己认识名为李劼、李朴的人，却又在后面想起了他们的存在；又如"我"在初次遇到妻子时，曾尾随她夜行骑车，并因此与另一骑车男子发生摩擦，但当"我"返回现场后，即便发现路面上有被车轮轧过的凹槽，甚至撞到男子的自行车，却仍旧想不起来当时具体发生了什么。

基于这一基础，"我"的叙述从一开始就带有强烈的不可靠性，因为"我"感知到的世界就是一个不可靠的世界。而作者又通过将第一人称的"我"与"格非"这个自己的笔名相关联，违背第一人称叙述中常常使用的、将"我"作为人物和作为叙述者的功能区别开的手法，刻意强化了"我"作为人物的缺陷对"我"作为叙述者的叙述话语可靠性的动摇，甚至达到了模糊小说文本与现实的效果。

而作为核心叙述者的"我"，本身又是叙述者棋和"我"的妻子的参照者，是借以判断她们的叙述是否可靠的重要参照。但因为"我"的叙述本

---

[1] 格非. 迷舟[M]. 北京：作家出版社，1989：29.

身就是不可靠的,"我"作为参照者的这一功能被剥夺,棋和"我"的妻子的叙述缺少评判标准,因而从一开始就让读者怀疑其叙述的真实性,进一步加深了整个文本的不可靠感。

(二)棋和"我"的妻子:自我投射的叙述声音

学者洪治纲在《守望先锋:兼论中国当代先锋文学的发展》中曾将棋称为"作为一种符号的女人",并将其在小说中的作用概括为"引导'我'穿梭于各种不同时间场景中的一面镜子"[1]。在文本中,棋鲜少直接参与进叙述过程,她更多是在倾听"我"的叙述,做出评判并引导"我"进一步继续叙述。她就像是潜藏于小说第三层次叙述之后的推动者与诱导者,不断推波助澜,帮助"我"完成了"我"对于"我"和"我"的妻子的故事的回忆叙述。甚至在这个过程中,棋也亲身参与进了"我"对妻子故事的叙述过程中,比如当"我"在回忆初遇妻子时她捡起靴钉后停顿时,棋看似漫不经心地说道:"那个女人捡起靴钉后,朝一个公共汽车站走去,她上了一辆开往郊区的电车,你没能赶上那趟车,但你叫了一辆出租车尾随她来到郊外她的住所。"[2] 女人乘上电车是在"我"的叙述中没有出现的内容,却被棋补足,而"我"之后的叙述也是建立在棋此处的补充之上,仅仅是将她所说的出租车修改为了自行车。

在设置了棋这样一个叙述者参与进"我"的叙述过程中后,小说文本中关于"我"和"我"的妻子的故事的可靠性被彻底打破,比起说这是一段真实发生过的故事,它更像是一个"我"讲述给棋的故事——这个故事随着棋的挑剔和引导逐渐变得晦涩、难以理解,甚至在其中还有棋亲自参与草拟的部分情节。

不过,当小说文本进入尾声时,重新出现的棋不是来履约的,她不再记得我,甚至根本不是棋。此处,不仅前面所有关于棋的叙述变得十分不可靠,甚至连棋这个人物是否存在都变得暧昧不清。棋似乎变成了疯疯癫癫的"我"想象出来的一个人物。

相同的,"我"的妻子在小说文本中也是这样一个暧昧不清的人物。

有关"我"的妻子的所有内容,基本都存在于小说最内部的两个叙述层中。但"我"和"我"的妻子故事所处的第三叙述层,因为棋的存在从

---

[1] 洪治纲. 守望先锋:兼论中国当代先锋文学的发展 [M]. 桂林:广西师范大学出版社,2005:166.

[2] 格非. 迷舟 [M]. 北京:作家出版社,1989:36.

一开始似乎就是不可靠的。而"我"的妻子亲自作为叙述者参与的最内部叙述层，即她向"我"所讲述的前夫的经历，也与第三叙述层中"我"在初次遇到妻子的雪夜里所发生的事情产生了巧妙的契合，这种契合似乎说明了，此处妻子的叙述也是不可靠的，她的此段叙述是在"我"的叙述中展开的，因而完全有可能是经"我"再次叙述后的产物。

并且，"我"的妻子这个人物是否存在本身，在小说中其实也是不明确的。"我"记得"我"初次遇见她是在企鹅饭店门口，但妻子否认她去过那里，在她的叙述中，她从十岁后就没进过城。"我"的叙述和妻子的叙述在此处又产生了矛盾，这让妻子的叙述与妻子这个叙述者本身的可靠性都被动摇。

事实上，作为叙述者，棋和"我"的妻子对于小说在叙述方式上构建出的不可靠性起到的作用是相近似的。她们的叙述都与我产生了矛盾，在冲突中对我的叙述的可靠性与她们本身叙述的可靠性进行削弱。同时，她们的存在本身似乎都是不可靠的，她们更像是"我"这样一个疯疯癫癫的叙述者，为了叙述自我分裂出的另外两个叙述声音——棋的存在是为了让叙述能够顺利进行下去，而妻子的存在是为了补全整个故事，让叙述成为一个充满自我矛盾与自我指涉的封闭结构。

她们的存在，无疑让《褐色鸟群》文本内部的世界更加完整，也让这个世界的不可靠感更加强烈。

二、时间认知：错乱的文本时间

在《褐色鸟群》的叙述层次中，处于最外层的叙述层是"我"用回忆的方式叙述"我"、棋、"我"的妻子的故事，换句话说，《褐色鸟群》的整个文本世界其实是建构在"我"的记忆之上的。

记忆就是过去的时间，当一个人无法感知时间的时候，他的记忆自然也是一团混乱。而很不巧，"我"就是一个无法正确感知时间的人，因而，"我"的记忆从一开始就是不可靠的。事实上，在棋到来之前，"我"是分不清季节的，只能通过褐色鸟群的出现来推测时序的嬗递。棋第一次到来时，通过语言明确告知"我"现在是秋天，可等到棋一离开，"我"便又分不清季节了。

同样，"我"对于时间的无法感知也展现在"我"的叙述过程中，当"我"讲起"我"和"我"的妻子的故事时，一开始的时间"正是四月，春天来得很迟,我看见积雪和泥浆冻在一起"[1],可后来天空竟然"飘起了鹅毛大雪,雪花在春天的幌子市布下寒流的种子"[2],在后来的叙述中甚至还出现了"冬天晚上凛冽的风"[3]。时间在"我"的整个叙述过程中是混乱的、错综的,甚至仿佛倒流了一般。

记忆标志着过去的时间与经验,人类依赖记忆来认知事物。也就是说,人类对于所谓的可靠性的认知其实在很大程度上正是来源于记忆。可是,"我"是一个"无法分辨季节的变化"[4]的人,甚至在小说开头就承认了"如果不是我的记忆出现了梗阻,那一定是时间出了毛病"[5],"我"的记忆的可靠性早在"我"对时间的混乱感知中被消解了。所以,文本中依托于"我"的记忆而建立的内部世界,从一开始,便具有强烈的不可靠性。

三、色彩意象

除了叙述方式和时间认知上的设置外,《褐色鸟群》大量出现红色、蓝色、褐色等色彩意象群,它们给人带来不同的视觉冲击和情感联动,传递情感、凸显主题,也进一步加深了小说内部世界的虚幻与不可靠。

(一)红色:欲望的投射

红色是最为亢奋热烈的表现色彩,具备原始社会狩猎、人类繁衍的最为明显的特质,也就成为人类最早被崇拜的色彩。而《褐色鸟群》中出现红色往往与棋和"我"的妻子这两个女性角色的身体描写相关联,具有一种性的暗示意义。

棋与红色密切相关,她穿着橙红或者棕红色的衣服,"胸脯上像是坠着两个暖袋,里面像是盛满了水或者柠檬汁之类的液体,这两个隔着橙红(棕红)色毛衣的椭圆形的袋子让我感觉到温暖"[6]。"棋"一出场,我就对她展现出了从性的角度出发的关注,其后才是对她与"我"相处时的熟稔态度的诧异。"棋"似乎是充满性诱惑意味的妖精,但更像是我自己的欲望投射而出的奇幻他者,她的魅影出没于故事情节层面,使文本表层染上

---

[1] 格非. 迷舟 [M]. 北京:作家出版社,1989:34.
[2] 格非. 迷舟 [M]. 北京:作家出版社,1989:37.
[3] 格非. 迷舟 [M]. 北京:作家出版社,1989:38.
[4] 格非. 迷舟 [M]. 北京:作家出版社,1989:28.
[5] 格非. 迷舟 [M]. 北京:作家出版社,1989:29.
[6] 格非. 迷舟 [M]. 北京:作家出版社,1989:30.

一层梦幻传奇色彩。

除了棋外，"我"的妻子也是一个从出场就与红色紧密相关的角色。在"我"初次见到她时，第一眼看到的是她的"栗树色靴子"，而在之后，"我"对她弯腰捡靴钉的过程有一段极为详尽的描述：

她的栗树色靴子交错斜提膝部微曲双腿棕色——咖啡色裤管的皱褶成沟状圆润的力从臀部下移使皱褶复原腰部浅红色——浅黄色的凹陷和胯部成锐角背部石榴红色的墙成板块状向左向右微斜身体处于舞蹈和僵直之间笨拙而又有弹性地起伏颠簸。[1]

在这段叙述中，大量出现红色意象群，包括偏深的棕色、咖啡色，以及明艳的栗树色、浅红色、浅黄色、榴红色。"我"对这个女性的欲望与喜爱通过这些深浅不一的红色一一铺展开，但却巧妙地透露出某些不和谐——"我"对于红色的关注似乎太过详细了，远远超过了记忆的程度，甚至超过了"我"对这个女性本身的关注。所以，投射在"我"的妻子身上的红色，似乎更多的是"我"想象下的产物。

而如果同时分析棋和"我"的妻子两个角色时，红色似乎是在暗示她们的形象都不是真实的，而是我内心欲望投射出来的产物，因而红色意象群的大规模使用也加深了小说中的不可靠之感。

（二）蓝色：梦幻的象征

蓝色在传统语境中，往往与天空、大海相关联，代表着理智、深沉、博大宽容的精神境界，相较之下，《褐色鸟群》中的蓝色则显得阴郁而神秘，与虚构、梦幻关联，加深了小说内部世界的不可靠性。

在《褐色鸟群》中，蓝色意象群总计出现8次，每次出现都和"水边"这个处所紧密结合在一起。"水边"是"我"为了写一部像是圣约翰预言一样的书而选择的居住场所，充满神秘色彩，它仿佛是乌托邦一样的存在，是处于现实与虚构的交叉处的地方，因而才能在这里写出一本满含预言的启示录。而蓝色群原本就具有一定的神秘色彩，在文本中出现时，作者都特意选用了蓝色群中颜色明度高、通透净澈的颜色，如"青蓝""冰莹的纯蓝""玛瑙似的蓝""银白钢蓝"[2] 等，这样的蓝色很容易给人一种梦幻般

---

[1] 格非. 迷舟 [M]. 北京：作家出版社，1989：34.
[2] 格非. 迷舟 [M]. 北京：作家出版社，1989：63.

的感觉。这些蓝色大多被用来形容夜间的水边，似乎在暗示夜间的水边已经成了一个虚构的梦境，那么"我"在夜间进行的种种叙述自然便也是不真实的。

值得注意的是，在棋出场时，她也曾经眺望过"水边"的青蓝色水线。如果将蓝色视作梦幻的象征的话，在眺望蓝色的这个举动后，似乎就已经在暗示棋已经不再是先前的棋了，或许之前的她确实是一个真实存在的人物，但在眺望过蓝色后，她便是"我"在梦幻中虚构而出的一个叙述声音。

（三）褐色：现实与虚构之间

褐色在小说中出现的最鲜明意象即褐色鸟群，事实上，每当"我"在现实与虚构间徘徊时，褐色鸟群便会出现，它们的出现仿佛是在印证某一种现实，又仿佛在击碎某一种虚幻。

文中褐色鸟群共出现四次。第一次在文中开篇，那时"我"蛰居在水边写书，每天都看见候鸟，在"我"眼里，它们是季节的符号。"我"的书写得很慢，因为"我"担心有一天褐色鸟群消失会把时间一同带走。第二次"我"初次遇见棋，错失了看鸟群的机会，"我"猜测鸟群是在我们说话时飞走的。第三次当"我"进一步回忆往事，准备向棋讲述"我"的妻子及这部圣约翰似的书时，水边的候鸟叠映出了清晰的影子。第四次在文中末尾，"我"讲完了妻子的故事，棋也离开，多年后当我孤身一人等待棋的归来时，她又否定了自己最初的出现然后离开，那时"我"看见褐色的鸟群扑闪着翅膀，掠过水边银色的天空，飞过水边的寓所从不停留。

在这四次过程中，褐色鸟群起到的作用就像是舞台上的幕布，它们每出现一次，旧的叙述者就被新的叙述者取代了，叙述视角有了新的转换，同时，小说中原本的线性叙述时间也被打破，构成了一种混乱的时空结构。所以，褐色鸟群似乎本身就代表了叙述的不可靠性，它们的出现象征了叙述的不同阶段：叙述的暗示与开始、叙述者的转变与叙述的结束。

第一次"我"在水边写书时看见了褐色鸟群，"我"所写的这本圣约翰寓言的书是为了献给"我"从前的恋人，她在30岁时亡故，之后"我"再没有见过她。这里包含了三个层次的时间，分别是写书的现在，回忆恋人的过去和完成书的未来，因而，这里出现的褐色鸟群在暗指时间的不确定，也暗示整个叙述是建立在这种不可靠的时间上的。第二次褐色鸟群的出现伴随着棋登场，"我"错失了看候鸟的机会，于是，叙述者便变成了棋。第三次褐色鸟群出现时，又一个新叙述者，"我"的妻子即将登场，"我在决定如何向棋叙述那些事时，颇费了一点踌躇。因为它不仅涉及我本人，也涉及我在'水边'正在写作中的那部书"[1]。此处,"我"的妻子的故事由创作预言书的初衷引入,新一部分的叙述在过去与现在、现实与虚构中开始。当第四次"我"再看见褐色鸟群时,"我"的书还未完成,但书中的故事与结局讲完了,棋从一开始就没有出现过、"我"的妻子与前夫之间也似乎蓄积过一场阴谋,这似乎暗示着所有的故事从一开始就是被"我"虚构而出的。

褐色鸟群四次出现代表四个叙述环节,它们环环相扣:下一位叙述者都是由上一位叙述者的叙述引入,而下一位叙述者在叙述过程中所在做的,都是对上一位叙述者的叙述进行解构与否定。

可以说,褐色鸟群的每一次出现所在做的其实是在击碎上一层叙述中的虚幻性,然后奠定下一层叙述中的可靠性。但最终,当褐色鸟群最后一次出现时,所有的叙述都被击碎,唯一被印证的事实是"我"还在写一本书,关于棋和"我"的妻子的故事,甚至她们的存在都变成了未可知的东西。至此,褐色意象群的运用让文本最终只剩下了一个不可靠的内部世界。

四、总结

格非通过三个叙述者相互遮蔽的叙述、小说时间设置上的内部错乱及红蓝褐三个色彩意象群的使用,反复对小说文本的可靠性做出冲击,让读者迷失在他所创建出的意义迷宫中。最终,在《褐色鸟群》中,格非创造出了一个充满不可靠感的文本世界,而这种不可靠感也正是《褐色鸟群》这个文本值得反复品味的魅力来源。

指导教师评语:

格非是先锋文学代表作家,小说具有实验性特征。论文以其早期小说《褐色鸟群》为切入点,分析了其中文本可靠性的消解过程,选题有意义。论文论述观点正确,材料比较充实,叙述层次分明,有较强的逻辑性。论文文字通顺流畅,行文符合学术规范。(房伟)

---

[1] 格非. 迷舟[M]. 北京:作家出版社,1989:44.

谈王德威的"抒情传统"研究

——以其对沈从文的论述为例

2018级　叶小舟

王德威作为当前海外汉学界的领军人物,其众多研究得到了学界的广泛关注。自2006年开始,王德威通过一系列论述构建起对"抒情传统"和中国现代性的相关研究,并在此框架下花大量篇幅讨论了沈从文的意义。王德威在其长文《"有情"的历史:抒情传统与中国文学现代性》[1]中将沈从文作为"抒情主义"文学流派的重要作家之一,又在《剑桥中国文学史》[2]下卷"1841—1937年的中国文学"中的"抒情中国"部分继续将沈从文作为抒情作家中的代表,其后在《抒情传统与中国现代性》[3]《史诗时代的抒情声音》[4]等一系列专著中皆强调了沈从文的三次"启悟"及其"抒情考古学""抽象的抒情"等思想实践。考察"抒情传统"研究中对沈从文的论述,可为我们理解并讨论王德威的这一研究提供切口。

一、王德威的"抒情"概念

无论是在中国还是西方的文学和思想传统中,"抒情"都是一个基本的观念,但中西方传统中的"抒情"内涵存在差异。"抒情"一词在中国文学中最早出现于屈原《九章·惜诵》中"惜诵以致愍兮,发愤以抒情"[5]。中国古代文论中没有关于抒情概念的单独论述,在"诗言志"和"诗缘情"

---

[1] 王德威:"有情"的历史:抒情传统与中国文学现代性[J]. 中国文哲研究集刊,2008(33):73-137.

[2] 孙康宜,宇文所安. 剑桥中国文学史:下卷[M]. 刘倩,等,译. 北京:生活·读书·新知三联书店,2013.

[3] 王德威. 抒情传统与中国文学现代性[M]. 北京:生活·读书·新知三联书店,2018.

[4] 王德威. 史诗时代的抒情声音[M]. 北京:生活·读书·新知三联书店,2019.

[5] 朱熹. 楚辞集注[M]. 蒋立甫,校点. 上海:上海古籍出版社,2001:72.

的文论体系[1]中,"诗缘情"一脉可视为中国古典文论中"抒情"的体现。在中国古典文学语境中,抒情不仅单指个人内心情思的抒发,还强调个人情感表达与政教目的有直接联系。在西方,"抒情"最早出现于亚里士多德的《诗学》,亚里士多德将文学分为戏剧、史诗、抒情诗三大类。"抒情诗"在西方传统语境中被明确界定为在史诗戏剧传统之外的一种文类,其特征是直接抒发作者自我的情感意志,题材也多与主体的心灵感悟相关。19世纪欧洲浪漫主义文学运动兴起,抒情文学席卷文坛,之后影响深远。至中国"五四"时期,随着各类外来思潮涌入,"五四"学人们逐渐关注到西方语境中的抒情内涵,一时间对此讨论者众多[2],中西方抒情传统开始逐渐得到沟通与交流。

在这样不断交融的中西语境下,王德威的"抒情"概念是横跨并超越了中西抒情传统的一个广义能指。一方面,王德威将中国古典文学传统中的主流思想如儒家、道家、禅宗等皆融会交织于"抒情"观念中,"我所谓的这个抒情传统包括'发愤以抒情'的传统,'兴、观、群、怨'的传统,'缘情物色'的传统"[3]。另一方面,王德威从比较文学视角回溯了新批评、欧洲左翼思潮、存在主义、解构主义各流派学者对西方抒情议题的讨论,指出"抒情"的一个重要表征是结合了西方浪漫主义的想象和多样的表达方式。在横跨中西抒情传统的基础上,王德威的"抒情"不仅指个人自我的情绪,还强调了个人面向社会和历史的感性反映。王德威进而将"抒情"从文学创作方式延伸至其他艺术、文化、美学的各个层面,将其作为一种本体论的指导和标准,使"抒情"具有广义性。"抒情的定义可以从一个文类开始……成为一种言谈论述的方式;一种审美愿景的呈现;一种日常生活方式的实践……一种政治想象或政治对话的可能。"[4]

王德威将"抒情"作为在"革命""启蒙"两大向度外另一个能够代表中国文学现代性和现代主体建构的面向。中国现代历史处在纷杂动荡的"史诗"时代,然而在革命、启蒙两大维度之外,抒情论述始终贯穿了中国文学的话语实践。从清末开始,文人的诗歌创作如龚自珍的诗,通俗小说如刘鹗的《老残游记》、吴趼人的《恨海》都一脉承袭了个人在国家时代环

---

[1] 相关论述可见朱自清. 诗言志辩 [M]. 上海:开明书店,1947:1-48.
[2] 此时关注到西方抒情内涵的有周作人、钱锺书、康白情、郭沫若等人,相关论述可见张松建. 抒情主义与中国现代诗学 [M]. 北京:北京大学出版社,2012.
[3] 王德威. 抒情传统与中国现代性 [M]. 北京:生活·读书·新知三联书店,2018:348.
[4] 王德威. 抒情传统与中国现代性 [M]. 北京:生活·读书·新知三联书店,2018:72.

境下的"感时忧国"[1]情结。在现代文学语境中，鲁迅、郭沫若、汉园三诗人等的创作可视为吸纳西方思潮和回应古典缘情传统的典范，其后沈从文的创作生涯和人生轨迹更是深刻彰显了抒情的痕迹。王德威将"抒情"作为中国现代主体性生成发展的考察层面，在此意义上推动其"抒情传统"研究向纵深展开。

二、"抒情传统"研究中的沈从文

（一）具有多元面向的"抒情"

王德威从多个层面阐释并肯定了沈从文的"抒情"。沈从文在20世纪30年代开始进行抒情创作，1933年的《湘行散记》对一系列湘西世界风俗人情进行白描，引领读者进入梦境般的湘西文化世界，沟通了历史与当下。自20世纪40年代以来，沈从文开始尝试实验写作形式，在小说中利用诗化的语言写作，逾越了文类界限，将反讽作为自觉的修辞模式，在一定程度上背离了写实主义传统，对现实进行了深刻想象。[2]在绘画和图像方面，王德威谈到了沈从文的三次"启悟"——1947年所见黄永玉的木版画、1949年所见张兆和大学时代参加篮球队的照片、1957年附在信中的三幅画。王德威强调了沈从文的绘画是"抽象"的作品，不具备存在的实质性意义，这是沈从文在表达自己对史诗时代的抗拒，有一种悲凉的意味在其中。20世纪60年代沈从文在《中国古代服饰研究》序言中将自己的研究与小说、散文相提并论，再次展示出其对文类混搭和文本想象建构的尝试。沈从文的服饰研究从艺术品引发对古典文学、历史事件、民俗变迁的考察，在王德威看来，这是一种"缘情"的写作，带有很强的随机性和主观性，并通过服饰研究隐喻了时尚符码与国家权力的关系。

王德威进一步指出，"抒情"贯穿了沈从文一生工作实践的全部内容。尽管王德威重点采用的研究材料为沈从文1949年之后的文章、著作、书信等，但他的抒情传统研究没有将沈从文的创作完全割裂开来，而是注意到了沈从文的抒情与其早期乡土书写和生命体验的联系，并考察了沈从文在绘画、图像等多方面的抒情启悟。王德威注意到，楚文化给予了沈从文一

---

[1] 关于"感时忧国"的论述可见夏志清. 中国现代小说史[M]. 刘绍铭，等，译. 香港：香港中文大学出版社，2001.

[2] 相关论述可见王德威. 写实主义小说的虚构：茅盾、老舍、沈从文[M]. 上海：复旦大学出版社，2011：222-233.

种命定的悲剧性，这种创伤感成为沈从文抒情的重要动力，贯穿了其文学、艺术学术研究的全部过程，使其抒情实践呈现出承续性的特点。

正因为"抒情"的承续性，王德威还注意到在创作和研究之外，"抒情"其实成为沈从文构建的自我精神出路和处世哲学。在动荡的史诗时代经历政治意识形态和个人情绪的考验后，转向"抒情考古学"的沈从文以"抽象的抒情"作为安身立命的方式。对沈从文而言，"抽象"是从纷杂的生活素材中建立艺术秩序的过程，沈从文在这一过程中得以沟通外界与自我，感知时间的流逝，以此探寻历史的意义，在时代洪流下获得个人安身立命的可能。王德威将沈从文自20世纪40年代至60年代的"抒情考古学"做了详尽分析，认为其"不仅意味着沈从文考掘一个已逝文明的物质文化与环境资料，也意味着他研究埋藏在时间废墟里的人的情感与种种想象；'抒情'既指沈从文自我反思的诗情，也指他对中国人浮沉在时间之流下的情感响应"[1]。在自杀未遂13年后，沈从文在古代服饰研究领域中通过抒情超越了史诗时代的种种狭窄规范，在个人和历史之间找到了平衡之处，开启了生命的另一维度。

由此可见，王德威在"抒情传统"研究中将沈从文的创作和人生历程当作一个完整、立体的文学文化现象来进行多方位考察。"抒情"既是沈从文自20世纪30年代便开始且不断承续发展的文学创作，而且延伸至了沈从文对图像、绘画、服饰研究的思考实践，并且作为沈从文的精神出路，在其从文学创作至服饰研究的实践转变中发挥了重要的指引作用。王德威的抒情传统研究详尽揭示出了沈从文"抒情"的整体性，关注抒情主体内在的心灵世界，为我们展现出一个完整、立体的沈从文，再将其放置史诗时代进行关照，就更能体现"抒情"的独特与可贵。

（二）被史诗时代所压抑的"抒情"

王德威将沈从文的全部实践经历作为一个完整对象去认识，体现了其"抒情传统"研究是基于文学文化现象本体的思考。然而，这一整体性现象无论是在当时政治文化语境还是日后的文学史研究中都或多或少被压抑。

沈从文在1961年《抽象的抒情》一文中写道："他幸又不幸，是恰恰生在这个人类历史变动最大的时代，而恰恰正在这个点上，是个需要信仰单纯、行为一致的时代。"[2] 沈从文在众人高呼"革命写实主义""革命浪

---

[1] 王德威. 史诗时代的抒情声音 [M]. 北京：生活·读书·新知三联书店，2019：154.
[2] 沈从文. 抽象的抒情 [M] //沈从文全集：第16卷. 太原：北岳文艺出版社，2002：534.

漫主义"的史诗时代里无法全然放弃他作为人文知识分子的思想深度、不满足于对现状的灵敏感觉和思考、扎根于乡土的生命经验,这使得他几乎被主流抛弃:1948年,沈从文被贴上"桃红色作家"标签,次年至历史博物馆开始美术工艺品研究,至此远离文坛。1949年年初,沈从文的自杀举动深刻体现了其作为人文知识分子面对这个"信仰单纯、行为一致"时代的痛苦。沈从文的"抒情"是被当时那个史诗时代遮蔽的,而王德威对他的挖掘无疑为我们重新认识中国文学提供了参考。

中国大陆主流文学研究对于"史诗时代"有着执着的热情。中国现代文学史写作中一直有一种精神史的范式,倾向于以某种预先设定的精神观念或时代主题为标准,以此判断作家和作品与之相符的程度,再进行归类放置。自20世纪80年代以来,随着一批学者对"重写文学史"[1]的呼唤,文学史写作在一定程度上有了更多元的标准与范式。但尽管如此,观念先行的做法仍占据了现代文学研究的主流,五四传统中启蒙、革命两大观念和由此发展的现实主义写作路径成了现代文学研究中最为人所关注的部分。在20世纪80年代之前,沈从文由于对"史诗时代"有过批评的言论,因而在两岸文学史中都属于被压抑的状态。自20世纪80年代以来,随着夏志清《中国现代小说史》、金介甫《沈从文传》等海外学者的研究传入并引起较大反响,中国学界开始重新评判沈从文的文学史意义。如今中国大陆主流文学史和文学批评多肯定了沈从文对湘西世界"牧歌"式的书写,然而,精神史范式和观念先行的方法使得大陆对沈从文更为复杂多元的写作层面往往缺乏同等深入的关注。王德威的"抒情传统"研究将沈从文的人生和创作作为一个立体完整的现象来阐释,在一定程度上弥补了中国学界对沈从文研究的不足。在王德威的研究中,沈从文的全部人生经历和创作实践都可以被放置在"抒情"的视域中被重新认识,这一复杂的整体性现象并不是可以用一种观念或主题就能解释清楚的,需要我们从本体出发进行多层面的考察,还原其本来面貌。

王德威挖掘出了沈从文被史诗时代所压抑的"抒情",在启蒙、革命等史诗时代的共同话语之外,沈从文的抒情写作呈现了个人与时代的碰撞和交锋,这未尝不是我们研究现代文学的一个角度。沈从文在家书中将中

---

[1] "重写文学史"由陈思和、王晓明1988年在《上海文论》杂志上主持"重写文学史"专栏时首次正式提出,相关探讨可见《上海文论》1988年第4期至1989年第6期。

国历史分为"事功"和"有情"两种[1],他本人执着于挖掘"事功"传统下"有情"的历史,他的一系列创作实践也可被视为一个"有情"的声音,在史诗时代抒发人文知识分子的个人思索,且在个人的抒情中传达出对时代的思考。在王德威看来,沈从文的实验写作等实践是与史诗时代相背离的,沈从文的抒情写作是出于"'现实'并不能自我表现,而是需要被表现",他"使用抒情方式描绘中国现实,从而质疑了现实主义在'反映'世界中的特权位置,同时也重新划定了抒情主义的传统边界"[2]。沈从文的抒情是时代"共名"下知识分子的"无名"[3]思考,在崇尚"事功"的大环境中,沈从文以"有情"传递了另一种声音,以抒情作为个人参与现实建构、参与政治想象的可能。在王德威看来,"抒情"也能体现中国文学现代性和现代主体建构的过程,可以为中国文学研究打开新的向度。

三、王德威"抒情传统"研究的问题和局限

王德威在其"抒情传统"研究中将沈从文视为用抒情在一定程度上反叛、背离了史诗时代的"事功",拒绝"介入"主流话语的作家。笔者认为这样的研究阐释存在一些问题和局限。

《抽象的抒情》等文章不仅是沈从文对抒情传统的回顾,还是他自身志向的体现,王德威将其理解为抒情主体与史诗时代现实政治保持距离的方式。然而笔者认为,沈从文的抒情并非拒绝"介入"现实,而是一直在做沟通自我与时代的努力。沈从文是一个具有承担意识和使命感的知识分子,他没有一直想象自己处于游离在社会人群之外的状态,1983 年在沈从文在文章中写道:"卅年学习,认真说来,前后只像认识十一个字,即'实践'、'为人民服务'、和'古为今用',影响到我的工作,十分具体。"[4]尽管我们不能忽略诸如此类文字中时代的特殊痕迹,但其也能在一定程度上体现

---

[1] 沈从文,张兆和.沈从文家书:1930—1966 从文、兆和书信选[M].台北:台湾商务印书馆,1998:186-187.
[2] 王德威.抒情传统与中国现代性[M].北京:生活·读书·新知三联书店,2018:40.
[3] 关于"共名"和"无名"的论述可见陈思和.中国当代文学史教程[M].上海:复旦大学出版社,1999.
[4] 沈从文.无从驯服的斑马[M]//沈从文全集:第27卷.太原:北岳文艺出版社,2002:380.

沈从文的真实想法。既然在王德威的研究中，"抒情"是一个所指范围宽广的概念，那么考察沈从文的抒情，便不能忽视这些体现与时代共鸣紧密联系的文字，而只关注被压抑的感伤声音。王德威的"抒情传统"研究似乎显示出了一种对革命、启蒙叙事史观传统的抗拒，这样的做法难免令人产生怀疑。

此外，关于沈从文绘画的阐释问题，已有学者提出了对王德威的批驳，李军《沈从文四张画的阐释问题：兼论王德威的见与不见》就通过图像阐释逻辑和历史证据的相互关系详细探讨了沈从文绘画的内涵，并指出王德威的理解有所偏颇。[1] 笔者认为，王德威研究中"抒情"概念的广义性使他能够在各方面自圆其说，对沈从文做出独特的阐释，但也正是因为"抒情"的界定十分宽泛，往往不容易精准把握阐释的程度，这或许是王德威研究的局限所在。

笔者认为，关于沈从文20世纪40—60年代创作衰退、方向转变和心路历程的变化应以更详细的资料客观论证，王德威的"抒情传统"研究或许无意中存在以偏概全和过度阐释的嫌疑。

四、结语

王德威在横跨中西"抒情传统"的基础上对"抒情"概念进行了丰富，"抒情"是中国古典文学中抒情的延续，也吸纳了西方浪漫主义的表现形式，具有多层面的内涵和广阔的阐释空间。在"抒情传统"研究框架下，王德威将沈从文的创作实践和人生经历作为了一个完整立体的文学文化现象，"抒情"既是沈从文文学艺术创作和学术研究的重要主题，也是沈从文的处世哲学。在史诗时代的话语建构和日后的文学研究中，沈从文的"抒情"始终处在被压抑的状态，王德威对他的整体性考察不但为我们认识立体多面的沈从文提供了参考，而且能够帮助我们跳脱出精神史范式和观念先行的束缚，从新的维度考察中国文学现代性的生成过程。

王德威赋予了"抒情"广义的内涵，但也因此似乎对沈从文的抒情有以偏概全和过度阐释的问题。对于抒情传统与中国现代性的关联问题，需更全面的材料考证，以克服广义的"抒情"概念所带来的研究局限。

---

[1] 李军. 沈从文四张画的阐释问题：兼论王德威的见与不见 [J]. 文艺研究, 2013（1）: 129-139.

指导教师评语：

"中国抒情传统"这一命题从1971年陈世骧以比较文学的视野提出以来，经高友工、王德威等人发扬，于广泛地讨论中衍变，已成为当代显学。该文章发现了王德威将"抒情"的讨论范围扩展为"抒情传统与现代性的关系"，以沈从文"被压抑"的抒情为例阐释王德威"抒情"研究的整体性与独特性。该文章的点睛之处在于，指出因"抒情"范畴的过度扩张，王德威的论述存在以偏概全和过度阐释的问题。这也启示后辈研究者，虽然一部文学作品的完成需要作者的创造与读者的审美再创造，但阐释的前提是适度原则与全面考证，而非牵强附会。（臧晴）

20世纪80年代以来"鬼魅叙事"的继承与新变

2018级　何映辉

"鬼魅叙事"是学者王德威评论中国文学时使用的术语，指中国自六朝以降探讨人鬼、虚实关系的灵异叙述。王德威在文章《魂兮归来》中对中国文学的"鬼魅叙事"一脉做了较为全面的梳理与述评，指出20世纪此一传统遭遇五四后戛然而止，却在80年代"卷土重来，而且声势更胜以往"，问题在于"新中国的土地自诩无神也无鬼，何以魑魅魍魉总是挥之不去？当代作家热衷写作灵异事件，其实引人深思"[1]。对此，本文认为既要关注到当代作家作品对以往"鬼魅叙事"传统的继承，又不可忽视其与自己时代情境相联系而变化出的新质。

一、"鬼魅叙事"的个体性与异质性

"鬼魅叙事"以个体性与异质性为主要特征，这是由其产生方式所决定的。"鬼"与"魂"是世俗关于死亡想象的衍生物，存在于非理性、非主流的话语体系当中。文学中"魂兮归来"的呼唤自《楚辞·招魂》始，模仿民间招魂的习俗，表达强烈的个人激情，呈现出与《诗》之"温柔敦厚"的"言志"传统截然不同的特征。这一线索发展至清，以蒲松龄的《聊斋志异》影响最广。蒲松龄自命为"异史氏"，"异史"就是依个人感受、民间视角修的一部摹写世貌人情的现世史，具有区别于叙写家国大事的"正史"的特征。20世纪80年代的"鬼魅叙事"继承了这些特征。

"鬼"与"归"义同，鬼魂是过去时代的来客，是历史与记忆的化身，这一点王德威已有讨论。本文注意的是，鬼以灵魂的形式归来，目的是弥补在人间的未竟之事，他不受人间律令的约束，因而更能反映个体的原始人性。清代纪昀的《阅微草堂笔记》中就有鬼延续生前的欲念，甚至死后

---

[1] 王德威. 历史与怪兽：历史，暴力，叙事 [M]. 台北：麦田出版社，2004：233.

仍为人欲所困的故事：嗜酒鬼因醉酒而被棒打散形，夭折的女鬼"本贞魂，犹以一念之差，几失故步"[1]，这与人的贪欲和色欲实相一致。莫言20世纪90年代的作品《奇遇》继承了借鬼体认人性的做法。小说中，"我"遇见邻居赵三大爷，他惦记着自己欠"我"父亲五元钱，坚持请"我"把烟袋嘴捎给父亲抵债，回家后"我"才知道自己见到的竟是鬼魂。小说末尾，莫言借叙事者之口说道："原来鬼并不如传说中那般可怕，他和蔼可亲，他死不赖账，鬼并不害人，真正害人的还是人，人比鬼要厉害得多啦。"[2] 可见，鬼魂有人形、能人语、有人性，写鬼亦是写小人物之个体的一种方式。

在个体性的挖掘上，李碧华发表于20世纪80年代的《潘金莲之前世今生》与《满洲国妖艳—川岛芳子》更为细腻。在传统的"人"的叙事中，潘金莲背叛丈夫，川岛芳子背叛国家，在中国"家-国"同构的父权制社会视角下，两个女人似乎都是"罪大恶极"。但李碧华借"鬼魅叙事"刺穿了为时代与集体所忽视的另一面。李碧华让潘金莲在现代重活一世，用"今生"重写"前世"的结局。潘金莲跳入轮回，转世成为单玉莲，她有血有肉、敢爱敢恨，相形之下，武龙（武松的转世）则显得虚伪懦弱、犹豫迟疑。《满洲国妖艳—川岛芳子》中，川岛芳子以假死之身隐匿于人间，战后多年，她在东京街头一闪而过，一己之身承载了中日双方战时的历史，在繁华的东京成为"幽幽的前尘幻觉"[3]。作者着意写她身穿白绸布和服，既是女子对自己纯洁本性的追怀，也是一种悼亡。通过塑造含恨转生的"鬼"与活在历史夹缝中的"魅"，李碧华表达了对潘金莲与芳子以女子之一身面对男性搬演之时局而避无可避的理解与同情。由此也可见出"鬼魅叙事"关注民间异质性成分的传统。

如前所述，"鬼"是民间想象的生成物，它与死亡、阴暗的意象紧密相连，是生命力与光明的背面。在中国"鬼魅叙事"的传统中，常常出现被主流社会排斥的成分，如女子（尤其是寡妇）、僧人、道士、流浪汉、残疾人、同性恋等。因此，"鬼魅叙事"在发展线索中渐渐从最初实信其有的"鬼"（死"鬼"）变化成为比喻意义上的"鬼"（活"鬼"）。人关于自我的意识永远伴随着"他者"，"鬼"对于人就是这样的存在，人借死"鬼"定义自己的活，借活"鬼"反证自己的群体归属，所以往往不是"驱

---

[1] [清] 纪昀. 阅微草堂笔记 [M]. 南京：凤凰出版社，2010：17.
[2] 程帆. 中外微型小说精华 [M]. 长沙：湖南教育出版社，2012：53.
[3] 李碧华. 秦俑 满洲国妖艳—川岛芳子 [M]. 广州：花城出版社，2001：317.

鬼",而是主动找"鬼"。王德威在《魂兮归来》中介绍了台湾作家林宜沄的小说《捉鬼大队》,故事里民众热心检举他们认为的鬼,有精神病患、江湖郎中、弃妇、无业游民等,对非主流群体的离奇想象和偏见如此之深,以致真鬼到来都备受冷落。

除揶揄而外,因为"鬼"本不正大光明,所以"鬼魅叙事"还可尽情发掘阴暗角落不被主流社会所接纳的人情。20世纪80年代以前,有张爱玲的《第一炉香》与《金锁记》,两篇小说各塑造了一个生活在鬼气里的寡妇。梁太太在古墓般的别墅里像末世的慈禧太后,以与年轻男孩恋爱为乐。曹七巧则怀着对小叔子的畸恋,畏缩在烟榻上。白先勇《游园惊梦》里的钱夫人也是这样,在纸醉金迷的世界里压抑自己不见于世的情欲,自由了也老了,所以不断幻化出过去的回忆与现实交错,记忆于是被打造成一个封闭的鬼世界。20世纪80年代以后的作品也继承了"鬼魅叙事"对不寻常情感的书写。香港作家马家辉于2016年出版的小说《龙头凤尾》,讲述了1936年前后黑社会龙头陆南才与英国殖民官员张迪臣的跨国同性爱情。除他们外,恋童癖老男人、乱伦的妻子、同性恋妓女等各色人物也接连出场,诡秘的仪式、鬼气森森的场景和意义不明的对联更增添了时局的混乱与魅惑。书中有一联曰:"永不能见,平素音容成隔世;别无复面,有缘遇合卜他生。"[1]对应着陆南才感到被背叛而杀死张迪臣的情节。张死后,他把手臂上的"神"字文身(广东话里,"神"就是"臣")用火烧掉,留下一道厚而硬的结疤,像是竖起墓碑埋葬一个鬼魂与他隐秘的爱情。

二、20世纪80年代以来"鬼魅叙事"的新变

除了继承"鬼魅叙事"传统的个体性、异质性特征外,20世纪80年代以来的作品还表现出两点新的变化:一是变形的异质性形象更加突出,替代真"鬼"成为"鬼魅叙事"的主要意象;二是作家开始有意借"鬼魅"书写当下生活世界的"内真实"。

本文前一部分已提及,"鬼魅叙事"之"鬼"最初是人实信其有的死"鬼",后来变化成为比喻意义上的活"鬼",但都保持人形。鲁迅论六朝之鬼神志怪书言:"盖当时以为幽明虽殊途,而人鬼乃皆实有,故其叙述异

---

[1] 马家辉. 龙头凤尾[M]. 成都:四川文艺出版社,2016:301.

事，与记载人间常事，自视固无诚妄之别矣。"[1] 后来经历长期的世情混乱，人不免产生穿梭于生与死、当下与历史的夹缝中的感觉，或如祥林嫂一般被排斥在主流社会之外，虽生犹死，宛如活"鬼"。20世纪80年代以后则进入一个生活相对稳定，思想却不断碰撞、激荡的时期。后现代主义进入中国，掀起重要的文化哲学思潮，秩序被打破，价值被消解，主体与历史消失[2]，于是作家不再局限于写人死后的鬼魅，而更多以变形的世界和扭曲的形体表达诡异的感受，这种感受的真实就是一种"内真实"。

"内真实"是当代作家阎连科在阐述自己的"神实主义"小说理论时使用的术语。阎连科提出，传统现实主义所要求的真实是"人的行为与事物的真实"，与之相对，"内真实"则是指"人的灵魂与意识的真实"[3]，"神实主义"即要"发现和洞明江水东流那情理之下的暗漩和逆流，发现现实生活表面的逻辑因果之背后那种看不见的，不被读者、情理与因果逻辑认同的那种荒谬的真实和存在"[4]。其实现的途径即是以想象、荒诞的虚构形式安排小说的意象与情节。

就汉字字形学而言，古代汉语中的"人"与"鬼"都是象形字，两者的区别只在鬼的头（单独的"甶"字本义就是鬼头）长得大且不同。《聊斋志异·陆判》中，陆判将朱尔旦妻子的人头换为死去美女的头，使"人""鬼"不分。朱尔旦死后还魂与妻子料理家事，妻子相对于他又成了活人。这则故事没有对世界、人物进行变形，是换头之事奇特，而非所换之头、换头之人奇特。20世纪80年代以后的"鬼魅叙事"则彻底将"人头"换成了"鬼头"。

运用变形最为人称道的作家是残雪，她在《山上的小屋》中营造出了一个阴郁的、梦魇般的场景。小说中，"我"的一家人从外形到状态都犹如鬼魅，肿大的头、绿色的眼睛、狼眼、墨绿色的脸……总之不似人形。通过这些怪异的感官形象和失常的人物对话，这个家庭的压抑、自私、冷漠和恐怖一览无余，每个人都有秘密，又似乎有一个共同的秘密为他们所秘而不宣。残雪的其他作品中也大量出现了蛆虫、老鼠、苍蝇等景物，尽情地展现荒诞与丑陋，以此描绘一个个没有死亡而鬼气弥漫的世界。可怖之处就在于此，已死的"鬼"无法改变，脱离日常轨道的濒死状态更令人感

---

[1] 鲁迅. 中国小说史略 [M]. 郭豫适导读. 上海：上海古籍出版社, 2019：28.
[2] 王岳川. 后现代主义与中国当代文化 [J]. 中国社会科学, 1996（3）：175-185.
[3] 阎连科. 发现小说 文学随笔 [M]. 天津：南开大学出版社, 2011：152.
[4] 阎连科. 发现小说 文学随笔 [M]. 天津：南开大学出版社, 2011：194.

到威胁，而这种状态不知来自何处，所以无法拒绝。借"鬼魅叙事"，作家事半功倍地传达了一种思想、精神极度混乱的体验。

相似的还有韩少功写作的《爸爸爸》。小说中，主人公丙崽"畸形的脑袋倒很大，像个倒竖的青皮葫芦，以脑袋自居，装着些古怪的物质"，"掉头也是很费力的，软软的颈脖上，脑袋像个胡椒碾锤摇来晃去"。[1] 但就是这样一个外形诡异、神志不清的人得到鸡头寨村人的膜拜，被认为能够上通天机。韩少功在访谈中说："《爸爸爸》的着眼点是社会历史，是透视巫楚文化背景下一个种族的衰落，理性和非理性都成了荒诞，新党和旧党都无力救世……但这些主题不是一些定论，是一些因是因非的悖论……悖论是逻辑和知识的终结，却是精神和直觉的解放。"[2]

福柯在《疯癫与文明》中揭示，"精神病"被当作一种"病"是实证主义泛滥的产物。人们将不符合大多数人情况的情况视作"不正常"，此一"不正常"盖以统计学为依据，借知识权威以执行，不能加以证实或反驳。所以假如视角反转，以"精神病"看"正常人"，那么"不正常"的反倒是后者。文学采用这一视角，则"理性"的虚妄与不可靠便无所遁形。鸡头寨的健壮男子起初鄙视、玩弄丙崽，嘲笑后者的畸形和丑陋。可当他们一厢情愿地相信丙崽是"大仙"，伏拜在地时，他们又比丙崽更为可笑。丙崽长着一颗"鬼头"，缺少知识，不会思考，只会用两句口头禅表达自己的喜恶，高兴时便喊"爸爸"。作者却选择用这样一个失常状态下的"精神病"病患作为代言人，将理性与非理性的模糊和荒诞留给读者思考。

综上所述，20世纪80年代以来中国文学中的"鬼魅叙事"沿袭了传统"鬼魅叙事"的线索，继承了后者以个体生命为中心、以主流社会之外的异质性成分为主要关注对象的叙事特征。在新的时代思潮的影响下，它又发展出了新的变化，体现在意象和情感上。意象上，"鬼魅叙事"之"鬼"不再局限于死魂灵，而更多地扩展到变形的人与世界；情感上，作家们有意借"鬼魅叙事"表现出后现代社会新的症候，不再只着意借"鬼"的对照刻画外在物质世界，而是借扭曲与变形传达了复杂的时代思潮下个人内心的真实感受和体验。

---

[1] 韩少功. 爸爸爸 [M]. 西安：陕西师范大学出版社总社有限公司，2020：2，3.

[2] 转引自：洪子诚. 丙崽生长记：韩少功《爸爸爸》的阅读和修改 [J]. 中国现代文学研究丛刊，2012（12）：1-13.

指导教师评语：

"鬼魅叙事"一直深植于中国文学的叙事之中，其幻魅想象、志异论述虽为民间想象，与现代启蒙提倡的科学与理性迥异，但千百年来已在某种程度上成为民众的精神归宿。本文以王德威在《魂兮归来》所提出的问题"五四时期戛然而止的'鬼魅叙事'，在八十年代何以卷土重来？"为切入口，分析"鬼魅叙事"的个体性与异质性及20世纪80年代以来的新变化。该文章创新之处在于，关注了80年代以来现代作家借"鬼魅"描写当下的真实，消解原始的恐惧、注重审美意义，为读者提供了超越现代性统一结构的叙事视角。（臧晴）

从意象与语言的角度解读海子诗《九月》

2018级　陈嘉盈

海子极具才华,却英年早逝,他在短短几年的时间里就创作出了两百多首优秀的抒情短诗和长诗,同时他也写了很多诗论文章,以散文、提纲的形式,散见于他的日记、诗歌后记等中。阅读《九月》创作前后的海子的一些诗学文论,能够对理解与阐释这首诗歌有很大的帮助。此前对于《九月》的一些评论鉴赏大多围绕三个方面:一是从存在主义哲学的角度进行解读;二是结合诗人的个人经历,将《九月》理解为一首爱情诗;三是将其与传统思想结合,视之为陈子昂式的感时伤怀,认为其延续了中国古典诗歌及文人思想的脉络。这三个方面都有各自的出发点与独特的见解,并给笔者以启示:在对海子的诗歌进行研究时不能忽视中外思想对其创作的影响,此外,还要警惕过度解读,同时也要破除所谓的海子神话,以文本分析来达到祛魅的效果。在解读诗歌文本时,海子本人的诗学理论也不能被忽略。谈论海子的前期创作时,他于1986年8月所写的日记不能不被关注,另外,他在之后两年写的两篇论文——《诗学:一份提纲》和《我热爱的诗人:荷尔德林》也值得引用借鉴。日记中海子论及语言的层次,他说道"当前中国现代诗歌对意象的关注,损害甚至危及了她的语言要求"[1],这告诉我们繁复的意象与流于表面的堆砌只是单调的呈现,这种苍白的美丽会阻碍语言的流动,意象应该与语言相辅相成。这一诗学观点也体现在了海子同年的抒情短诗《九月》之中。

一、远方的意象空间

海子有着独特的诗歌意象体系,如麦子和麦田的意象、太阳的意象、火的意象及死亡意象,而在《海子:诗人中的歌者》一文中,王一川强调,

---

[1] 海子著,西川编. 海子诗全编 [M]. 上海:上海三联书店,1997:880.

"远方"是海子诗歌中一个反复出现的重要意象,在这基础上,杨秋荣做了进一步的探讨,他认为海子诗歌的这些主题意象都可以概括为"青春远行",麦子、太阳、死亡等意象都是从中延展和生发出来的。海子这一"青春远行",本质上是浪子式的,它是一种美学的历险,而非成人的漂泊,它的目的是不可指的远方,而非是回归家园。这一观点并没有在海子诗歌意象研究领域得到完全认可,还有人认为其核心意象是火或者是麦田、土地、村庄等。但在笔者看来,把"远方"作为海子诗歌意象空间中的主题意象有一定的合理性。一方面,"远方"确实是海子诗歌中反复出现的重要意象系列,这在他的众多抒情诗中有所体现。如《祖国(或以梦为马)》中的"我要做远方的忠诚的儿子,和物质的短暂情人"[1],再如《远方》中的"远方除了遥远一无所有"[2]。不仅如此,在海子崇尚的中外诗人中,有如李白、屈原、歌德、荷尔德林、兰波等人都有行走远方的经历。土地的失去、村庄的没落、对肤浅欲望的摈弃、理想的不可实现,构筑了诗人的"远方","远在远方的风比远方更远","远方"在时空上的遥远,使它的存在变得可疑,正如西川所说的那样"海子有一种高强的文化转化能力,他能够随时将自己推向或者存在或者不存在的远方,与此同时,他又能够将这或者存在或者不存在的远方内化为他生命本质的一部分"[3]。另一方面,"远方"作为不确定的乌托邦,可以延伸为另一个重要意象,即"家园",远方与物质家园对立,却与精神家园比邻,所以远方并不能仅仅理解为一个单纯的概念,或是一个空间的指向,或者可以这样说,远方不仅是空间的推进,也是诗人心灵的向度与诗歌美学的历险。

《九月》即抒情主人公或者说是诗人海子一声内心深处的哀鸣。诗歌的开头就这样写道"目击众神死亡的草原上野花一片,远在远方的风比远方更远"[4]。在神秘宗教色彩下,时间与空间融合在了一起。"众神死亡"的时代是人类的一个时间尺度,而所"目击"的"野花一片"却与死亡对照,将生存与死亡相连,将美丽赋予死亡。远方在空间上如此遥远,远方的风更是如此,在非实在的远方若有若无,飘忽不定,于是历史的深邃遥远与

---

[1] 海子著,程一身主编.面朝大海 春暖花开:海子诗选[M].郑州:河南文艺出版社,2017:160.
[2] 海子著,程一身主编.面朝大海 春暖花开:海子诗选[M].郑州:河南文艺出版社,2017:175.
[3] 金肽频.海子纪念文集[M].合肥:合肥工业大学出版社,2009:146.
[4] 海子著,程一身主编.面朝大海 春暖花开:海子诗选[M].郑州:河南文艺出版社,2017:115.

远方的风的虚无遥遥交织在一起,在时间与空间上都无所指向,只有神秘的死亡与它美丽的面纱。"我的琴声呜咽,泪水全无"[1],此时"我"作为抒情主人公开始介入,从一个目击者转为一个领会者,一个传达者,"我"以"我"的"琴声"传达"我"不可言说的悲伤,这一压抑或含蓄的情感,以至于"泪水全无"。

"我把远方的远归还草原"[2],远方最终是乌托邦式的幻想,它与诗人的理想或是心灵一样,只可以想象,不可以达到,于是,"我"只能黯然退场,余留的悲伤与忍受的苦痛在马头琴的木头与马尾至今吟奏泣诉。"远方只有在死亡中凝聚野花一片"[3],于是我们清楚地看到远方面向的是死亡,而野花是在死亡中凝聚而成的生命形态。远方不是漂泊游子的归家,不是荷尔德林的"诗意地栖居在大地上",而是海子在《泪水》中所说的死于途中,或者是《祖国(或以梦为马)》中所说的成为太阳的一生的终点,是凝聚出一片野花的死亡,此时死亡与美丽在诗人的心中已经趋于同义。"明月如镜,高悬草原,映照千年岁月"[4]我们再次被掷入广阔的空间与辽远的时间之中,诗歌的末尾语调轻缓"只身打马过草原"[5],人生的渺然在无尽的永恒的不可达的远方面前,无力悲伤却又毅然而往。远方作为《九月》中的主要意象,与"草原""野花""琴声""明月"构成了海子意象空间的一部分,这些意象与诗歌的语言咏唱一起,承载了诗人的抒情。

二、规律与节奏

海子的诗歌语言往往具有天然的规律与节奏。而这种规律往往体现在诗歌矛盾性的悖论之中。首先是意象的互相对立,"目击众神死亡的草原上野花一片"其中"死亡"的虚无与"野花"的所在是对立而生的,"死亡"

---

[1] 海子著,程一身主编. 面朝大海 春暖花开:海子诗选[M]. 郑州:河南文艺出版社,2017:115.

[2] 海子著,程一身主编. 面朝大海 春暖花开:海子诗选[M]. 郑州:河南文艺出版社,2017:115.

[3] 海子著,程一身主编. 面朝大海 春暖花开:海子诗选[M]. 郑州:河南文艺出版社,2017:115.

[4] 海子著,程一身主编. 面朝大海 春暖花开:海子诗选[M]. 郑州:河南文艺出版社,2017:115.

[5] 海子著,程一身主编. 面朝大海 春暖花开:海子诗选[M]. 郑州:河南文艺出版社,2017:115.

是毁灭，是万物的消失，而"野花"的生长至少从第一层意思来看是生命的希望，是不灭与延续，这就形成了对立互斥；还有"木头"与"马尾"位于马头琴的两端，彼此遥相呼应却又始终无法聚首；高悬的明月映照了千年岁月，而"我"只是个过客，只能短暂地打马过草原，永恒与有限构成了强烈的对照和反差感。其次是前后的情感的彼此映照，"琴声呜咽"的悲怆之感与"泪水全无"所隐藏的压抑或是情感的淡漠形成了对照。这些富有节奏与规律的对照，不仅体现了海子诗歌的极端的浪漫气质，而且以安静的语言在意象空间之中编织了激烈的矛盾感与撕扯感，有限的、微弱的呜咽着的琴声在广阔的、永恒的草原之上响起。这种语言上的对照一方面完善了诗歌的音乐性，满足了普通读者对自然的规律与节奏的阅读期待；另一方面，更是加深了诗歌的哲理性与美学感受。这种诗歌内部各矛盾因素的对立统一还体现在海子其他的诗歌作品中，如他在《太平洋上的贾宝玉》中将世界形容为"美好"又"破碎"，这里体现的是修辞之间的相互矛盾；海子的各种天空与大地是一组常见的二元对立的意象，它们分别代表着飞翔与沉降，向上与向下的两股力量在相互拉扯。在他的诗歌中，我们既能看到太阳、飞鸟、月亮，也能看到土地、村庄、麦田，超脱的渴望与死本能之间相互撕扯，这种分裂产生的张力构成了海子独特的富有规律的诗歌语言。此外，海子的诗歌中含有大量的自我重复，部分评论者认为太多的重复会在无形中增加累赘感，这样一方面会使读者失去想象的空间，另一方面过分的表达反而会使诗歌丧失个人色彩，显得有些单调重复，这也是大多数认为海子评价过高的批评家所持有的观点。但我们应该看到，远方、草原、死亡、野花，以及"我"这个孤独而悲伤的抒情主人公之所以在《九月》这首诗中反复出现，是有它必然原因的。我们可以从海子1986年的日记中了解到，海子对于语言的力量是极力推崇的，他说"意象平民必须高攀上咏唱贵族……人们应当关注和审视语言自身"，这里的重叠复沓就是为了这语言的"咏唱"与意象的融合。这种抒情是强烈迸发的，也体现了海子对诗的艺术的理解，即"对于沉默和迷醉的共同介入"[1]。安静而本质的语言自然流露出孤独与哀伤的情感，永远无法抵达的远方与生命的有限在他的诗中回环往复，相互对照又相互交织，重复的语言下本质是海子自发的无法抑制的抒情，是歌唱幸福与忍受痛苦，所以这不仅是自我的情感抒发还是一种实体的歌唱。海子的重复是自然的，也是诗化的，

---

[1] 刘复生，张宏. 中国现当代文学名著[M]. 北京：蓝天出版社，2008：349.

这尤其体现在《九月》之中。"我的琴声呜咽，泪水全无"[1]这一句在诗中三次重复出现，将诗歌分为三个部分，这三个段落之间情感发生了几次变化，语言的重复在某种程度上遮盖了情感的跳跃，使诗歌在普通读者眼中显得更为自然。此外，压抑的情感与不可避免的流露，死亡与存在，时间的永恒与生命的匆匆，等等，这些在《九月》中处处可见的对比关系经过了诗化的处理，不仅深入了哲理意味，并且增强了诗歌的美学价值。

三、流动与克制

"抒情，质言之，就是一种自发的举动。"[2]这句话出现在海子1986年8月的日记中，为此他还做了生动的补充阐释，他指出一个人首先要是一个恋人、目击者，或是同情他人的人之类的，然后才能成为诗人。他的意思十分明确，可以说比起创造，抒情诗更像是一种伴生，它是个体生命经验自然而然的流泻，所以在这里海子会以"被动""消极"来形容抒情诗。不过由于海子之后还在日记中提出"伟大的诗歌，不是感性的诗歌，也不是抒情的诗歌，不是原始材料的片断流动，而是主体人类在某一瞬间突入自身的宏伟——是主题人类在原始力量中的一次性诗歌行动"[3]，并且将长诗形容为"创造性的"，所以有许多评论者认为这是海子崇尚长诗、大诗，蔑视抒情小诗的依据，他们得出的结论固然是有道理的，但在这里笔者认为可以从另一个侧面去理解，即抒情小诗与诗人自身的生命体验是紧密相连的，不像大诗的创造那样需要封闭自我，消耗生命力，以支撑不断膨胀的想象，诗人真实的、可感知的生命体验如同水一样流淌出来，这是与创造相悖的，被动的流动而出的语言。

"目击众神死亡的草原上野花一片[4]"，诗歌的开篇就已然奠定了基调，这是一个众神陨落，信仰失去的时代，这是时代与现实对诗人，一个理想主义者的个体最直接也是最深刻的打击，精神信仰的退场是诗歌中海子生

---

[1] 海子著，程一身主编. 面朝大海 春暖花开：海子诗选 [M]. 郑州：河南文艺出版社，2017：115.

[2] 海子著，程一身主编. 面朝大海 春暖花开：海子诗选 [M]. 郑州：河南文艺出版社，2017：210.

[3] 金肽频. 海子纪念文集评论卷 [M]. 合肥：合肥工业大学出版社，2009：194.

[4] 海子著，程一身主编. 面朝大海 春暖花开：海子诗选 [M]. 郑州：河南文艺出版社，2017：115.

命个体经验的诠释,并且以抒情的语言自然流淌,之后的整首诗都成了承载海子对人类生存困境思考的小溪,是诗人他的内心、他的精神世界在外部的压迫下最自然的吟唱。所以《九月》作为海子的一首抒情短诗,它的语言本质上就是"行为的深层下悄悄流动的"[1]。优秀的诗歌不是意象的堆砌与拼贴,它需要以流动的语言将它们串联起来,像小溪一样流淌。首先要明确的是,海子的诗歌中确实存在将不同意象直接焊接,省去连接词的现象,意象的过分密集会使得诗歌的表达变得过于强烈,这体现了海子对张力的过度追求。许多评论家将之视为海子诗歌语言的一大缺陷,认为这是意象的死板堆砌。但笔者恰恰认为意象的跳跃与堆砌拼贴是不同的,它的问题在于增加了诗歌语言的深度,但并不损害诗歌的情感流动。海子诗歌的语言不是死板的,不能是那些泛滥的词汇在不合时宜的位置的复制粘贴。它也不是漫溢的无边际的,语言有内在的方向与中心,它具有力量感,而非软绵的漫溢。"远方只有在死亡中凝聚野花一片,明月如镜,高悬草原,映照千年岁月,我的琴声呜咽,泪水全无,只身打马过草原。"[2]诗中没有繁复的意象,"远方""野花""明月""草原"简单而统一,语言之间层层跃进,延伸至不同的方向,于是这些平常的意象都流动起来,得到了升华,营造了具有浪漫特质的诗意。当然诗歌的语言绝不仅仅是简单的流动,或者说是无边际的漫溢,在诗歌中我们同样能够看到诗人语言的克制,海子在《我热爱的诗人:荷尔德林》一文中这样认为"必须克服诗歌的世纪病——对于表象和修辞的热爱……诗歌是一场烈火,而不是修辞练习"[3]。诗歌是安静的、本质的、神圣的,没有烦冗的修辞,正如海子的诗歌中体现的那样,他的语言只是语言本身,不是华丽辞藻的夸耀。《九月》有很多这样的例子,如"一个叫马头,一个叫马尾"[4],诗人将口语化的表达赋予马头琴这个简单而质朴的意象,当"琴声呜咽"而起之时,便显得格外自然,他的悲伤并不放声,只是"呜咽",最简单的修辞,没有多余的修饰,语言的平静下是情感的克制,"泪水全无",最终诗歌中的主人公

---

[1] 海子著,西川编. 海子诗全编[M]. 上海:上海三联书店,1997:879.
[2] 海子著,程一身主编. 面朝大海 春暖花开:海子诗选[M]. 郑州:河南文艺出版社,2017:115.
[3] 海子著,程一身主编. 面朝大海 春暖花开 海子诗选[M]. 郑州:河南文艺出版社,2017:224.
[4] 海子著,程一身主编. 面朝大海 春暖花开 海子诗选[M]. 郑州:河南文艺出版社,2017:224.

"我"也只是"只身打马过草原"[1]，语言的收束使得诗歌徒留了一个失落而孤独的背影。这种语言与情感的双重克制，体现出了诗歌语言本身的力量。

诗人的理想、失去的精神、被边缘的孤独、追寻的意义，甚至他对远方的不停叩问是始终盘绕在他内心的一部分，然而这些并不都是封闭的、不可知的。诗人在诗歌中搭造其独特的意象空间，以富有张力的对立与互相否定形成其自在的节奏规律，最后再以自然流动的语言串联，使《九月》成为一首可读的、可以被体会的抒情诗歌，在诗歌的解读中，读者最终得以与诗人的精神世界相遇。

指导教师评语：

陈嘉盈的这篇论文，选取了意象与语言的角度，从海子诗中的"远方"意象、海子诗歌的语言规律与节奏、情感在诗之语言中的流动与节制三个方面入手，展开分析，揭示了海子的短诗《九月》的创作内涵。选题具有一定的新颖性与研究价值；论文思路清晰，论证较为合理，还能结合海子本人关于诗歌意象与语言的相关阐述来深化对其作品的理解。虽然在语言表达的准确性、文献征引的专业性与规范性等方面尚有不小的提升空间，但总体来说不失为一篇值得被鼓励的论文。（朱钦运）

---

[1] 海子著，程一身主编. 面朝大海 春暖花开 海子诗选 [M]. 郑州：河南文艺出版社，2017：224.

论张恨水抗战小说的创作特色

——以《大江东去》为例

2018级　沈宁欣

张恨水作为中国现代通俗文学史上的大家，影响最为深远、成就最大的就是社会言情小说，比如《金粉世家》《啼笑姻缘》等，他擅长以曲折多变的情节和细腻生动的人物刻画讲述男女之间的爱情纠葛和命运，为广大读者所喜爱。还有一部分世情小说，除了讲述男女之间的爱情故事外，张恨水还在这些作品中展现了当时各阶层的风土人情和时代风貌，比如《春明外史》。总而言之，这些作品的核心内容和基本主题还是围绕男女间的爱情故事和情感纠葛展开的。然而20世纪30年代战争的号角吹响之后，张恨水的创作就有了较大转折。他开始以战争为背景，创作了非常多的抗战小说，比如"抗战三部曲"：《大江东去》《热血之花》《虎贲万岁》。这一阶段的创作相较于之前的作品而言有了一些转型与改变，但是仍具有十分浓烈的个人特色。笔者将以《大江东去》为例简要谈谈这一时期张恨水抗战作品的写作特色。

一、旧体例与新手法

传统小说章回体形式的运用是张恨水作品的一大特色，在《大江东去》中他同样沿用了旧式章回体例。全书总共二十章，每一章回的题目都精练地概括了本章节的主要内容。虽然仍然以章回体旧例为小说的"外壳"，但是张恨水在创作中一直尝试打破这种"旧"。他在作品中体现出明显的现代民主意识，并且尝试了一些新文学的手法，比如以人物贯穿始终的叙事结构，细腻的心理描写，大量的场景描绘等。正如张蕾在《章回体小说的现代历程》中提道："作为一部章回体小说，《大江东去》除了被标上二十回整齐对仗的九字回目外,内容和写法与非章回体的现代小说已无多少区别。"[1]

"中华全国文艺界抗敌协会"成立,从来不参加任何文化团体的张恨水担任了文协的第一届理事,他也是通俗小说家中唯一的理事,"为了民族大计,为了抗日,他改变了自己过去的主张"[2]。这样一种特殊的时代背景,决定了张恨水在小说中的民主性、进步性,他不仅仅只是在写才子佳人、男欢女爱,更是要承担起揭露外敌的罪行,批判日寇的残暴血腥,呼唤起人们英勇抗敌的信念和决心的任务。

《大江东去》与传统小说的不同之处还在于书中有许多的描写段落,例如薛冰如在与江洪、王妈前往武汉的途中看到:"那三棵柳树上,挂了一条人腿,又是半边身体,肉和肠胃,不知是人的还是猪的,高高低低挂了七八串,血肉淋漓,让人不敢向下看。冰如偏着头,三步两步向前直跑。不想停住脚向了正面看时,又不由得哎哟了一声。原来面前横着两个半截尸首,一具是平胸以下没有了,流了满地的血与肠肚,另一具,只炸去小半边上身。衣服被血染透了,人的脸也让血和泥涂成黑紫色。"[3] 在第十四回"炮火连天千军作死战,肝脑涂地只手挽危城"和第十六回"半段心经余生逃虎口,一篇血账暴骨遍衢头"中也描写了大量的战时场景,语言直白袒露,画面感极强,描绘了战争的残酷血腥,同时塑造了正面战场的英雄形象。大量的环境描写和人物心理描写控制着情节开展的节奏,也渲染了抗战时期民不聊生、尸横遍野的惨状,加深读者对历史的印象,深化读者对主旨的理解与体悟。

张恨水有意识地探索传统的通俗小说的"现代化"的转型,在一定程度上改变了传统章回小说的叙事结构。张恨水继承了中国传统小说的衣钵,同时在为通俗小说的转型寻找新的出路,在小说叙事的现代转变方面进行了多方面的探索和创新。为了适应抗战,号召全国各民族人民团结统一,宣传抗战思想。张恨水在创作时,对传统章回小说进行了多方面的改造,这些改造加速了通俗小说"破旧融新"的转变进程,赋予传统章回小说以新的生命。通过吸收新文学及外来文学的某些表现形式,革新了通俗文学的叙事方式,使抗战小说在"俗""旧"的外壳下,萌生出新的可能性。

---

[1] 张蕾. 章回体小说的现代历程 [M]. 北京:北京大学出版社,2016:147.
[2] 张伍. 回忆我的父亲张恨水 [M]. 北京:北京十月文艺出版社,1995:195.
[3] 张恨水. 大江东去 [M]. 长沙:湖南人民出版社,2011:30.

二、小人物和大背景

张恨水曾经提及:"我写《金粉世家》,是把重点放在这个家上,主角只是做个全文贯穿的人物而已。"[1] 从这里我们可以看出张恨水在创作过程中对于"大"和"小"的理解,他强调大的背景和环境,强调小说的整体性和完整性,而没有把重心放在单个的人物上,人物的塑造同时也是为主题和内容服务,这一点在他的社会言情作品中可以窥见,在抗战小说中表现得更为明显。

小说讲述的是薛冰如在丈夫奔赴战场后移情别恋,丈夫孙志坚在战争中死里逃生,最终与好友江洪携手投身革命,独留薛冰如一人在江边怅惘的故事。从情节上看,这仍然是一个言情故事,但事实上作者的重点并不在此,这部小说的重点是当时的现实背景——抗战。薛冰如、江洪、孙志坚三人的情感纠纷和爱情悲剧都是建立在抗战这个复杂的背景下的,没有这个背景,就不会有丈夫孙志坚离家征战,与妻子相别;就不会有妻子被托付于友人送往武汉的决定;更不会有薛冰如在这个过程中移情别恋最终造成了自己的爱情悲剧。从写作构思的角度看,作者先是明确了抗战背景,然后才有了以此为基础的人物和情节。作为小说必备要素的环境和人物处于同等重要的位置,人物和情节成为手段,特定背景下反映的深刻主题才是作者的着重之处。所有人物形象的塑造、人物关系和情节的冲突都围绕抗战的主题展开,所以说战争的背景是作者创作这本小说的初心和核心。

陈惠芬、袁进认为:《大江东去》,谴责女子对抗战军人的负心,虽不乏卿卿我我的成分;但感伤气氛大大减弱,立意主要从抗战的民族大义出发,并不完全局限于男女私情。[2] 作者虽然塑造了薛冰如背叛丈夫、移情别恋的不忠贞的人物形象,但是并没有在对薛冰如的道德谴责上着墨过多。相反,他以江洪和孙志坚的爱国热情、坚守民族大义的胸襟取代了传统言情小说中的伤感缠绵之态,与整个时代氛围交相呼应。个人在时代面前是渺小的,个人的情感体验在国家的危亡面前也是渺小的。

这也进一步可以例证,以《大江东去》为代表的抗战小说重在以抗战的主命题为中心,而非人物的羁绊。张恨水没有完全脱离言情的范围,他

---

[1] 张占国,魏守忠. 张恨水研究资料 [M]. 北京:知识产权出版社,2009:31.
[2] 陈惠芬,袁进. 张恨水抗战小说初论 [J]. 中国现代文学研究丛刊,1983(4):252-264.

试图将一贯擅长的爱情故事与抗战题材相结合，在才子佳人的故事里加入了革命的元素。但总体上仍然是以民族大义为先，儿女情长为后，抗战为主，言情为辅，试图在两者间建立一种平衡。这与他当时所处的时代背景有着莫大的联系，也反映了作者的创作动机。

三、虚构与写实

抗战小说出于它创作目的的特殊性和明确性，作者在构思与写作时就不得不注意到"实况"的描写，从而体现出作品的纪实性和现实意义。

在国难当头的背景下，张恨水以写实的笔触描写了南京沦陷前的东线战场及日军在南京的大屠杀的残酷暴行。小说第十六回"半段心经余生逃虎口，一篇血帐暴骨遍衢头"中，孙志坚借倭兵引领护送下由佛庵去市内购米之机，以沿途所睹、所听和体察，把"暴骨遍衢头"这一惨绝人寰的屠城场景记录下来："日军肆意杀人，路上到处都是死人，死的不但是中国的壮丁，老人也有，女人也有，小孩也有。有的直躺在枯的深草里，有的倒在枯树根下，有的半截在水沟里。而唯一的特征，女人必定是被剥得赤条条的，直躺在地上，那女人的脸上，不是被血糊了，便是披发咬牙，露出极惨苦的样子，有的人没有头，有的人也没有了下半截。有几根电线柱上，有小孩反手被绑着，连衣服带胸膛被挖开了，脏腑变了紫黑色，兀自流露在外面。"[1] 作者以平实的摄像机一般的语言真实地记录下惊心动魄的血腥场面，使得读者有极强的代入感。张恨水还以一个倭兵的角度叙述了日军进南京第二天两个军曹之间的杀人比赛，十二个小时内，分别杀了186人、313人，文字间无一不流露出对这种毫无人性的行径的强烈谴责。这些情景和事件都是真实存在发生着的，作者没有通过侧面描写或者其他委婉的方式，而是以孙志坚的第一视角，直接展示出来，这是属于中国人民的共同的疼痛记忆，是刻骨铭心的"血的印记"。

同时，张恨水也是一个富有想象力的作家，故事发生的背景是客观存在的，但是人物和情节可以是想象与虚构的。在《大江东去》这本书里最典型的虚写就是薛冰如因焦虑与懊丧而诱发的两个梦。分别在第四回"江湖惊噩梦血溅沙场"与第八回"噩耗陷神京且烦客慰"。第一个梦是薛冰如在去武汉途中遭空袭，被困于芜湖沙洲时因十分思念丈夫孙志坚所做。第

---

[1] 张恨水. 大江东去[M]. 长沙：湖南人民出版社，2011：194.

二个梦是在听到南京即将沦陷的消息后因担忧丈夫安危和自己的未来所做。梦境与战况的变化相呼应，起伏相依。梦境反映的也是人物真实的心境，这里通过薛冰如的两个梦暗示情节的进展，也为薛冰如的"叛变"做铺垫。

《大江东去》作为一部文学作品，展现了真实的历史事件，描述了真实了历史画面，为我们认识和了解南京大屠杀的惨烈与创伤提供了文本依据。从中我们也能得知，在对南京大屠杀这一历史事件进行再现，承认这一历史事件的客观性，遵循历史真相的基础下，可以通过虚构与写实相结合的方式，对相关的历史资料进行情节编织与文学创作，实现历史与文学的对话。[1]

从通俗小说到现实主义严肃文学的过渡不是一蹴而就的，我们承认张恨水在作品中反映出的对宏大背景的突出和对日军暴行的揭露批判，也无法否认薛冰如、江洪、孙志坚之间的感情纠葛，从这点上看，张恨水还是没有完全跳脱出言情小说的桎梏。

结语

张恨水在刻画人物心理、描摹人物关系的同时，重现了宏大的历史场景，称赞了以孙志坚、江洪为代表的军人的民族大义，揭发敌人残暴的罪行。张恨水的抗战小说在主题上不仅超越了之前的鸳鸯蝴蝶派，超越了传统的才子佳人的故事，还超越了世情小说的现实意义和时代内涵。他将故事内容和思想主旨置于更加真实宏大的背景下，借助独特的创新性的写作手法表现出对时代潮流的顺应和对社会人生的思考。他将言情与社会、与时代紧密地结合起来，是一次对历史和现实的回应，也是由对独特的个人生命的体验转向对民族的、国家的深切关怀。从这一点看，张恨水的抗战作品是他创作生涯中极为重要的一部分，也是中国现代文学史上不可或缺的一环，具有一定的历史价值。

指导教师评语：

《大江东去》是20世纪40年代张恨水创作的一部长篇小说。这部小说以正面描写南京大屠杀而著名。南京陷落前夕，张恨水才结束《南京人报》

---

[1] 王霞. 南京大屠杀的再现方式与文学表达：以张恨水的小说《大江东去》为视点 [J]. 北京科技大学学报（社会科学版），2015, 31（1）：69-73.

的编辑工作，离开南京辗转重庆。所以《大江东去》记录了张恨水对于南京、对于抗战的真切情感和体验。沈宁欣的论文对《大江东去》做出了较好的论析，指出了这部小说在故事、人物、叙事等方面的特色及在张恨水创作生涯中的重要位置。小说于"真实宏大的背景下"体现出了"对民族的、国家的深切关怀"。(张蕾)

第三部分 外国文学与比较文学研究论文选

"交叉"的三重奏:
结构主义视域下的《命运交叉的城堡》

2018级 李沛琪

卡尔维诺(Italo Calvino,1923—1985)是当代文坛中公认的最有影响的意大利小说家,世界文学经典序列中不容忽视的后现代主义文学大师。从以《通向蜘蛛巢的小径》为代表的早期现实主义作品,到寓言式的短篇小说、童话式的三部曲《我们的祖先》,再到受到现代、后现代创作思想影响的小说《命运交叉的城堡》《寒冬夜行人》《看不见的城市》,他的每部作品都各自构成一个独具魅力的世界,并不断在内容与形式上创新,向阅读者展示思维与思想的超越性,与博尔赫斯、马尔克斯并称为"作家们的作家"。

《命运交叉的城堡》整本书于1973年10月出版,分为《命运交叉的城堡》和《命运交叉的饭馆》两部分,因为风格相似,创作方法相同,均以塔罗牌为叙事工具和文本结构方式,所以书名仍以第一部分的名字命名。[1] 小说借助于塔罗牌展开叙事,自称是受到保罗·法布里的启发,以及 M. I. 列克姆切娃和 B. A. 乌孜潘斯基等人符号学理论的影响,这种多重"交叉"的叙事方式,似乎使这部小说成为卡尔维诺作品中最难读的一部。

国内学术界对《命运交叉的城堡》单篇研究较少,对多部作品的综合研究较多。在中国知网对"《命运交叉的城堡》"词条进行篇名检索,共有12篇,最早对《命运交叉的城堡》进行单篇研究的是中国社会科学院外文所的冯季庆,发表在《外国文学》(2003年第1期)的《纸牌方阵与互文叙述——论卡尔维诺的〈命运交叉的城堡〉》,以"互文手法"和"片段性"指出小说所蕴含的后现代创作思想,其后的论文有从叙事学 [2005年张俊萍发表于《江南大学学报(人文社会科学版)》(第6期)的《一部

---

[1] 车乃韩. 宇宙·自我·文本:解读卡尔维诺的《命运交叉的城堡》[D]. 南京:南京大学,2015.

关于叙事文学的"寓言"小说：评卡尔维诺小说〈命运交叉的城堡〉》]分析心理学［2013 年陕西师范大学王小舟发表于《学理论》（第 17 期）的《〈命运交叉的城堡〉的失语症与自我生成》]、语言和文学形象［2001 年东北师范大学文雅、付瑶发表于《文学界（理记版）》（第 4 期）的《〈命运交叉的城堡〉的独特性分析》] 等角度对小说进行分析，也有探究小说整体意蕴和作家写作观［2013 年兰州大学周小莉发表于《焦作大学学报》（第 1 期）的《〈命运交叉的城堡〉的整体意蕴与卡尔维诺写作观的转变》]、后现代性［2012 年兰州大学周小莉发表于《现代语文（学术综合版）》（第 9 期）的《〈命运交叉的城堡〉的"互文性"特征》]、隐喻诗学（2016 年闽南师范大学唐亚的硕士论文《卡尔维诺隐喻的诗学研究——以〈命运交叉的城堡〉为例》）的研究，2015 年南京大学车乃韩的硕士论文《宇宙·自我·文本——解读卡尔维诺的〈命运交叉的城堡〉》是一部整合多种研究角度的集大成之作。

以结构主义为视域进行研究的仅有一篇，2007 年重庆师范大学王汀发表在《安徽文学（下半月）》（第 2 期）的《叙述交叉的城堡——〈命运交叉的城堡〉中的结构主义色彩》将索绪尔结构主义语言学引入小说研究，可惜篇幅有限，未能深度展开。

本文在前辈研究的基础上，尝试专门以结构主义为视域对小说进行研究。第一章通过把握索绪尔结构主义语言学的能指-所指、系统性原则与小说中纸牌和情节之间的相似对应关系，提出卡尔维诺对纸牌的设计是对索绪尔结构主义语言学的比喻式演绎的结论，为意义"交叉"的纸牌寻找理论解读。第二章从纸牌维度上升到小说整体维度，以自行绘制的纸牌顺序图为基础分析了小说的"交叉"层次，并专门研究《荒唐与毁坏的三个故事》中对的"交叉式"改写，实际上体现出作者受到结构主义叙事学的影响。第三章从前文的形式探讨深入作者创作意图，依据作者的讲稿集《美国讲稿》，证明"纸牌"与故事结合的结构主义式的叙述方式，并不是卡尔维诺设置的阅读障碍，而是卡尔维诺为表达其小说诗学寻找到的最好方式。

第一章　意义"交叉"的纸牌

小说中使用的纸牌一共两套，第一部分《命运交叉的城堡》使用的是以 15 世纪釉彩绘制的微型彩画装饰的子爵塔罗牌，共 73 张；第二部分《命运交叉的饭馆》中使用的是近代以来逐渐大众化的马塞牌，共 78 张。

小说对纸牌与故事结合的设定，如人物失声后用纸牌交谈、同张纸牌在不同故事中出现，是对索绪尔的结构主义语言学"能指""所指"的比喻式演绎，也体现了结构主义语言学的系统性原则思想，使纸牌的意义呈现出"交叉"多义的样貌。

第一节　作为能指的纸牌

"能指"与"所指"来自索绪尔结构主义语言学理论，核心观点是语言是一种表达观念的符号系统，其中，符号由能指（signifier）和所指（signifier）构成，能指代表着符号的形式（如"猫"这个词语的发音），所指代表着符号的意义（如这一声"猫"所提示人们想起的猫的形象、概念等），一对能指与所指是互相联结的关系，最终统一于某个符号（如汉语使用者会用"猫"的语音来描述"猫"的形象或概念，而不会使用"狗"的语音）。

小说中，进入城堡和饭馆的人都无法讲话，"穿越这个树林让我们每个人付出的代价就是失去说话的能力"[1]。而因为能指代表着符号的声音，所以这些"失去说话的能力"的人物的所使用语言已经"断裂"，失去了能指。想要人物继续交谈、情节继续发展，就需要使"断裂"的语言重新恢复，找到新的能指。

"大家都像要学着识别它们，让它们在游戏里充当合适的角色，或者使它们在命运的解读中具有真正意义……却从这些牌里看到了另外的东西……他是要用那张牌表示'我'，准备讲述关于他的故事。"[2] 纸牌的出现替代了人物对话，人物们开始使用不同的纸牌来"讲述"各自的故事，就像这段文字和书中的塔罗牌图示：

　　双手的颤抖和头发的早白都是我们这位倒霉的同桌所经历的一切的最起码标记：在这个夜晚，他

---

[1] ［意］伊塔洛·卡尔维诺. 卡尔维诺文集：命运交叉的城堡等 [M]. 张宓, 译. 南京：译林出版社, 2001：9.

[2] ［意］伊塔洛·卡尔维诺. 卡尔维诺文集：命运交叉的城堡等 [M]. 张宓, 译. 南京：译林出版社, 2001：10.

被分解（宝剑）成为他的原始因素，经过了火山口（宝杯），经历了地球的所有时代，曾经险些成为水晶永久固化的囚徒（金币），经过树林（大棒）痛如刀绞的钻芽又重获生命，直到重新得到自己本身的人形，成为骑在马上的金币骑士。[1]（《犹豫不决者的故事》）

即使不能讲话，这个"犹豫不决者"依然详细地向城堡内众人讲述了自己如何被分解，后又穿越时代、历经艰难，最终重获人形。

在小说的世界里，人物的失语是为纸牌成为新的交流工具做铺垫的。同时也是能指从听觉到视觉的转换，只有城堡和饭馆里是一片寂静的，纸牌才能成功作为语言符号的形式——能指。在这里，卡尔维诺对"失语"别出心裁的设计，是为了实现对索绪尔结构主义语言学中"能指"和"所指"进行的比喻式演绎。

第二节　系统性原则

卡尔维诺在《命运交叉的城堡》后记中表示，自己从语言学家的研究中所获取的主要是"每张牌的意味取决于它在前后牌中的位置这一观念"[2]，这种对于纸牌顺序的强调，体现了结构主义语言学在提出能指和所指的基础上，进一步巩固这一对关系的系统性原则，"（结构主义）语言学的第二条基本原则：语言是一个由各种关系和对立构成的系统，其成分必须按形式上的区别加以界定"[3]。能指和所指之间对应关系的确立，不是必然的，而是任意的，大多根据符号与符号之间的差异加以确定。正如索绪尔的著名陈述："语言中只有差别。"[4] 语言没有固定的内在意义，差异是语言系统的基础条件。

卡尔维诺创建的"命运交叉"的系统亦是如此。小说里的每张纸牌并没有固定的意义，而是普遍多义的，同一张牌在不同位置的意义是"交叉"

---

[1] [意] 伊塔洛·卡尔维诺. 卡尔维诺文集：命运交叉的城堡等 [M]. 张宓, 译. 南京：译林出版社，2001：66.

[2] [意] 伊塔洛·卡尔维诺. 卡尔维诺文集：命运交叉的城堡等 [M]. 张宓, 译. 南京：译林出版社，2001：125.

[3] [美] 乔纳森·卡勒. 结构主义诗学 [M]. 盛宁, 译. 北京：中国社会科学出版社，1991：33.

[4] [瑞士] 费尔迪南·德·索绪尔. 普通语言学教程 [M]. 高名凯, 译. 北京：商务印书馆，1980：167.

的；纸牌的出现顺序也不是随机的，每张纸牌的出现必然与其前后牌构成意义上的联结关系，整个系统里纸牌意义也是普遍"交叉"的。

例如小说里使用"力量"牌的段落——

> 那么，故事的开始可能是这样的：骑士刚一知道自己具备了在最豪华的宫廷里大显身手的资本，就匆匆带上装满金币的行囊起程，去走访周围最有名气的城堡，或许他还抱有为自己寻得一位出身高贵的妻子的念头，带着这些梦想，他进入了树林。

> 与这些排列整齐的纸牌连在一起的，是一张肯定宣告一次厄运的牌：力量。在我们的这套塔罗牌里，这张占命牌画的是一个持械的暴怒者，凶狠的表情，在空中挥舞的棍棒，还有狂怒，这一切都使人对他的恶意毫不怀疑，他将一头狮子一下子就打得躺在地上，仿佛是对付兔子一样。经过很清楚了：在密林深处，骑士遭到一个歹徒的伏击。这些最悲惨的预测被随后而来的那张牌所证实：那是占卜命运的第十二张牌，被称为倒吊者。人们注意到，牌上一个男人穿着紧身裤和短袖衫，被捆着一只脚，头朝下倒吊着。我们认出这位被吊的人正是我们这位金发青年：匪徒将他的钱财洗劫一空，把他倒吊在一棵树上就扬长而去了。[1]（《受惩罚的负心人的故事》）

> 现在，横穿四方形窗口的牌的桥已经达到了正对着的那一边：到了太阳的旁边。一个飞行而逃的小男孩带走了奥尔兰多的智慧之光，飞翔在正被异教徒攻击的法兰西大地之上，飞翔在撒拉逊人的两桅帆桨战船队正肆无忌惮地破浪航行的海上，而基督教世界的这位最勇武强悍的英雄却因精神错乱而迷迷糊糊地躺着。

> 结束这一行牌的是力量。我闭上眼睛，没有勇气看这朵骑士之花变成一场如同飓风或地震一样的盲目的大爆炸。就像当初回教徒军队被他的都林达纳一挥而尽一样，现在他挥舞着大滚杀戮那些在侵略的混乱中从阿非利加来道普罗旺斯和加泰罗尼亚海湾

---

[1] [意]伊塔洛·卡尔维诺. 卡尔维诺文集：命运交叉的城堡等[M]. 张宓，译. 南京：译林出版社，2001：11-12.

的猛兽；一件由黄褐色、杂色带斑点的猫科动物的皮形成的大氅覆盖着经他走过而变得空旷的田野：小心翼翼的狮子，长腿的虎，身躯灵敏的豹子都没能在这场大屠杀中幸存。接下来大概就要轮到大象、犀牛和河马，眼看一层厚皮动物的皮就要使干燥粗糙的欧罗巴增厚。

讲述者那钢铁般顽强的手指移到开头，也就是从左边开始解读下一行。我看到（也听见）大棒五中被这个着了魔的人连根拔起的橡树树干的折断声，我痛惜都林达纳在宝剑七中被遗忘而吊在树上，无所作为，我责备金币五中的对能量和财富的浪费（这张牌被及时添加在空白处）。[1]（《因爱而发疯的奥尔兰多的故事》）

在《受惩罚的负心人的故事》中，力量牌表示"遭遇歹徒"，是由于"力量"之后是"倒吊者"，因此可以组合表示"遭遇歹徒、被倒吊在树上"的情节；而在《因爱而发疯的奥尔兰多的故事》中，"力量"后是"大棒五""宝剑七""金币五"，"五""七"等较大的数字意味着程度大，加上"太阳"，可以组合表示与自然相关的、较大的力量，因此，这里力量牌表示"向自然发泄怒火"的意义，也是根据与其前后纸牌的联结关系（或在纸牌系统中的位置）推导得出。

卡尔维诺在自己的讲稿合集《美国讲稿》中也提到与系统性原则相似的思想，并为这种思想溯源，"卢克莱修就认为字母是不断运动着的原子，由于它们的种种排列才构成了各式各样的词汇与声音。这种思想被许许多多思想家采纳，他们都认为世界的秘密隐藏在文字符号的各种组合之中"[2]。在《命运交叉的城堡》里，纸牌系统的组合不仅使纸牌自身的意义"交叉"多义，也让小说自身的层次和结构呈现"交叉"排列的样貌。

---

[1] [意] 伊塔洛·卡尔维诺. 卡尔维诺文集：命运交叉的城堡等 [M]. 张宓, 译. 南京：译林出版社，2001：35-36.

[2] [意] 伊塔洛·卡尔维诺. 卡尔维诺文集：寒冬夜行人等 [M]. 萧天佑, 译. 南京：译林出版社，2001：342.

第二章　层次"交叉"的故事

小说出版时，所使用的两副塔罗牌图示是附在文字旁的，若将纸牌在小说中出现的顺序称为"纸牌路径"，它们"交叉"排列，仿佛形成一张清晰的网络；而在其中《荒唐与毁坏的三个故事》里，卡尔维诺将莎士比亚的经典戏剧进行了"交叉式"改写，将三个戏剧组合成一个故事——种种"交叉"，都确定了卡尔维诺对结构的明确追求和精心设计。

第一节　"纸牌路径"的"交叉"网络

卡尔维诺在《美国讲稿》第二讲"速度"的开篇，提到了法国浪漫主义作家巴尔贝·多尔维利曾经摘录过的一则传说，大意是，查理大帝由于迷恋上一枚宝石戒指，对宝石戒指的每一位主人也产生了莫名的迷恋。卡尔维诺认为这则传说的真正主角是那枚戒指，正如《疯狂的奥兰多》（意大利文艺复兴时期的叙事长诗）的真正主角并不是奥兰多，而是不断易主的、数不胜数的宝剑和盾牌，它们都是"可以识别的符号，它使故事中的人物与事件之间的联系变得非常清楚"[1]。

而对《疯狂的奥兰多》进行改写的《命运交叉的城堡》也使用了这种叙事方式。在小说的纷繁人物和复杂情节之间，反复出现的纸牌不仅是人物进行表达的工具、情节意义得以呈现的依托，还是构建小说结构的基础元素，"整个方阵已完全被塔罗牌和故事所填满"[2]。

如果将所有在小说第一部《命运交叉的城堡》中出现的纸牌进行排列，可以发现纸牌是如何搭建小说的结构及这个结构的基本样貌的——

如图1所示，纸牌的"交叉"阵列来自卡尔维诺精心的设计，一个故事往往对应两个横排或两个纵列的纸牌——红线对应《受惩罚的负心人的故事》，蓝线对应《出卖灵魂的炼金术士的故事》，黄线对应《被罚入地狱的新娘的故事》，绿线对应《盗墓贼的故事》，紫线对应《因爱而发疯的奥兰多的故事》，橙线对应《阿斯托尔福在月亮上的故事》，《其余所有的故

---

[1]［意］伊塔洛·卡尔维诺. 卡尔维诺文集：寒冬夜行人等［M］. 萧天佑，译. 南京：译林出版社，2001：347.

[2]［意］伊塔洛·卡尔维诺. 卡尔维诺文集：命运交叉的城堡等［M］. 张宓，译. 南京：译林出版社，2001：44.

图 1　纸牌的"交叉"陈列[1]

事》则与以上部分路线重合，这些故事将所有纸牌使用，并构成了规整的纸牌阵列。但小说并没有为了结构而拼凑故事，从《出卖灵魂的炼金术士的故事》中可以看出，卡尔维诺对浮士德故事的改写，从《受惩罚的负心人的故事》《因爱而发疯的奥尔兰多的故事》《阿斯托尔福在月亮上的故事》《其余所有的故事》中又可以看出，"城堡故事"对中世纪骑士传奇、英雄

---

[1] 图示（黑白部分）出自《卡尔维诺文集：命运交叉的城堡等》第43页。笔者在原图之上用实线勾勒出"纸牌路径"。共73张牌，四周单列的9张牌都是人物牌（如"金币骑士""金币女王""宝杯骑士"），大多作为故事的起点。

史诗、古希腊神话等文学体裁的戏仿,保持了卡尔维诺写作一贯的寓言风格和对欧洲经典文学传统的推崇。

同时,一组纸牌的使用顺序如果发生变化,将指涉完全不同的故事。例如在《其余的所有故事》中,新出现的"金币女王"的故事与《阿斯托尔福在月亮上的故事》使用了同组纸牌,但纸牌的路径完全相反,故事就已经从阿斯托尔福游历月球,变成古希腊神话中海伦的故事。卡尔维诺也在故事中表明,"……它们已经交错穿插得非常复杂了。事实上,一个一个破译这些故事已经使我一直到此刻都忽略了最突出的讲述方式,即每个故事都与另一个故事相对,一个同桌摆出他的牌行后,另一个则从其尾端反向引出自己的故事。因为从左向右或从下向上讲述的故事,也可以被从右向左从上向下地解读,反过来也是如此;同样的牌出现在另一方不同的序列中往往变换其意味,而同一张塔罗牌又同时被从东南西北四个基本方位开始讲故事的人所使用"[1]。

第二部分《命运交叉的饭馆》对纸牌"交叉"阵列的设计更加复杂,它们的出现顺序是跳跃式的,纸牌"交叉"阵列呈现出立体的网状结构。从小说后记中了解到,第二部分《饭馆》的写作先于《城堡》,卡尔维诺先是试着把纸牌按照故事情节顺序排列组合,希望从偶然的排列中发现能够书写的故事;但因为始终不能把纸牌按照包容多重叙事的顺序排列起来,只好不断改变游戏规则、总体结构和叙述方案,正如他自述道,"我终日坐在那里,把我的牌摆了拆、拆了摆,绞尽脑汁想出新的游戏规则,勾画出上百种框架、方阵、斜方形、星形,可总是把最重要的牌留在外边,而不要紧的牌都能组合进去,框架变得非常复杂(又是变成三位立方体或多面体)……"[2]

---

[1] [意] 伊塔洛·卡尔维诺. 卡尔维诺文集:命运交叉的城堡等 [M]. 张宓,译. 南京:译林出版社,2001:44.

[2] [意] 伊塔洛·卡尔维诺. 卡尔维诺文集:命运交叉的城堡等 [M]. 张宓,译. 南京:译林出版社,2001:127.

第二节　对经典文本的"交叉式"改写

在整部小说最后一个故事《荒唐与毁坏的三个故事》中，卡尔维诺进行了一场对经典文本的"交叉式"改写实验，即大部分行文直接引用、化用或转述了莎士比亚《哈姆雷特》《麦克白》《李尔王》（李尔王线）[1]的内容。

先简单归纳这三个悲剧的情节（表1）——

表1　相关作品情节表

作品	情节
《哈姆雷特》	哈姆雷特得知父亲死讯回国奔丧、遇到父亲鬼魂得知真相、通过"戏中戏"证实叔父是杀父仇人、错误杀死奥菲利亚父亲、奥菲利亚自杀、与奥菲利亚的兄长雷欧提斯决斗、母亲误喝毒酒死去、决斗二人皆中毒箭、哈姆雷特杀死叔父复仇成功、哈姆雷特中毒而死
《麦克白》	麦克白立功回国路遇女巫、在夫人教唆下谋杀邓肯成为国王、谋杀邓肯侍卫和班柯等人、麦克白夫人精神失常而死、麦克白被削首而死
《李尔王》（李尔王线）	李尔王错分财产、赶走小女儿、失望流浪荒野、小女儿考狄利亚被俘遇害、李尔王发疯而死

可以发现三个戏剧其实存在结构上的共同点，都是"得知某个讯息产生目标或欲望""为目标或欲望实施计划""结局"的模式。

结合小说中纸牌出现的顺序进行关联性研究，如表2所示——

---

[1]　莎士比亚悲剧《李尔王》有两条平行的故事线索，一是李尔王与女儿，一是爱德蒙与爱德加，两条故事线索相互交织。

第三部分 外国文学与比较文学研究论文选 | 155

表 2 关联性研究表

对应情节			纸牌路径			结构梳理
《哈姆雷特》	《麦克白》	《李尔王》(李尔王线)	《哈姆雷特》	《麦克白》	《李尔王》(李尔王线)	
得知父亲死讯回国奔丧 遇到父亲鬼魂得知真相	立功回国 路遇女巫	分财产 赶走小女儿 失望流浪荒野	塔 皇帝 正义 月亮	上帝之家 大棒十 宝剑 女教皇 月亮 巨轮	魔鬼之家 宝杯 月亮 隐士 疯子	得知某个讯息 产生目标或欲望
"戏中戏"证实叔父弑父 错杀奥菲利亚父亲 奥菲利亚自杀 与雷欧提斯决斗 母亲误喝毒酒而死 决斗	谋杀邓肯 成为国王 谋杀邓肯侍卫 谋杀班柯 麦克白夫人精神失常而死	小女儿获释	疯子 情人 缓和 巴尔托 皇后 宝剑 隐士 金币男仆 世界 疯子 宝剑二 宝杯	宝剑女王 隐士	隐士 缓和 星辰	为目标或欲望实施计划
复仇成功 哈姆雷特也中毒而死	众叛亲离 麦克白落得削首	李尔王悲愤疯狂而死	战车——战神 死神	战车——战神 死神	战车 死神 ↓ 太阳 世界	结局

[1] 纸牌"路径"的顺序是从左到右的。《荒原与毁坏的三个故事》对悲剧情节的引用,是按照《哈姆雷特》《麦克白》《李尔王》的顺序转换的。

小说正是以三个悲剧在结构上的共同点为基础，将各悲剧分成三个层次，通过纸牌的切换，将三个悲剧"交叉"组合在一起，形成一个新的故事。而作者之所以可以引用三个悲剧进行"交叉式"叙事，是因为采用了结构主义的方式——

结构主义理论往往把小说看成"由若干系统构成的等级序列"，小说话语单位必须按它们在一个等级秩序结构中的功能来确定。例如罗兰·巴特在《S/Z》中提出的等级序列：义素（lexies）或语义单位—代码（codes）—系统，阅读文本"不仅需要一步步追寻着故事的展开，而且需要确定各种不同的层次，把叙述顺序的横向联系投射到一条隐形的纵轴上……不仅仅是从一个词过渡到另一个词，而是从一个层次过渡到另一个层次"[1]。

作者在进行《荒唐与毁坏的三个故事》的创作前，显然先对莎士比亚悲剧进行了层次的梳理。虽然无法得知其具体的梳理方式，但通过其对莎士比亚这三部悲剧文本的运用，笔者试着推测，在作者眼中存在三个层次——第一个是基本的文字层，是文本中最底层的、未经过凝缩、也无法进一步展开的；在其之上是一个可以作为情节、常被概括和凝缩的层次；再上一层，是可以作为功能、常被用于与其他文本进行对比的层次。

在胡亚敏《叙事学》中，情节是"事件的形式系列或语义层次"[2]，功能被作为情节内部的层次。结合普罗普的观点，功能指的是"对于行动过程意义角度定义的角色行为"[3]，如"王子送给公主戒指"与"皇帝送给主人公一只鹰"是同一功能的，是"宝物落入主人公的掌握之中"，因此，笔者认为，在意义凝缩和展开的语境下，"功能"比"情节"更高一级。

因此，这三个层次可以这样表示（表3）——

---

[1] [美] 乔纳森·卡勒. 结构主义诗学 [M]. 盛宁, 译. 北京：中国社会科学出版社，1991：288.

[2] 胡亚敏. 叙事学 [M]. 2 版. 武汉：华中师范大学出版社，2004：119.

[3] [俄] 弗·雅·普罗普. 故事形态学 [M]. 贾放, 译. 北京：中华书局，2006：18.

表3 三个层次表

层次类型	特征	举例
文字层	最底层、未经过凝缩、也无法进一步展开	鬼魂：你听了以后，必须替我报仇。哈姆雷特：什么？鬼魂：我是你父亲的灵魂，因为生前孽障未尽，被判在晚上游行地上，白昼忍受火焰的烧灼，必须经过相当的时期，等生前的过失被火焰净化以后，方才可以脱罪。可是我不能违犯禁令，泄露我的狱室中的秘密，我可以告诉你一个故事……[1]
情节层	可以作为情节、常被概括和凝缩	《哈姆雷特》：得知父亲死讯回国奔丧、遇到父亲鬼魂得知真相——想要为父复仇
功能层	可以作为功能、常被用于与其他文本进行对比	得知某个讯息产生目标或欲望

"这本小说的目的是描写一部对小说进行大量翻版的机器，而这部机器的出发点则是塔罗牌中可做各种解释的图像。"[2] 如果这个"大量翻版的机器"的原料是纸牌，那么运作原理就是结构主义思想。无论是对纸牌"交叉"网络的精心设计，还是对经典文本的"交叉"叙事实验，都能看出卡尔维诺在小说创作中对结构的重视与探索。

第三章 影响"交叉"的卡尔维诺小说诗学与《命运交叉的城堡》

卡尔维诺在创作的同时，长期担任编辑工作，对文学批评和文学理论做了深入的探讨，形成了独具魅力的小说诗学。本文对其小说诗学的研究主要来自《美国讲稿》（1985年卡尔维诺在美国哈佛大学诺顿诗论举办讲座的讲稿汇编，因卡尔维诺突然辞世未完成，预计六篇，出版时仅有五篇），可以发现，卡尔维诺在20世纪60年代以后受到结构主义思潮的影响，主要体现在其小说诗学中的二元对立思想。

卡尔维诺的小说诗学与创作实践之间影响关系是相互"交叉"的，前者是建立在后者基础上的，更重要的是，后者在很大程度上反映了前者的

---

[1] [英]威廉·莎士比亚.莎士比亚悲剧喜剧全集[M].朱生豪，译.杭州：浙江文艺出版社，2017：320.

[2] [意]伊塔洛·卡尔维诺.卡尔维诺文集：寒冬夜行人等[M].萧天佑，译.南京：译林出版社，2001：415.

要求。在《命运交叉的城堡》里,"纸牌"与故事结合的结构主义式的叙述方式,或许是卡尔维诺为表达自己的小说诗学寻找到的最好方式。

第一节 卡尔维诺的小说诗学与结构主义思想

一、卡尔维诺小说诗学概述

小说诗学,是关于小说的具体的文学理论主张。与文学理论不同的地方是,小说诗学更强调具体性,从具体文学现象入手。诗学更多地涉及潜在的文学规律而非实有的文学信息,它研究的不是已经存在于我们面前的文学形式,而是由这些形式生发的一系列可能的形式。[1]

卡尔维诺的小说诗学是他对自己小说创作的经验总结和理论反思,其文艺创作能够侧面反映小说诗学的特征和变化。

历时地看,卡尔维诺的小说诗学大致经历了三个阶段:

第一个阶段:20 世纪 40 年代,在战后反法西斯热潮影响下,意大利的文学、电影等领域兴起了"新现实主义"运动,"新现实主义"所传递的文艺思想更加是"一种急切地想抒发、描述自己与他人的亲身经历和感受的意愿",要求文艺作品反映客观历史的真实面貌、深刻揭示人物所处的现实社会,进一步争取社会进步、实现民族平等[2],强调文艺与政治的关系。此时卡尔维诺发表的处女作《通往蜘蛛巢的小径》(1947)就侧面呼应了这股热潮,表现出卡尔维诺对战争和反抗运动的高度关注。

第二个阶段:20 世纪 50 年代以后,卡尔维诺与新现实主义分道扬镳,在其小说诗学指导下,卡尔维诺完成了《我们的祖先》三部曲(50 年代)、《阿根廷蚂蚁》(1952)、《烟云》(1958)、《意大利童话》(1956),更加转为对人性和人的生存处境的关注。

第三个阶段:20 世纪 60 年代以后,卡尔维诺移居巴黎,于此受到理论家列维-施特劳斯和罗兰·巴特等人的影响,接受了当时在欧洲最流行的符号学、结构主义、精神分析和解构主义等文艺思潮,主张形式技巧的创新成为其小说诗学的新特征,例如 20 世纪 60 年代出版的《宇宙奇趣》《时间零》和 70 年代出版的《看不见的城市》《命运交叉的城堡》《寒冬夜行人》及 80 年代的《帕洛马尔》,也在最后几部作品中呈现出向解构发展的后现

---

[1] 王芳实. 卡尔维诺文艺思想研究 [D]. 武汉:华中师范大学,2016.
[2] 沈萼梅,刘锡荣. 意大利当代文学史 [M]. 北京:外语教学与研究出版社,1996:276.

代小说诗学特征。

共时地看，卡尔维诺小说诗学主要包括这些内容——

在《美国讲稿》中总结的"轻盈""迅速""准确""形象鲜明""内容丰富"的文学特质论，以及"开放性百科全书式小说"理论、小说创作"晶体模式"。

若要概括卡尔维诺小说诗学的突出特征，其中，超越文字效果的、在头脑中可以得到视觉化显现的"结构智慧"和形象思维，便是从《我们的祖先》三部曲甚至从《通向蜘蛛巢的小径》就开始运用的创作思想；对童话寓言、神话传说、民间故事等内容的关注和重视，也是卡尔维诺小说诗学中重要特点。

二、卡尔维诺小说诗学中的二元对立思想

二元对立思想是结构主义最基本的观念之一，指的不仅是物质性的区别，更是互为前提的观念性的区别[1]。乔纳森·卡勒在《结构主义诗学》中阐释了二元对立与结构主义的关系："结构主义分析中最重要的关系又极其简单：二项对立。语言学的模式也许还有其他的作用，然而有一点确实确凿无疑的，那就是鼓励了结构主义者采取二项式的思维，在所研究的各种素材中寻求功能性的对立形式。"[2] 结构主义者在处理文学文化问题时，多是以二元对立思想作为工具寻找结构和意义，例如雅各布森提出的"隐喻—转喻""选择—组合"、拉康提出的"主体—他者"等，"成双的功能性差异的复杂格局这个概念，或曰'二元对立'概念显然是结构概念的基础。"[3]

在《美国讲稿》的第一讲《重量》中，卡尔维诺引入"轻与重"这组二元对立展开其文学观："世世代代的文学中可以说都存在着两种相互对立的倾向：一种倾向要把语言变成一种没有重量的东西……另一种倾向则要赋予语言以重量和厚度，使之与各种事物、物体或感觉一样具体。"[4] "轻"代表轻盈、轻松，"重"则是从现实生活中捕捉到的、越来越强烈的惰性和不透明性，与米兰·昆德拉《生命中不能承受之轻》中的"重"相

---

[1] 沈洁瑕. 从二元对立的角度解读结构主义文论 [J]. 黄山学院学报, 2007 (1): 134-138.
[2] [美] 乔纳森·卡勒. 结构主义诗学 [M]. 盛宁, 译. 北京: 中国社会科学出版社, 1991: 37.
[3] [英] 特伦斯·霍克斯. 结构主义和符号学 [M]. 瞿铁鹏, 译. 上海: 上海译文出版社, 1997: 15.
[4] [意] 伊塔洛·卡尔维诺. 卡尔维诺文集: 寒冬夜行人等 [M]. 萧天佑, 译. 南京: 译林出版社, 2001: 330.

似，都是社会生活与私人生活中的种种限制和重负。因此，追求轻松是对生活沉重感的反映和解决方式，也是协调卡尔维诺自己对写作的"冒险愿望"与"激荡的外部世界"[1]的手段。

为了说明"轻与重"的二元对立，卡尔维诺将古希腊神话中珀尔修斯与美杜莎的故事看作"轻与重"的隐喻。美杜莎的目光残酷且沉重，可以使任何事物变成石头，而割下女妖头颅的珀尔修斯，依靠的是"世界上最轻的物质——风和云，并把自己的目光投向间接的形象——镜面反射的映象"[2]。还有埃乌杰尼奥·蒙塔莱（1896—1981，意大利著名诗人，"隐逸派"诗歌的重要代表，1975年诺贝尔文学奖获得者，主要作品有《乌贼骨》《境遇》《暴风雨和其他》等）的《短遗嘱》中的"某些轻微的物质"（"蜗牛爬过留下的晶莹的痕迹/玻璃破碎变成的闪光的碎屑"），亦代表着对"长着沥青翅膀、正要在欧洲各国首都降落的魔王路奇费罗"的抵抗和信念。

卡尔维诺把"轻与重"的对立也注入了他的语言观里。"世界是由没有重量的原子构成的这种观点之所以使我们感到惊奇，是因为我们习惯了物体的重量。正因为如此，因为我们看不见语言也有重量，所以我们才不能赞赏语言重量轻这个概念。"[3]沿着这种对"轻"的语言的追求，等待着的结论就是结构主义式的文学本体论，"卢克莱修就认为字母是不断运动着的原子，由于它们的种种排列才构成了各式各样的词汇与声音。这种思想被许许多多思想家采纳，他们都认为世界的秘密隐藏在文字符号的各种组合之中"[4]。而《命运交叉的城堡》里，纸牌就是"字母""原子"，或者"文字符号"，纸牌"交叉"和层次"交叉"的叙事方式，就是对"文字符号的各种组合"的探寻。

---

［1］［意］伊塔洛·卡尔维诺. 卡尔维诺文集：寒冬夜行人等［M］. 萧天佑，译. 南京：译林出版社，2001：318.

［2］［意］伊塔洛·卡尔维诺. 卡尔维诺文集：寒冬夜行人等［M］. 萧天佑，译. 南京：译林出版社，2001：319.

［3］［意］伊塔洛·卡尔维诺. 卡尔维诺文集：寒冬夜行人等［M］. 萧天佑，译. 南京：译林出版社，2001：329.

［4］［意］伊塔洛·卡尔维诺. 卡尔维诺文集：寒冬夜行人等［M］. 萧天佑，译. 南京：译林出版社，2001：342.

第二节 纸牌"交叉"、层次"交叉"与卡尔维诺小说诗学

"从思想发展的逻辑来说,既然内容要通过形式来宣昭,那么形式的问题就不是无关紧要的,其人文蕴含也应当进入人们的文化视野之中。"[1] 同样,对纸牌"交叉"和层次"交叉"的探讨,也不应被局限在"形式"以内。

尽管在阅读《命运交叉的城堡》过程中,这种独特的叙述方式可能让普通读者有"障碍感",或被认为是一种炫技式创作,但笔者认为,卡尔维诺之所以有意地编排结构、重构文本,是为了寻求合适的方式表达其小说诗学。也就是说,纸牌"交叉"、层次"交叉",既是卡尔维诺小说诗学中结构主义之面向的结果,也反过来成了卡尔维诺小说中的结构主义的表现方式。

一、纸牌与"形象鲜明"

在《美国讲稿》第四讲《形象鲜明》中,卡尔维诺论述了文学里视觉形象的重要性。这个命题首先面临的问题,就是文学里的语言和视觉形象孰先孰后的问题。而讨论这个问题还需要加入一个前提,就是"文学的视觉形象"实际隐匿了一个过程——想象。

卡尔维诺先通过区别想象的过程,分辨了语言和视觉形象的先后顺序。一种是说想象源于语言,由语言表述构成视觉形象;另一种是说想象起始于视觉形象,从先在的形象(无论它来源于哪里)发展为语言及文字表达。卡尔维诺更赞同第二种说法,并用其自身创作经验(《我们的祖先》三部曲中的三个主角的创作)解释了这个问题,"构思一篇故事时,我头脑里出现的第一个东西是一个形象……当这个形象在我头脑中变得足够清晰时……或者说得更确切些,是这些形象渐渐显露出它们自身的活力,变成它们的故事……我的意图才开始起作用,试图把它们排列起来使故事得以展开"[2]。也就是说,视觉形象在先,想象在后,其次才是语言文字。

不仅如此,形象还起到了认识世界、创造世界的作用,在《美国讲稿》中,卡尔维诺用《命运交叉的城堡》作为例证论述了这一点,"我在《命运

---

[1] 袁济喜. 六朝文体论的人文蕴涵 [J]. 江海学刊. 2004 (5):164-170, 223.

[2] [意] 伊塔洛·卡尔维诺. 卡尔维诺文集:寒冬夜行人等 [M]. 萧天佑, 译. 南京:译林出版社, 2001:390.

交叉的城堡》里进行了图像幻想试验，不仅根据塔罗牌上的图案进行幻想，而且还根据名画进行幻想。例如，我试图对威尼斯圣乔治大教堂里的卡帕乔的画进行解释，把圣乔治和圣吉罗拉莫当成一个人，把描写他们生平的壁画看成是描写某一人生平的画，并把我自己的经历与这个乔治·吉罗拉莫的人等同起来"[1]。

纸牌一方面绘有丰富、精美而生动的图案，是一种视觉化形象，可以让读者更直观地认识小说所要传递的信息；另一方面，纸牌的"交叉"在失语的故事背景下更作为一种新的语言，无论是小说内的人物还是小说外的读者，都是通过这一新的语言，认识这个"命运交叉"的世界；同时，"交叉"叙事也在某种程度上创造了小说里的所有故事。

二、纸牌与"轻"

"轻"是《美国讲稿》第一讲《重量》中的核心内容，是卡尔维诺小说诗学的重要基石，也是他对世界的认知方式。[2] 如前文所述，"轻"代表轻盈、轻松，在文学中体现为轻盈的叙述和语言，与之相对的"重"则是从现实生活中捕捉到的、越来越强烈的惰性和不透明性，与米兰·昆德拉《生命中不能承受之轻》中的"重"相似，都是社会生活与私人生活中的种种限制和重负。因此，"轻"更是一种对生活沉重感的反映和解决方式，对"在别处"的一种追求。

卡尔维诺具体地说明了"轻"的三种不同含义：一是减轻词语的重量，从而使意义附着在没有重量的词语上，变得像词语那样轻微。例如艾米莉·狄金森的诗——

A sepal, petal, and a thorn/Upon a common summer's morn——/A flask of Dew——a Bee or two——/A Breeze——a caper in the trees——/And I'm a Rose![3]

全篇所有的名词前都有一个不定冠词"a"，"a"传递的感觉是事物数量小、体积小、重量轻，作为修饰，给人轻盈的心理印象。

二是叙述一种包含着细微的、不可感知的思维或心理过程，或者一种高度抽象的思维或心理过程。卡尔维诺用亨利·詹姆斯在《丛林猛兽》中

---

[1] [意] 伊塔洛·卡尔维诺. 卡尔维诺文集：寒冬夜行人等 [M]. 萧天佑, 译. 南京：译林出版社, 2001：394-395.

[2] 王芳实. 卡尔维诺文艺思想研究 [D]. 武汉：华中师范大学, 2016.

[3] [意] 伊塔洛·卡尔维诺. 卡尔维诺文集：寒冬夜行人等 [M]. 萧天佑, 译. 南京：译林出版社, 2001：331.

对桥的叙述作为例子——

It was as if these depths, constantly bridged over by a structure that was firm enough in spite of its lightness and of its occasional oscillation in the somewhat vertiginous air, invited on occasion, in the interest of their nerves, a dropping of the plummet and a measurement of the abyss. A difference had been made moreover, once for all, by the fact that she had, all the while, not appeared to feel the need of rebutting his charge of an idea within her that she didn't dare to express, uttered just before one of the fullest of their later discussions ended.[1]

三是运用具有象征意义的"轻"的形象,"如薄伽丘故事中卡瓦尔坎蒂舞动那双细长的腿从坟墓上方跃身过来",又如"堂吉诃德举着长矛冲向风车,被风车带着在空中旋转"[2]。

在《命运交叉的城堡》里,纸牌的使用满足了"轻"的要求。首先,纸牌本身重量轻,纸牌的排列、组合、"交叉"的意象就像羽毛飘起、书页翻过,轻盈而无声。

其次,围绕纸牌所使用的词语重量轻。例如"当一间暗室被一束光线穿透时,卢克莱修在空气中悬浮的金色尘埃里观察着不可触知的微粒进行的战争,侵略、攻击、忙碌、旋转……(宝剑、星辰、金币、宝剑)"[3]。卢克莱修和他的《物性论》同样也是《小说讲稿》中论述"轻"的例子之一。还有结尾麦克白的自白——"我累了,太阳,你留在空中,我巴不得世界被拆散击垮,游戏的纸牌、对开本书的纸片和灾祸的碎镜片都被打乱"[4]。在这里,世界末日不是天崩地裂,而是纸牌、纸片、碎镜片这样的轻小事物被"打乱",仿佛整个世界就是被这些细小的、轻微的事物构成。

最后,纸牌"交叉"和层次"交叉"组成的故事大多是童话寓言、神话传说、民间故事。这是卡尔维诺的创作传统,几乎在他的每部作品中都能捕捉到这种色彩。他对这些神话、寓言和传说的探索和挖掘,实际上是

---

[1] [意]伊塔洛·卡尔维诺. 卡尔维诺文集:寒冬夜行人等 [M]. 萧天佑,译. 南京:译林出版社,2001:331.

[2] [意]伊塔洛·卡尔维诺. 卡尔维诺文集:寒冬夜行人等 [M]. 萧天佑,译. 南京:译林出版社,2001:332.

[3] [意]伊塔洛·卡尔维诺. 卡尔维诺文集:命运交叉的城堡等 [M]. 张宓,译. 南京:译林出版社,2001:49.

[4] [意]伊塔洛·卡尔维诺. 卡尔维诺文集:命运交叉的城堡等 [M]. 张宓,译. 南京:译林出版社,2001:119.

在"文学所反映的人类的各种需求中去寻找各种形式的文学创作的内在合理性"[1]。毋庸置疑,这类文学为现代化不可逆转的人类社会提供了另一种观察和思考的视角,"在文学这个无限的世界里总有许多崭新的或古老的方法值得探索,总有许多体裁和形式可以改变我们对这个世界已有的形象……"[2]这是轻的根本作用,也是卡尔维诺对文学的最终追求之一,"文学是一种生存功能,是寻求轻松,是对生活重负的一种反作用力"[3]。

三、纸牌与"迅速"

迅速,是卡尔维诺《文学讲稿》第二讲《速度》中论述的一种文学品质。它的意旨与作品的篇幅无关,而是指修辞和思维的敏捷,目的是使小说变得灵活、多变和流利。卡尔维诺特别强调了敏捷的语境条件——在这个各种速度和距离的平均值都很高的时代,"速度上的每一个新纪录都标志着机器和人类进步的里程",即使速度在"思维"这个坐标上并不是越快越好,但它的敏捷能带给人类一种独特的快乐;还强调敏捷意味着让"文字在各种存在物与不存在物之间建立起来的直接交流"[4] 的过程加速。

迅速的第一个要求自然是速度。卡尔维诺仍用上文巴尔贝·多尔维利写"查理大帝迷恋上一枚宝石戒指"的例子,表示自己十分喜欢这种"以某物为主角"的写法,因为在这里,"以某物为主角"意味着"简练:各种事件不论自身长短,都成了一个点;点与点之间由短线连接,构成一条弯弯曲曲的延续线,反映连续不断的运动"[5],加快了小说的速度。《命运交叉的城堡》里卡尔维诺对纸牌的处理也效仿了巴尔贝·多尔维利对戒指的处理,反复出现的纸牌也是构建小说的基础元素,而以纸牌为线索串联情节,能省略更多赘述,达到加快小说速度的效果。

第二个要求是叙述时间。胡亚敏在《叙事学》中,论述了叙事文中包

---

[1] [意] 伊塔洛·卡尔维诺. 卡尔维诺文集:寒冬夜行人等 [M]. 萧天佑,译. 南京:译林出版社,2001:344.

[2] [意] 伊塔洛·卡尔维诺. 卡尔维诺文集:寒冬夜行人等 [M]. 萧天佑,译. 南京:译林出版社,2001:322.

[3] [意] 伊塔洛·卡尔维诺. 卡尔维诺文集:寒冬夜行人等 [M]. 萧天佑,译. 南京:译林出版社,2001:343.

[4] [意] 伊塔洛·卡尔维诺. 卡尔维诺文集:寒冬夜行人等 [M]. 萧天佑,译. 南京:译林出版社,2001:357.

[5] [意] 伊塔洛·卡尔维诺. 卡尔维诺文集:寒冬夜行人等 [M]. 萧天佑,译. 南京:译林出版社,2001:349.

含两种时间："被叙述的故事的原始或编年史时间与文本中叙述的时间"[1]，而卡尔维诺推崇"民间文学总是忽视时间的延续，倾向于迅速实现人物的愿望或使人物重新获得失去的幸福"[2]。实际上指的是这样一种叙述方式——缩短后者（文本中叙述的时间）以达到前者（被叙述的故事的原始或编年史时间）也缩短的效果，例如《命运交叉的城堡》中这一段落的效果——

在此同时，还应记住世界这张牌所代表的被围困的巴黎和特洛伊，这张牌也曾是盗墓贼故事里的天国之城，但在一个以大棒国王结实、欢快的脸庞代表自己的同桌的故事中，它又变成了地府之城：他在穿过一片魔林后得到一根具有非凡神力的大棒，跟上了一个持黑色武器并吹嘘自己财富的陌生武士（大棒、宝剑骑士和金币）。两人在一家旅店里（宝杯）发生口角，那位神秘的旅伴决定亮出城市权杖（大棒A）。大棒之战的形势对我们的同桌有利。于是陌生人对他说："现在你就是死亡之城的主人。要知道你战胜了不连贯性之王。"说罢，他摘下面罩，现出真相（死亡）：一副黄色的鼻部塌陷的骷髅。[3]（《其余的所有故事》）

卡尔维诺喜爱敏捷的"直线式写作"，即希望自己能像箭一样射向远方，若前方有障碍，就"用许多直线线段设计我的行迹，依靠这些短小的线段在尽可能短的事件内绕过各种障碍"[4]。

第三个要求是密度。"作品的长短只是外表上的标准，而我指的却是一种高度的浓缩。"[5]而短篇小说的篇幅能更好体现密度。卡尔维诺对短篇的形式始终是十分青睐的，他的作品也是以中短篇为主。卡尔维诺曾称赞博尔赫斯的短篇，说是能非常流畅地实现向无限的时空过渡，能够清晰、严谨、流畅地划分阶段，能够做到叙述简明扼要且用词准确具体，并将博

---

[1] 胡亚敏. 叙事学 [M]. 武汉：华中师范大学出版社，2004：63.
[2] [意] 伊塔洛·卡尔维诺. 卡尔维诺文集：寒冬夜行人等 [M]. 萧天佑，译. 南京：译林出版社，2001：351.
[3] [意] 伊塔洛·卡尔维诺. 卡尔维诺文集：命运交叉的城堡等 [M]. 张宓，译. 南京：译林出版社，2001：47.
[4] [意] 伊塔洛·卡尔维诺. 卡尔维诺文集：寒冬夜行人等 [M]. 萧天佑，译. 南京：译林出版社，2001：359.
[5] [意] 伊塔洛·卡尔维诺. 卡尔维诺文集：寒冬夜行人等 [M]. 萧天佑，译. 南京：译林出版社，2001：361.

赫斯的写作称为"乘方与开方的文学"（后来法国人称之为"潜在文学"）[1]。在《命运交叉的城堡》里，"交叉"的纸牌和层次的切换速度都很快，小说篇幅因此大大缩短，密度得以"浓缩"。

四、纸牌与"无限"的"晶体"模式

"这一讲正在超出我的预料。我开始讲的是精确，并不是讲无限与宇宙。我本想跟你们谈谈我对几何图形、对称、排列与组合、比例等的偏爱……也许正是这种想法引起了对无限的思考。"[2] 如果说《命运交叉的城堡》中的纸牌"交叉"和层次"交叉"体现出卡尔维诺对结构的追求（几何图形、对称、排列与组合等），是卡尔维诺对"精确"的锤炼（《美国讲稿》第三讲），那么这种"交叉"叙事是否又是"无限"的应有之义呢？

"只要能让其他故事相互交叉起来，就能创造出不是用字母，而是用纸牌形象组成的填格游戏，而每一行无论横竖都既能顺读又能反读。"[3]《命运交叉的城堡》后记中卡尔维诺的描述表明，一组纸牌的解读方式并不是唯一的，它们的意旨能通过"交叉"进行自我增殖，就连卡尔维诺自己也称写作过程就像在"迷宫里捕猎"。

这种无限性还体现在小说中浮士德的一段意味深长的话："元素是有限的，它们的组合却可以成千上万地倍增，其中只有一小部分找到了一种形式和意义，在一团无形式无意义的尘埃中，受到了重视；就像七十八张一副地塔罗牌，只凭其摆放顺序就可以出现一个故事的线索，将顺序变化后，就能够组成新的故事。"[4]

同时，自我增殖也是卡尔维诺十分推崇的"晶体"模式的特点。晶体表面结构稳定而规则，就像《命运交叉的城堡》里纸牌与情节的关系体现出的结构主义式的规整；晶体又源于火焰，其内部不停激荡、自我增殖，但外部形式不变，其作品《看不见的城市》被认为是"晶体"模式的最典型代表，而在《看不见的城市》之前发表的《命运交叉的城堡》更像是"晶体"模式的雏形。

---

[1] [意] 伊塔洛·卡尔维诺. 卡尔维诺文集：寒冬夜行人等 [M]. 萧天佑, 译. 南京：译林出版社, 2001：362.

[2] [意] 伊塔洛·卡尔维诺. 卡尔维诺文集：寒冬夜行人等 [M]. 萧天佑, 译. 南京：译林出版社, 2001：376.

[3] [意] 伊塔洛·卡尔维诺. 卡尔维诺文集：命运交叉的城堡等 [M]. 张宓, 译. 南京：译林出版社, 2001：126.

[4] [意] 伊塔洛·卡尔维诺. 卡尔维诺文集：命运交叉的城堡等 [M]. 张宓, 译. 南京：译林出版社, 2001：97.

结语

多数文章对《命运交叉的城堡》的认识都是基于互文性或其背后的后现代主义文学理论,本文之所以从结构主义出发进行研究,一是源于卡尔维诺在小说后记中自称受到的结构主义符号学的影响;二是卡尔维诺自身写作中非常突出的结构式的风格,他擅长将形象思维、空间思维引入文字创作,对小说的结构安排也充满令人惊叹的妙思;三是后现代主义中的解构是对结构主义的扬弃,从理论上看两者是同源的,而卡尔维诺创作《命运交叉的城堡》的时期(20世纪六七十年代)正是新旧思潮交替的转折点,加上作家的思想历程必然是渐进变化的,因此,对文本进行"主义"的判断会失去对文本的全面认识。

尽管本文的研究大部分关于小说的形式(结构与叙事方式),但并不代表小说本身仅仅关于形式。《命运交叉的城堡》不仅是卡尔维诺的小说实验,还是其思想历程的见证、小说诗学的表达。

透过结构主义的窗户,可以看到小说对索绪尔结构主义语言学的比喻式演绎、对故事结构的追求与设计、对其小说诗学的应用和探索——仿佛与《命运交叉的城堡》一题相呼应,"交叉"三重奏在小说中响起。

正如卡尔维诺在《美国讲稿》开篇所言,"我对于文学的前途是有信心的,因为我知道世界上存在着只有文学才能以其特殊的手段给予我们的感受"[1]。就像一名敏锐而睿智、乐观而坚韧的骑士,卡尔维诺以变化的形式作为盾牌和利剑,每一步都朝着人类无限而瑰丽的文学宇宙和思维世界探索。

基金资助:江苏省高等学校大学生创新创业训练计划项目"省级创新训练计划项目"(项目编号:202010285062Y)资助

指导教师评语:

李沛琪同学的论文通过对意大利当代杰出作家卡尔维诺的小说《命运交叉的城堡》中意义繁复的三重"交叉"的阐释,揭示了这部作品独特的

---

[1] [意]伊塔洛·卡尔维诺. 卡尔维诺文集:寒冬夜行人等[M]. 萧天佑,译. 南京:译林出版社,2001:317.

叙事方式、精美构思及隽永的思想内涵,同时指出了卡尔维诺的创作对现代小说艺术产生的巨大影响。论文运用独特的图形与语言相结合的方式进行了学理性的论述,既做到了结构严谨,也直观展现了卡尔维诺小说寓言、童话、科幻兼具的特点。这是一篇具有创新性的本科生学术论文。(吴雨平)

《黑色维纳斯》中安吉拉·卡特对边缘身份的重构策略

2018 级　王柳依

安吉拉·卡特（Angela Carter，1940—1992）是哥特文学传统在 20 世纪最重要的续写人之一，但其创作远无法被"哥特文学"一词穷尽。这位极具独创性的作家绝非一位热衷于仿古的庸才——她以高蹈的华丽典雅写作风格为底色，融入异教信仰般冒犯的低俗要素，却能使作品整体达到惊心动魄的和谐。她的作品作为后现代主义的精致实践，往往通过戏仿，对古老的民间故事、奇人轶事进行彻底的重构。在这一过程中，安吉拉·卡特始终聚焦性别、种族等场域中"中心—边缘"结构下失语的一方，言说她们的意志，消解她们被话语常规强加的原罪。

《黑色维纳斯》是安吉拉·卡特短篇小说合集《焚舟纪》中颇具代表性的一篇，与其他七篇作品组成同名子集。"黑色维纳斯"（Black Venus）让娜·迪瓦尔（Jeanne Duval）作为法国象征主义诗歌先驱夏尔·波德莱尔（Charles Baudelaire）的情人与艺术灵感的来源，在男性诗人的伟大作品中承载欲望、被异化为物，却不曾有一刻作为主体展现自我真实的灵魂。分析安吉拉·卡特何以为让娜·迪瓦尔这样一位来自殖民地的欧非混血女性确立身份，又在叙事中赋予其消解中心的力量，是深入研究其写作技巧、风格与理念的可行路径之一。

一、"黑色维纳斯"意象溯源

维纳斯是古希腊罗马神话谱系中代表美与爱的女神，且遵循神人同形同性论，她必然符合该民族"以己度神"的想象，拥有白种人的特征。而这一形象凝缩为实体之后，则以雕塑作品《米洛斯的维纳斯》为代表，大理石质料天然具有洁白的色泽与光感，且其形体塑造符合黑格尔提出的古典型艺术特征，是物质与精神的和谐一致，蕴含着"高贵的单纯"与"静穆的伟大"。因此可以说，原初的"维纳斯"自有其规定"典范"的中心权力，尽管这种权力也是人为建构出来的，而非其本身所固有。

而"黑色维纳斯"作为"维纳斯"的仿品则具有与本体完全相反的属性。18世纪英国画家托马斯·斯托塔德（Thomas Stothard）的作品《黑色维纳斯从安哥拉到西印度的旅行》（*The Voyage of the Sable Venus from Angola to the West Indies*）绘制了一位皮肤黝黑、体态丰腴强健的黑人女性，她在海面上驾驭着贝壳车，四周环绕着秉持蓬松羽毛的天使和高举英国国旗的海之信使特里同（Triton）——桑德罗·波提切利的作品遭遇了这样的戏仿，而这里没有不生不灭的永恒之美，只有看似在驱使。实则被视为物品"运送"的"黑色维纳斯"。"奴隶主将黑人想象成性感的女神，她们从西方穿越大西洋来到新世界为奴，侍奉白人男性。她周围华丽的一切，包括天使及帮她拉贝壳车的海洋生物都是一种眨眼暗示，让白人男性意识到她的身份与维纳斯代表的白人女性千差万别，黑色维纳斯只是东施效颦。"[1] 此外，在相同的题材和旨趣下，牙买加种植园主布莱恩·爱德华兹（Bryan Edwards）亦创作了颂诗"The Sable Venus：An Ode"。作者在其中一节中堆叠了一系列典型西非女性的姓名，她们或许是有真实能指的，在这里却仅仅发挥罗兰·巴特定义的"二级符号"功能，象征白种人对殖民地有色人种女性猎奇、轻蔑的肉欲。

> Do thou in gentle PHIBIA fmile,
> In artful BENNEBA beguile,
> In wanton MINBA pout;
> In fprightly CUBA's eyes look gay,
> Or grave in fober QUASHEBA,
> I ftill fhall find thee out.[2]

19世纪后，意象化的"黑色维纳斯"作为艺术的灵感激发不同领域的创作者的重新演绎，其通常是刻板的，后来也可以是颠覆的，而波德莱尔的"黑色维纳斯组诗"（Black Venus Cycle）显然应该被归于前者。在《首

---

[1] [美]爱德华·巴普蒂斯特. 被掩盖的原罪：奴隶制与美国资本主义的崛起[M]. 陈志杰, 译. 杭州：浙江人民出版社, 2019：282.

[2] Bryan Edwards.The history,civil and commercial of the British colonies in the West Indies,Volume II[M].Dublin,Ireland:Luke White,1793:37.

饰》《头发》《起舞的蛇》《异域的芳香》《猫》《我崇拜你犹如那黑夜的穹宇》等20余首诗篇中,波德莱尔赤诚热烈地倾注了自己反叛的新美学理念,它们服务于《恶之花》庞杂但浑然一体的艺术性,却不可避免地淹没了一位历史上存在过的女性。而安吉拉·卡特则特意将她打捞出来,聚焦她的意识,使"黑色维纳斯"的序列出现了通向后现代主义的分岔路口。

二、解构与建构:安吉拉·卡特的"消解神话工程"

"消解神话工程"(demythologizing business)是安吉拉·卡特对自己文学创作理念的精准诠释。尽管她当然也在不同的篇目中实验性地进行了插入非叙事文体、间离等大胆的尝试,其运用得最为纯熟的还是丰富的祛魅手段。"消解神话工程"并非纯然解构至虚无、否定一切价值,它与新的叙事建构是一体两面的,因此,尽管在这一过程中安吉拉·卡特采用的不同策略的侧重点各不相同,但它们之间的紧密的关系也不能完全割裂,是它们的和谐运作造就了文本的内在张力和"可写性"。

(一)虚构日常与日常之上

波德莱尔用诗性建构的神话,本身是不能被证实亦无法被证伪的,它不像声称自己为"真"的历史那样可以被一个看似更可信的叙事推翻。能够有效消除艺术品光晕的是日常化的书写。在安吉拉·卡特的《黑色维纳斯》中,存在大量直接呼应波德莱尔"黑色维纳斯组诗"中经典诗篇或诗句的内容,但它们并非是与诗歌的生硬对立——作者构思的策略远比这精巧迂回。

诗的诞生无法完全脱离现实提供的质料,而过去的现实,尤其是无人记录的现实,具备了被虚构的合法性。"他说她跳起舞像条蛇,她说蛇不会跳舞,蛇又没腿"[1],这是对两人日常对话的想象。同一段祛魅后的对日常生活的描写存在至少两种建构可能,一种是波德莱尔的,另一种是让娜的,这两者才是在同一层面上的对立存在。

基于此,一方面叙述者补全了从日常到波德莱尔诗歌这一路径。这个声音料定"波德莱尔"会和蔼且专横地原谅让娜的"蠢",这正是抒情诗人的禀赋——他只关心自己的灵感何以完美地转化。美人是重要的,但她作

---

[1] [英]安吉拉·卡特.焚舟纪·黑色维纳斯[M].严韵,译.南京:南京大学出版社,2012:13.

为诗歌意象并不比喻体"起舞的蛇"重要太多，所以诗人会将两者并置，且会认为这没有不妥，甚至恰如其分，于是方可造就《起舞的蛇》之诗。

> 看到你走路东摆西侧，
> 洒脱的美人，
> 可以说一条起舞的蛇
> 在棒端缠身。[1]

另一方面，叙述者创作或影射了从日常到让娜的诗性心灵这一路径。如果说诗人对"黑色维纳斯"的赞美是一种东方主义的迷思，那么为了体面地对抗它，就需要提供一种更能彰显主体性的叙事。当波德莱尔凝视让娜，降格般地将其比作"蛇"时，让娜用质朴的思维漫想蛇。且蛇在让娜的意识中并没有被剥夺主体性，它本能地驱动着自我，"如同挥鞭"，正像真实的让娜。由此进一步解读，我们可以认为当让娜在思考时，她既是驱动者，又是被观照者，这种反思蕴含着一种诚恳的力量，在一定程度上挣脱了"中心—边缘"解构的桎梏。

> 但她知道他连看都没看过蛇，根本没见过蛇的动作——那一整套横向的迅速击打，挥动自己如同挥鞭，留下身后沙地上一道道波纹般的蛇痕，快得吓人——如果他见过蛇的样子，就一定不会这么说。[2]

解释让娜何以具有主体性还需要关注叙事中的聚焦问题。阅读安吉拉·卡特创作的一众文本，不难发现其中往往有一位暧昧的叙述者运用自由间接引语，试图模糊隐含作者的意图和对聚焦人物心理的客观叙述之间的界限。"自由间接引语这一叙述技巧构成作者、叙述者和聚焦人物以及固定的和变动的性别角色之间文本斗争的场所。在文学传统被男性统治的背景下，叙述权威成为父权制社会压迫女性的手段，而女性主义作家聚焦于女性人物与叙述者的'文本斗争'，而无论叙述者是男是女，这样的斗争均

---

[1] [法]夏尔·波德莱尔. 恶之花 [M]. 郑克鲁, 译. 长沙: 湖南文艺出版社, 2018: 44.
[2] [英]安吉拉·卡特. 焚舟纪·黑色维纳斯 [M]. 严韵, 译, 南京: 南京大学出版社, 2012: 13.

被视为女性人物与男性权威之间的斗争。"[1] 作者显然深谙此道，她使那个揶揄诗人不切实际的想象的声音成为叙述者与让娜的意志共谋的产物，它并非是对角色内心活动的机械转述，而是一种使角色的思想立场得到支持和尊重的有效叙事策略。

由此，作者成功地建构了一组对立，即虚构的日常之上，白人男性的诗性表达与黑人女性的质朴漫想的对立。且这种对立在文本中多次出现——"去，哪里？才不要去那里！"[2] 是让娜对诗人在《异域的芳香》中的向往之地的强烈反感；"反正她本来就很讨厌那猫，一看见就想掐死他"[3] 对应了诗篇《猫》中被诗人极力赞美的生灵；"永远把她那颗困惑的头和满头庞然如斗篷披散的长发骄傲高抬，仿佛头上顶着装满忘川全部河水的巨大水罐"[4] 也可以被视作与《忘川》一诗的针锋相对。总之，这样的策略一方面使"黑色维纳斯"不再是被看的、失语的，另一方面也划定了诗人支配力的边界，令其不再拥有一种缺少制衡的绝对解释权。而正是那种权力原本将"黑色维纳斯"指认为纯肉欲的、无智性的"物"。

（二）猥亵与冒犯

"在一个鼓吹人性和尘世高于神性的社会，猥亵成为对肉体权力的骄傲肯定。"[5] 安伯托·艾柯（Umberto Eco）这样评价文艺复兴以来对猥亵描写的解放。诚然，对庸俗、肮脏的有意描写在一定程度上赋予了文学作品反叛性，"狂欢化"带来的赤裸般的坦诚能够产生革命性力量，消解严肃价值。但对"女性"这一性别意义上的边缘身份而言，如何通过猥亵的肉体描写来反抗中心，是一个更为复杂的问题——父权制之下长期遭受"性化"的女性在猥亵描写中何以是被赋权的，而不是被污损的？安吉拉·卡特就此进行了大胆的尝试。

她知道信天翁。是贝壳装着赤裸裸的她渡越大西洋，她抓着自己耻骨上一大丛阴毛。小小的黑天使们为她吹起大风，信天翁

---

[1] 段峰. 外国语言文学与文化论丛 13 [M]. 成都：四川大学出版社，2017：100.
[2] [英] 安吉拉·卡特. 焚舟纪·黑色维纳斯 [M]. 严韵，译，南京：南京大学出版社，2012：5.
[3] [英] 安吉拉·卡特. 焚舟纪·黑色维纳斯 [M]. 严韵，译，南京：南京大学出版社，2012：5-6.
[4] [英] 安吉拉·卡特. 焚舟纪·黑色维纳斯 [M]. 严韵，译，南京：南京大学出版社，2012：16.
[5] [意] 翁贝托·艾柯. 丑的历史 [M]. 彭淮栋，译. 北京：中央编译出版社，2012：142.

随之滑翔。[1]

  这同样也是对名画场景的戏仿，但作者在其中加入了猥亵描写，比任何服务于男性凝视的作品敢于呈现的内容都更为直接，这种直接导向一种自然。事实上，对猥亵的定义如同任何一种禁忌一样，当它自然存在之时并不被视为禁忌，而在它成为禁忌之后其存在又被抹消——禁忌出现在区分的时刻。"语词或思想符号与外部事物和事物集之间的某种符合关系"[2]不是真实、全面、永恒的，事物的在场如雅克·德里达（Jacques Derrida）所说总呈现出"延异"（différance）。"黑色维纳斯"可以是自然的，但这种自然不是白人男性想象的原始与蛮荒——那仍是叙事，而是值得尊重的本性。作者还特意描写了信天翁，以在对照中使其意指的"自然"更为明确。"水手给这些大鸟取了难听的名字，什么呆头鸟、笨鹰的，因为他们在地面上呆傻笨拙"[3]，正如殖民者闯入非洲大陆，将混血的女性送至欧洲一样，白人男性嘲弄身处陌生环境的"黑色维纳斯"与周遭格格不入，却遮蔽了始作俑者，对自己认知的局限有着愚昧的骄傲；"但风，风才是他们的归属，他们御风自如"[4]，叙事者将波德莱尔与让娜称作"两只信天翁"，意味着在自由的品性上两者没有不同，亦不存在一方对另一方的从属，这才是所谓"自然"。

  由此可知，一种不会被视作对女性的污损的猥亵感产生于人工与自然的裂隙之间。然而当男性用"自然"赞美女性的时候，其含义又可能暗中滑向另一种幻象，即用"自然美"这样审视他者时使用的范畴来否认自然中的丑及它会带来的冒犯的恐惧感，从而将他者约束在一个对主体而言十分安全的范围内，如同爱德华·马奈（Édouard Manet）的《草地上的午餐》（*Le déjeuner sur l'herbe*）描绘的那样静谧而无辜。安吉拉·卡特用一组对照颇具讽刺意味地揭示了这一点。

---

  [1] [英] 安吉拉·卡特. 焚舟纪·黑色维纳斯 [M]. 严韵，译，南京：南京大学出版社，2012：18.

  [2] [美] 希拉里·普特南. 理性、真理与历史 [M]. 童世骏，李光程，译. 上海：上海译文出版社，2005：55.

  [3] [英] 安吉拉·卡特. 焚舟纪·黑色维纳斯 [M]. 严韵，译，南京：南京大学出版社，2012：19.

  [4] [英] 安吉拉·卡特. 焚舟纪·黑色维纳斯 [M]. 严韵，译，南京：南京大学出版社，2012：19.

> 男人是做事的，要穿上做事的服装，他的皮肤就是他的生意；他是人工的，是文化的产物。女人是存在的，因此一丝不挂便已穿戴妥当，她的皮肤是公共财产，她是与自然合而为一的生物，而她简单的肉体，他坚持，才是最可厌的作假。[1]

让娜恰恰将"人工的"男人们拒绝承认的那一部分自然坦率地呈现出来，她"直截了当在街上撒尿"[2]，全然不顾一旁注视着他的波德莱尔和他的波希米亚艺术家朋友们，"仿佛这是全世界最自然不过的事"[3]。享受着文明并以自身的文明为傲的白人男性，在"黑色维纳斯"既是自然的又是反文明的"丑态"面前真切地感受到了猥亵的力量，仿佛"她变成巡行的物神，野蛮，淫秽，令人惊恐"[4]。由此安吉拉·卡特笔下的"黑色维纳斯"完成了从美神到物神、从被审美的到被伏拜的转变。

（三）建构"她的历史"

为角色编写属于她的历史是安吉拉·卡特"消解神话工程"中建构性的部分，因为仅仅将男性的叙事祛魅是远远不够的，一位本就在男性书写的历史中销声匿迹的女性，如果不为她言说，她就会被言说。如"他一天到晚对她颂诗，使她疼痛，愤怒，擦伤，因为他的流畅使她没有语言，使她变哑，一种更深层的哑"[5]，让娜的失语一方面源于客观的语言障碍，一方面是中心话语的强势对边缘话语的掩盖。有关让娜·迪瓦尔这一现实中存在过的女性的史料记载十分有限，仅有的只言片语都用来服务对波德莱尔的研究。因此，她与波德莱尔相遇前的来处与分手后的去向都是一片空白。

诚如作者在文中调侃的那样，"如果她是葡萄酒，她的产地会更受重视

---

[1] [英]安吉拉·卡特. 焚舟纪·黑色维纳斯 [M]. 严韵，译，南京：南京大学出版社，2012：20.
[2] [英]安吉拉·卡特. 焚舟纪·黑色维纳斯 [M]. 严韵，译，南京：南京大学出版社，2012：21.
[3] [英]安吉拉·卡特. 焚舟纪·黑色维纳斯 [M]. 严韵，译，南京：南京大学出版社，2012：21.
[4] [英]安吉拉·卡特. 焚舟纪·黑色维纳斯 [M]. 严韵，译，南京：南京大学出版社，2012：21.
[5] [英]安吉拉·卡特. 焚舟纪·黑色维纳斯 [M]. 严韵，译，南京：南京大学出版社，2012：18.

一些"[1]。因此安吉拉·卡特为让娜追溯其由来，虚构了她在非洲大陆的生活，而这幅生活图景中只有女性的血脉相传。让娜的外婆失去了亲生母亲，被来自其他国家的女人抚养长大，而外婆又在让娜的母亲跟随欧洲殖民者离开后继续照顾让娜，却又在她长大后用她向水手换来了两瓶酒。安吉拉·卡特热衷于在其创作中讨论"母亲身份"（motherhood），有学者认为她"猛烈地解构了母性这一具有削弱效力的神话"[2]。父权制下对母职的歌颂并非如遥远的母系社会中的那样源于绝对的女性权威，而更接近一种规训——母职不再是女性自然的选择，而是对女性进行价值判断的标准。作者为让娜虚构的童年中，有另一种意义上的真实，即孤女的诞生是混乱的社会运作的结果。所谓美好、包容一切的母性是一种神话，而不是女性的天性。当非洲大陆被自称更加文明的族群入侵时，在一个失去稳定的社会中，母职也不再被定义它的父权制所保护。女人反而以最原生态的"人"的标准被宽恕，不必忍辱负重，不必扮演"圣母"。

在波德莱尔离世之后，让娜的人生还在继续。她惊觉自己业已拥有的自由与财富，并离开了欧洲，回到了殖民地，也即她的故乡。在此处成为上流人士的让娜向殖民地官员中的高层人士，以并不过分的价钱，散播货真价实的、如假包换的、纯正的波德莱尔梅毒。波德莱尔的诗篇中，"黑色维纳斯"是作为骷髅、尸体等反主流审美的事物的同类项被拜物教式的赞颂。她成就了诗人的象征主义创作，但"他的影子让她变得比原本更黑，他的影子可能将她完全遮蔽"[3]，诗人笔下的"黑色维纳斯"将永远作为"象征物"而存在。而在作品的尾声，一个完整的新结构诞生了——让娜被运送到欧洲，被感染上梅毒，而最终她不仅重获了她的根基，还拥有了权力——散布一种腐烂的、邪恶的事物的权力，这正是对波德莱尔式的审美逻辑的戏仿，也确实具有打破话语常规的反叛效力。

---

[1] ［英］安吉拉·卡特. 焚舟纪·黑色维纳斯［M］. 严韵，译，南京：南京大学出版社，2012：15.

[2] Mine Ozyurt Kilic. Demythologizing Business：Angela Carter's Representation of Motherhood［J］. *Journal of Süleyman Demirel University Institute of Social Sciences Year*，2017(28)：93-105.

[3] ［英］安吉拉·卡特. 焚舟纪·黑色维纳斯［M］. 严韵，译，南京：南京大学出版社，2012：9.

三、结语

《黑色维纳斯》是一部精巧之作。安吉拉·卡特巧妙地将历史叙事和文学叙事编织在一起，实现了对一个历史的称谓、一个弱势的身份的重新塑造。在这一过程中，她选取的策略既是激进的，又是灵活的——归根结底是因为她明智地将父权制抽象化，融入不同情节的叙事中，而没有树立一个标靶作为绝对的父权制代言人。她笔下的角色都具有流动且复杂的个体性，因此不易被简单地符号化，即便是不断被颠覆的波德莱尔，也不是叙事者绝对的敌人。作者虽然时常辛辣地嘲讽，却也书写诗人在性爱后羞惭的哭泣、让娜对诗人的怜悯及他们在内心深处基于人性的共鸣。

安吉拉·卡特对边缘身份的重构没有落入另一种僵化的话语，而是永远给新的解构留下余地。不仅曾经多重意义上的他者"黑色维纳斯"在"消解神话工程"中重新获得了主体性，且唯有在"中心—边缘"解构制造的神话被消解之后，无论性别、种族与阶级的真实个体才得以现身。

指导教师评语：

该论文以安吉拉·卡特的小说为研究对象，立足于翔实严谨的文本分析，应用丰富的文献资料与契合的批评理论，逻辑清晰地完成了对选题的阐述。其可取之处在于对具体文本的分析较为细致深刻，考察了与文学作品关联的文化传统，如"黑色维纳斯"符号的生成与意指变迁、欧洲文学作品中的"丑，诙谐与猥亵"对正统话语的解构等，角度丰富，层次分明，是一篇颇具创新性的本科学术论文。（秦烨）

罗兰·巴特符码视域下的《白象似的群山》解读

2019级　陈怡

罗兰·巴特（Roland Barthes，1915—1980）在 S/Z 中，明晰了自己的文本态度，他认为作者无力将意图赋予文本，即著名的"作者之死"论调，相反，文本意义依赖于读者的阅读和解释得以呈现。发现意义，发现其中的含蓄意指，这令文本意义的呈现成为可能。"从符号学来说，每一含蓄意指皆是某一符码的起点，皆是被录入文内的某一声音的发送。"[1] 基于此，五种符码的解读方式被提出：文化符码、行动符码、阐释符码、内涵符码、象征符码，这为后人解读文本提供了新的视角和手段。而《白象似的群山》作为海明威"冰山写作"的代表，保有海明威典型的精妙简洁的文本风格，凝练却意味隽永、含蓄深沉，通过巴特的符号视域，或许可以对尚未显露的水下冰山做一个窥探。

一、文化符码建构的文本语境

文化符码（the cultural code）常常指向文本以外，囊括了各个领域和人的经验常识。文化符码常承载着一定的社会历史经验，具有语言的历史痕迹。

《白象似的群山》中，文化符码可以分为两块，它们对构建文本语境产生重大的作用。一块是比较清晰的具象的，往往凭借现有的常识就能加以判断。首先是名称，车站位于"埃布罗河河谷"附近，车站的起始站是"巴塞罗那"和"马德里"；报价时女人说的"雷阿尔"。通过常识经验，读者能够判断出这些名称都与西班牙有关，也就知晓了文本故事发生的地点是在西班牙。其次，出现了一个"美国人"和一个姑娘，读者也就了解

---

[1] [法]罗兰·巴特. S/Z [M]. 屠友祥，译，上海：上海人民出版社，2006：67.

到这是一个身处异乡的情景。

另一块则相对含蓄抽象，需要多个文化符码的组合，甚至需要与其他符码共同作用，才能够激发其效果。文中的其中一个典型是"门帘""珠帘子"。小说的开头，"一串串竹珠子编成的门帘"已经出现，它出现的场景是一间酒吧的门口，文本里提到的它的作用是"挡苍蝇"，这一表层的含义完全符合读者的日常认知。随着小说的推进，帘子又反复地被提及：姑娘注视着帘子，发现上面写着她不认识的字；男人朝着珠帘子喊女人要酒；"暖风把珠帘吹得拂到了桌子"[1]；"姑娘看着珠帘，伸出一只手，抓起两串珠子"[2]；"那女人端着两杯啤酒撩开珠帘走了出来"[3]；"他撩开珠帘走出来"[4]。这样的重复和回环下，不难发现，帘子起到了一个仪式性的间隔作用：在空间上，帘子将酒吧和两人所处的地区切割开，阻挡着外来者。但这种切割又不是断绝性的，酒吧的女人成了打通两个空间的角色，她接受男人的点单，促成一笔生意，又穿梭在帘子两边，把内部的酒送往外部的桌子上。再仔细比对，男人在帘子里面，即酒吧柜台喝了一杯酒，然后走到帘子外面；那个姑娘却始终没有进入帘子内部的空间，至多拨弄了几下珠子。她处在边缘的地位，她看不懂上面的字，她听不懂西班牙语，她不了解那些饮料；而美国男人则自由地与女人交流，并且充当了姑娘与酒吧之间的桥梁，男人垄断了她所能接收的话语的解释权，而她没有理由质疑这个她在异乡唯一可以信任的人，只能选择聆听和接受，也就致使她处在被动与他者的位置上。

二、行动符码与阐释符码展现的情节线索

行动符码（the proairetic code）用于提供事件的预兆，成为情节的基本组成单位；阐释符码（the hermeneutic code）构建谜题，又遏制谜底的揭开速度，从而造成悬念。这两种符码紧密贴合，也就呈现出了情节与线索的

---

[1] [美]海明威.海明威短篇小说全集：上[M].白象似的群山.翟象俊，译.上海：上海译文出版社，2019：265.

[2] [美]海明威.海明威短篇小说全集：上[M].白象似的群山.翟象俊，译.上海：上海译文出版社，2019：265.

[3] [美]海明威.海明威短篇小说全集：上[M].白象似的群山.翟象俊，译.上海：上海译文出版社，2019：268.

[4] [美]海明威.海明威短篇小说全集：上[M].白象似的群山.翟象俊，译.上海：上海译文出版社，2019：268.

文本脉络。

《白象似的群山》中，美国人和姑娘在等车的情景下出场，文本开篇即对列车的动向进行说明，快车还有四十分钟到站。这四十分钟内会发生什么事情？美国人和姑娘之间又有怎样的联系？这里，悬念已经被制造。接着，两人开始进入对话，起初姑娘主动提出喝啤酒，点酒的行动似乎试图在对第一个问题进行回答，但是对第二个问题的解释并没有什么帮助。

女人端来酒后，姑娘开始眺望白象似的群山，这里又引发了新的疑问：她的眺望指向什么目的？之后两人对群山发表了几段看似没有什么意义、也没有什么关联的对话，显然又延宕了谜底的揭开；喝酒的时候，姑娘说，"样样东西的味道都像甘草。特别是一个人盼望了好久的那些个东西，比如说苦艾酒"[1]，新的疑问又产生：姑娘盼望了好久的那些东西是什么？男人却连忙制止她，"喔，别说了"，再次将解谜导向僵局；男人终于主动提到了"手术"这个话题，又通过多回合含蓄的描述"非常简便""注入空气""以后咱们就好了，就像从前那样"[2]，得以推断出这是一个流产手术，那么一开始关于两人关系的疑问，终于得到一定的解答，得以推断出两人是恋人。然而两人针对手术进行对话，又发生了矛盾和争执，新的疑问再次到场：他们将如何处理这件事？他们的关系会迈向哪一步？

文本情节就这样在一个又一个的行动与悬念中推进，就当读者认为一切谜题都会导向答案时，却落入了圈套——四十分钟的等车时间已经所剩无几，文本又将两人拉回到了列车上，两人的对话结果也似是而非、模棱两可，在文本结束处几乎不了了之。

此外，快车本身也具有某种神秘的张力。某种层面上，快车是一种恒定的、规律化的、工业文明社会的象征，快车的行程似乎是可被两人把控的。然而正是因为它有规律的间隔，或者说，这一间隔甚至还不短，在下一班快车到来之前，两人都陷入一种"搁浅"的状态，既想延续之前的对话接着发生一些什么，却又明确地知晓四十分钟后，时间会有一个"断裂"，他们之间的任何可能发生的事都可能随着快车的到来而终止，这使得两人陷入短暂的迷茫状态。

---

[1] [美] 海明威. 海明威短篇小说全集：上 [M]. 白象似的群山. 翟象俊，译. 上海：上海译文出版社，2019：264.

[2] [美] 海明威. 海明威短篇小说全集：上 [M]. 白象似的群山. 翟象俊，译. 上海：上海译文出版社，2019：265.

三、内涵符码与象征符码勾连的主题

内涵符码（the semic code）指向性格、主题等，但又是局部性的；象征符码（the symbolic code）同主题的联系层次更密切，它通常由一系列二元对立构成，有着强烈的反差。这两种符码十分相似，几乎难以区分，它们总是服务文本的核心，主导着文本的意义。

《白象似的群山》中，出现了两句西语："Dos cervezas""Anis del Toro"，意为"两杯啤酒""公牛茴香酒"。这词汇与短句的在场，即寓意了语言的排他、文化上的被排斥：男人是美国人，身处西班牙，不得不用西语与酒吧女人交流，从而得到他需要的酒；文本没有交代姑娘是哪里人，但是无时无刻不在说明那姑娘听不懂、看不懂西语，也没有跟美国男人以外的人进行交谈。这里便导向了一组对立，即本土与异乡的冲突。同时，也同文化符码中所分析的一样，姑娘处于一种被动的边缘化的地位，受到男人话语解释的控制，这里展现了另一组关于男性与女性的对立。

文本的叙述重点在于两人的对话，从对话的展开中，读者能对两人的性格产生一定的印象。姑娘多次主导了对话的发起，展现出了她主动的一面。她先是问"咱们喝点什么呢"，引发男人买酒点单的行动；她多次眺望群山，将话题引向白象似的群山，男人却感到莫名其妙，没有顺着姑娘的想象加以理会，表现出一种漠不关心，在此他显然没有将姑娘视为可沟通的对象，认为她要表达的内容抽象、古怪甚至反理性、不可读；于是姑娘只好再次转换话题，引向另一种饮料，喝了茴香酒的她隐隐约约讲到了"盼望"，透出遗憾与愁绪，却被男人矢口制止。接着，男人终于挑起了手术的话题，他先竭力描述手术的简便及手术后继续的美好生活，透出一股热切与无情，姑娘表现出迟疑，男人只好话锋一转，表示"如果你不想做，你就不必做。如果你当初不想做，我就不会勉强你"[1]，字里行间流露出一丝虚伪。他又伪善地安抚姑娘"但我什么人都不要，只要你一个。随便什么别的人我都不要"[2]暗示了他不想要孩子留下。对话中两人不同的话语思维方式，同样体现了男性与女性的对立处境，姑娘在试图努力讲述和倾

---

[1] [美] 海明威. 海明威短篇小说全集：上 [M]. 白象似的群山. 翟象俊, 译. 上海：上海译文出版社, 2019：266.

[2] [美] 海明威. 海明威短篇小说全集：上 [M]. 白象似的群山. 翟象俊, 译. 上海：上海译文出版社, 2019：267.

听，男人却并不尊重她的话语思维方式，多次打断和转移话题，且没有将她对白象似群山的态度纳入理解范畴。

随着对话的步步推进，现实的困境与美好的憧憬走向对立，爱与不爱的矛盾愈演愈烈，姑娘陷入两难的情感漩涡，情绪也走向歇斯底里的爆发，"那就请你请你请你请你请你请你请你不要再讲了，好吗"[1]连用多个请求，展现她的无助。

白象似的群山更带有浓烈的象征意味，在文中多次出现。白象在西方文化语境里是昂贵而无用的代名词，这多余的、无意义的群山，就似姑娘肚中的孩子，始终是她视线的关注对象，读者的视线也受到她的指引，聚焦到群山上；对比之下，男人的视线却始终没有受姑娘的指引移向群山。她也多次尝试跟男人探讨这群山，提及这看似并无意义的话题，这其实是她压抑情绪的外化，是她掩盖内心痛苦的一种手段，她极力地试探男人的责任感，去印证那本应牢固的爱情。而男人一味地敷衍和不耐烦，想要绕开和跳脱这个话题，不断重复他的"手术"话题，反复戳姑娘心中的痛点，两人的沟通存在严重的隔阂，这也一定程度上是性别话语上的隔阂，无疑加剧了矛盾冲突。因而白象似的群山这一符码，代表着女性的视野，凸显了姑娘吉格内心的痛苦与绝望，显示了女性脆弱敏感的微妙心理。

指导教师评语：

海明威的《白象似的群山》行文简短，叙述以对话为主，所述事件也微小模糊，要想从中品咂出丰富的内涵，则需耐心的文本细读。该文正是这样一篇文本细读的习作。论文采用罗兰·巴特的五种符码，分析了文本中的文化语境、情节线索，并在此基础上探讨了文中用以呈现主题的系列冲突。（潘华琴）

---

[1] [美]海明威. 海明威短篇小说全集：上[M]. 白象似的群山. 翟象俊，译. 上海：上海译文出版社，2019：268.

都云作者痴，试解其中味
——《题〈石头记〉》中"痴"字英译比较研究

2018级　吕晨

在《红楼梦》里，《题〈石头记〉》这首绝句被周汝昌先生评价为"总督全书、隲括大旨的一篇纲领题词"[1]，"作者痴"三字更是一篇之眼目。目前关于《红楼梦》单一词汇的英译研究，研究最多的是"笑"和"红"的翻译，对"痴"的英译比较研究成果很少，且多是立足于全书文本并注重翻译策略等语言层面的比较，很少涉及文本深层阐释范畴。

本文立足影响比较大的杨宪益、戴乃迭和霍克思的两个英译本，首先指出两个译本对《题〈石头记〉》中"痴"字的翻译差异，接着探讨其在英语语境里翻译不同的文化原因，最后在此基础上，沿着两家译者的理解，借他山之石以攻玉，对作者"痴"之内涵进行更进一步的阐发。

一

现将原诗与两版英译摘录如下：

"满纸荒唐言，一把辛酸泪！
都云作者痴，谁解其中味？"[2]
"Pages full of idle words
Penned with hot and bitter tears;
All men call the author fool,
None his secret message hears."[3]

---

[1] 周汝昌，周伦苓. 红楼梦与中华文化 [M]. 北京：工人出版社，1989：117.
[2] [清] 曹雪芹，[清] 高鹗. 红楼梦：脂砚斋精评本·上 [M]. 北京：北京联合出版公司，2016：3.
[3] David Hawkes.The story of the stone I[M].London：Penguin Books,1973：51.

（霍译）

"Pages full of fantastic talk

Penned with bitter tears;

All men call the author mad,

None his message hears."[1]

（杨译）

"都云作者痴"的"痴"，霍克思译为"fool"，《牛津高阶英汉双解词典》解释为"傻的，愚蠢的"[2]，侧重于"傻"；杨、戴译为"mad"，词典给出的义项有"疯的，神经错乱的；有精神病的；很不明智的，特别喜欢；痴迷"[3]，侧重于"疯"。

二

笔者认为，此处的选词差异源于中西不同的对照习惯模式不同，中国文化传统习惯将情与礼做对照，而西方则是情与理的对照。

在中国，儒道两家思想在某些方面是冲突的。儒家倚重礼仪规范和道德准则，而情感需加以节制，否则被视为癫狂；而道家认为，文明礼仪在情感领域几无益处，徒令人们墨守习俗，损害人的处境。"痴"便有种形而上的道家情怀。历史上有此痴心情怀的，大多有着道隐的风骨。最值一提的是阮籍，"籍母将死，与人围棋如故，对者求止，籍不肯，留与决赌。既而饮酒三斗，举声一号，呕血数升，废顿久之"[4]，下棋、饮酒都是假的，只有鲜血才是真的，他不屑于固守那些有名无实的礼教，借过激行为，表现出自己对虚伪礼教的愤激，将自己从那些条条框框中解放出来，其人毁顿多情如斯，其人蔑礼如此，真真痴心情怀。而雪芹字"梦阮"，心仪阮籍的痴心情怀。杨译"痴"为"mad"，放在这种道家情怀的观察下，自然是

---

[1] Yang Hsien-Yi Gladys Yang. A dream of red mansions I [M]. Beijing: Foreign Languages Press, 1978: 6.

[2] [英] 霍比恩. 牛津高阶英汉双解词典 [E]. 8版. 赵翠莲, 邹晓玲, 等, 译. 北京: 商务印书馆, 2014: 813.

[3] [英] 霍比恩. 牛津高阶英汉双解词典 [E]. 8版. 赵翠莲, 邹晓玲, 等, 译. 北京: 商务印书馆, 2014: 1250-1251.

[4] [南朝宋] 刘义庆. 国学典藏 世说新语 [M]. 徐传武, 校点. 上海: 上海古籍出版社, 2013: 304.

合适的。

霍译"痴"为"fool",以西方文化语境来考察,也是合适的翻译。弗洛伊德心理学对西方文化影响深远,西方人倾向于将情感与理智对立。陀思妥耶夫斯基在《白痴》里呈现了与这一文化传统相抵触的梅什金公爵形象:"他行为古怪,性情疯癫,却受到人们尊敬,被称为为了基督的愚痴。"[1] 梅什金公爵和作者乃至书中宝玉一行人相似,"无故寻愁觅恨,有时似傻如狂",天真优柔,看重真挚单纯的友谊和爱情,不通世事,不循常理,对爱和痛特别敏感。在理性世界里,爱与多情是痴傻的表现。

由此可以看出,杨、戴与霍克思都以各自的文化传统为依托进行"痴"的选词,两家理解虽不同,但没有对错之分。

在翻译的过程中,译者通过文本的中介与作者进行对话,总是带着自己的经验和认知模式进入文本框架,而不同的经验和认知模式必然使不同的译者对相同文本产生不同的阐释,文本中的空白也因期待视野和解读方式的不同产生不同的意义,从而导致阐释的多元。正如吕俊先生所言,"正是作品意义的空白和不确定性以及语义单位连接之间的空缺激发和诱发读者进行创造性的填补和想象性的连接,这是一个读者与作者对话、商榷、争论、调和并产生新的意义的过程"[2]。《题〈石头记〉》一诗的翻译与阐释就是一个很好的例子,在不出现明显错译的情况下,不同的翻译家由于所处的环境不同,其修养与学识也各异,对同一文本出现阐释的多样正是言说与意义"一与多"关系的辩证体现。

三

传统的文学批评上有"言不尽意"说,这正是作品需要阐释的原因。不妨沿着两位译者指引的理解思路,借他山之石以攻玉,试着为作者"痴"之内涵做进一步的阐发。

首先,笔者认为"fool"主要体现在曹雪芹历尽离合悲欢炎凉世态后辛

---

[1] [美] 汤普逊. 理解俄国:俄国文化中的圣愚 [M]. 杨德友,译. 北京:生活·读书·新知三联书店,牛津. 牛津大学出版社,1998:22-23.
[2] 吕俊. 哲学的语言论转向对翻译研究的启示 [J]. 外国语(上海外国语大学学报),2000(5):49-54.

苦著书的过程。作者"于悼红轩披阅十载,增删五次"[1],这种呕心沥血的精神,令人深服。但是费尽许多心血,写此为大雅所不齿的卑微闲书,又绝无收益名利可图,只有讥嘲是非,此等作者,似傻如呆,非至痴之人而何?

其次,"mad"主要体现在作者对艺术的执着,达到"忘我""无我"的境界。"地者,时代社会现实;天者,中华文化母体。两大元素均须雪芹运化,此之谓人。"[2]这样体大思精的工程,不疯魔,不沉湎,不能成事,正如蒲松龄说:"性痴则其志凝,故书痴者文必工,艺痴者技必良。世之落拓而无成者,皆自谓不痴者也。"[3]

然而,这样阐发下来,不难发现,两者是相通的。辛苦著书不顾回报便体现了作者对艺术的执着,而忘我之境也体现在著书过程中。因此,作者之"痴"可以说是兼有"fool"与"mad"的意味,两者又巧合地在《西江月》那一句"无故寻愁觅恨,有时似傻如狂"会合。

再回到《题〈石头记〉》的上下文语境中,整首诗在字句意思上呈现出两方对立的视角,一边是读者,一边是作者。杨、霍两译本也是一样地展现两方视角的来回切换,以霍译为例,读者粗浅地只看到"Pages full of idle words""All men call the author fool",而作者实际上"Penned with hot and bitter tears",只得感叹"None his secret message hears"。然而这样的两方对立,实际上又展示了作者自己在精神境界上对清高和薄俗的分别。

在故事行文中,作者处处体现了这种对立的意识,对人物、事件、环境等进行归类。略举如下:宝玉、秦钟、柳湘莲、蒋玉菡的重情高雅,相对薛蟠、冯紫英的性欲低俗;宝黛、芸红、蔷龄、湘莲三姐情事的真纯痴性,相对于贾珍可卿、贾琏二姐、薛蟠金桂、贾赦鸳鸯情欲的世俗可厌;大观园儿女真纯之地,相对于荣宁二府的大人浊臭之处;等等。这些归类的结果表现为代表了作者精神价值取向的人物对世俗自觉的隔离,他们清楚地明白这种距离感,所以往往又以孤独者自居并以疯癫者自嘲,愈加坚守个人的精神贞纯,而这种自觉疏离的表述也体现了作者的"痴"。曹雪芹也正是这样一位坚守精神阵地的孤独者,所以才会发出"都言作者痴,谁解其中味"那样的辛酸无奈,从这个角度看,作者之"痴"又多了一分大

---

[1] [清] 曹雪芹著,[清] 脂砚斋评. 红楼梦: 脂砚斋全评本·上 [M]. 长沙: 岳麓书社. 2019: 5.

[2] 林方直. 奇文史笔红楼梦 [M]. 北京: 商务印书馆, 2017: 200.

[3] [清] 蒲松龄. 聊斋志异 [M]. 俞驾征, 等校点. 杭州: 浙江古籍出版社, 1997: 100.

孤独、大悲悯。

《红楼梦》中，"痴"字是其风格语词，现于故事之首，且出于作者自白的绝句，是小说核心精神的表征，意蕴颇深，很难在英语语境中找到一个词与其完美对应，要翻译此字实属不易。这也表明探索原文深层含义对文学翻译极为重要，亦可从这种想尽办法也无法翻译完满的案例中客观面对不同文化之间总有些难以逾越的"坎"。不过正和"痴"字本身一样，"fool"和"mad"亦存在空白和不确定性，供西方读者与文本对话、商榷、争论、调和并发掘新的意义。中西虽不同，在文学翻译者的努力下，不同而和。

指导教师评语：

《红楼梦》中，《题〈石头记〉》是总领全书的一篇绝句，"作者痴"三字更是一书之眼目。该文章着眼杨宪益、戴乃迭和霍克思的两个英译版本对《题〈石头记〉》中"痴"字的翻译差异，此文的创新之处在于，关注到翻译选词背后的文化原因，沿着两家译者的理解，以开放包容的态度借他山之石以攻玉，为"痴"之内涵做了进一步的阐发。（臧晴）

生态视域下《热爱生命》的再阐释

2018级　金睿熙

《热爱生命》发表于1906年，是美国作家杰克·伦敦（Jack London，1876—1916）撰写的一部中篇小说，后被收录在同名小说集当中。全文以第三人称视角叙述了一位无名淘金人在自然条件严酷的荒野中艰难求生的全过程。

在笔者看来，若仅将《热爱生命》这篇文章解读为对人的生命意志的赞歌，则既忽视了对该作品的写作背景与题材的考察，也没有注意到作品结尾部分暗含的讽刺与悖谬。这样的解读忽视了垄断资本主义对人性的压抑，即垄断资本主义迫使人甘冒生命危险对自然进行征服和索取，同时造成自然的破坏与对人性的扭曲。因此，笔者从生态的视角出发，对作品的写作背景、内容、内核进行阐释，最终落脚于意识形态批判和对"人"的再探讨。

一、走入荒原：《热爱生命》写作背景与主题的再考察

"金银天然不是货币，但货币天然是金银"[1]。在《哲学的贫困：答蒲鲁东先生"贫困的哲学"》一文中，卡尔·马克思（Karl Marx）第一次公开发表并提出金的地位问题："金银除了与其他商品一样是由劳动时间来衡量价值的商品以外，还具有普遍交换手段，即货币的性质"[2]，"金的第一个职能是为商品世界提供价值的材料，或者说，是把商品价值表现为同名的量，使它们在质的方面相同，在量的方面可以比较……由于这个职能，

---

[1] [德] 卡尔·马克思，弗里德里希·恩格斯. 马克思恩格斯全集：第4卷 [M]. 中共中央马克思恩格斯列宁斯大林著作编译局，译. 北京：人民出版社，1958：145.

[2] [德] 卡尔·马克思，弗里德里希·恩格斯. 马克思恩格斯全集：第4卷 [M]. 中共中央马克思恩格斯列宁斯大林著作编译局，译. 北京：人民出版社，1958：118.

金这个特殊的商品才成为货币"[1]。金银因其稀缺性而具有价值，继而成为一种货币商品，即能够充当一般等价物的商品。作为一切商品的价值代表，金可以在交换过程中转化为任何需要的对象，它的价值可以代表一切商品的使用价值。因此，在马克思看来，金不仅是财富的代表，更"从商品的区区帮手变成了商品的上帝"[2]。

马克思的"商品拜物教"在后世的理论家处得到进一步阐发。例如齐泽克（Slavoj žižek）认为，货币替代购买力的逻辑，是在一个社会对货币这种购买力符号的共同解读的基础上形成的意义实践，其本质是自在自为的资本主义市场经济的意识形态。

在笔者看来，以上观点指出了近代世界史上多次淘金热的兴起逻辑。黄金是财富的象征，依附于人类给予它的意义而具有超出自身的价值。同时，作为财富符号的货币"锻造出人对世界的理解趋向物欲化和价值通约化的心理坐标"[3]。是否占有黄金就意味着是否拥有资本，而后者也标识、区隔出人的阶级地位。同时，由于金银具有自然属性，即可以从自然中直接获得，财富的积累便在一定程度上可以免于依赖传统的雇佣劳动关系，相较于中规中矩地讨生活，淘金更有短时间内实现社会阶级跃升的可能性。在资本主义由自由竞争转入垄断阶段导致社会贫富分化严重、阶级固化的时代，贫富的鸿沟并未随着社会总体财富的增长而趋于弥合，反而使阶级差距日益扩大，底层失业人数的比例越来越高。人们无力改变制度逻辑，因此淘金作为追求财富的特殊手段，对渴望在短时间内获得财富的人具有极大的诱惑力。

自1848年加利福尼亚州发现金矿以来，来自世界各地数以万计的探险者来到北美加入淘金事业当中。据统计，仅1869年至1890年的三十年间，西部采矿业共开采了12亿多美元的黄金和9亿多美元的白银。[4] 事实上，除去早期极少数的淘金者，大部分淘金人都铩羽而归，甚至相当一部分人付出了生命的代价，葬身于恶劣的自然环境当中。而先驱者暴富的传说弥

---

[1] [德] 卡尔·马克思, 弗里德里希·恩格斯. 马克思恩格斯全集：第23卷 [M]. 中共中央马克思恩格斯列宁斯大林著作编译局, 译. 北京：人民出版社, 1958：112.

[2] [德] 卡尔·马克思, 弗里德里希·恩格斯. 马克思恩格斯全集：第31卷 [M]. 中共中央马克思恩格斯列宁斯大林著作编译局, 译. 北京：人民出版社, 1998：519.

[3] 张雄. 货币：一种哲学向度的思考 [J]. 哲学动态, 2003 (8)：8-10.

[4] 刘绪贻, 杨生茂总主编, 丁则民卷主编. 美国通史：第3卷 美国内战与镀金时代1861-19世纪末 [M]. 北京：人民出版社, 2002：132.

漫在美国社会当中,成为迅速蔓延、经久不衰的神话,吸引着更多的参与者想要从中获利,改变自身的生活境遇、提升社会地位。

《热爱生命》的作者杰克·伦敦生活在十九、二十世纪之交的美国,出身于社会下层家庭,父母无固定职业,全家无固定居所。他从小出门打零工,为维持家庭生计和继续学业做过水手、流浪汉,甚至曾以"无业游荡罪"而被捕入狱。1895年,靠近阿拉斯加州的克朗代克发现了金矿,吸引第一批淘金者动身前去冒险。杰克·伦敦加入了淘金的先锋部队,第二年即穷病回家,并未在这项活动当中获得任何金钱利益。但在这一过程中,他积累了大量写作素材,返乡之后写就了以淘金热为背景的"北方的故事"系列。这一系列故事包括《野性的呼唤》《白牙》《热爱生命》等,均反映淘金者在环境恶劣的荒原之中追求财富、艰难生存的境况。

在肯定西进运动对城市扩张、财富积累的同时,少有人注意到其中逻辑的吊诡之处。淘金看似是人征服自然、利用自然的活动,却也是人类在资本主义发展逻辑下写成的一部戕害自然、自我伤害的罪恶史。首先,人在淘金的过程中对自然造成了无可逆转的伤害。例如在淘金过程中,由于采矿技术落后,许多矿区变成了废墟。矿物冶炼及矿渣对空气、水源和土地造成了程度不一的污染和破坏。[1] 其次,淘金体现出一种畸形的对象征符号的追求,"在劳动过程中感到不是幸福,而是不幸,不能自由地发挥自己的体力与智力,而使自己肉体受到折磨,精神遭受摧残"[2],马克思在《1844年经济学哲学手稿》中如是分析被异化的劳动。在以淘金为代表的追求财富过程中,人不断将自身抛入极端的生存状况中,并将这些极端情况合理化、普遍化,在工具理性的驱使下对自身和对自然环境造成双重破坏。这两种破坏在《热爱生命》中均有所反映,而对这两者的批判正是生态批评的着眼点。

二、走在荒原:对《热爱生命》情节与内容的再阐释

《热爱生命》中,主角在荒原中艰难求生的情节,体现了人与自然、人与动物、人与人,以及人类社会运作规则与自然法则之间的冲突。

---

[1] 高国荣. 美国环境史学研究[M]. 北京:中国社会科学出版社,2014:56.
[2] [德]卡尔·马克思,弗里德里希·恩格斯. 马克思恩格斯全集:第42卷[M]. 中共中央马克思恩格斯列宁斯大林著作编译局,译. 北京:人民文学出版社,1958:93.

首先，是人与自然的冲突。文中描绘了极端恶劣的荒原环境。荒原中寒风凛冽，资源匮乏，"四面都是柔和的天际线，山峦低浅。没有大树，没有灌木，甚至没有小草，一无所有，有的只是令人心悸的无边荒凉"[1]。主角在无边的荒原中渺小无助，孤身一人。

其次，是人与动物之间的冲突。在大自然中，人作为食物链上的一环而存在，而不一定是站在食物链顶端的动植物的消费者。主角几次尝试打猎、打鱼，但都因为缺少可利用的工具而失败。最后，他为了维持生计不得不啃食死去的动物的骸骨。在主角筋疲力尽时，全文最大的人兽冲突发生了，一匹病狼悄然尾随着他，准备等他死后吃掉他的尸体。两个濒临灭亡的个体都拖着垂死的残躯想要战胜对方、延续自己的生命。这构成一组输/赢的二元对立结构，且必以一方的死亡实现结构的瓦解。当病狼突然咬住主角的手时，主角为了存活而竭尽全力咬住了狼的脖子，喝了狼血，最终赢得了人兽大战的胜利。

再次，是人与人之间的冲突，也即小说中两个主要人物之间的冲突。两者构成了主体与他者多方面的对照、对立关系，隐含着更深刻的生态、社会、伦理内涵。第一，主角与配角无名与有名的对照。只有在人类社会中，名字才作为符号获得意义。而在大自然面前，个体不作为符号存在，仅作为实体存在，是与其他动物平等竞争的有机生命体。因此，虽然主角没有姓名，但主角眼中的他者在小说中出现了姓名。第二，主角与配角之间的显隐关系的对照。作者详写主角荒野求生过程中面对来自严酷自然的种种考验及身体与心理遭受的多重打击，而略去配角比尔在荒原中的境遇不提，只从主角的视角点出比尔殒命荒原、葬身狼腹的悲惨结局。两人的命运发展在作品叙述中一显一隐，正体现出主体与他者之间的对立。他者是主体眼中的他者，只可被主体当作对象，而无法真正被通达。第三，主角与配角人生观、生命观的对照。小说开篇中，在主角受伤的情况下，比尔不顾主角的哀求抛弃了主角，作为祈求的受诉者却拒绝履行其作为主体的伦理责任，冷硬地掐断了两人之间的交往关系。两人自此分道扬镳，各自求生。也即，比尔在金钱的驱使下抛却了伦理道德的掣肘。而当主角目睹比尔残缺的尸骸之后，他先发出了嘲讽的大笑，之后心中浮出了怜悯和悲伤的情绪，并决定不拿走比尔为之付出生命代价的黄金。这样的对比说明，诸如"诚实""友善"这一类立足于道德的信条无法规约社会中的每个

---

[1] [美]杰克·伦敦. 热爱生命·海狼[M]. 孙法理, 译. 南京：译林出版社, 2015：4.

个体，而只能成为个体的自我要求——这正是这些信条只存于人类理想中而未成为现实的原因。

最后，是人类文明规则与自然法则之间的冲突。主角逐渐丢弃黄金的过程是全文中的线索之一，集中体现了自然环境法则与人类社会规则之间的冲突。当人孤立无援地置身荒野之中时，生存成为第一要务。食物和水是生命赖以生存的基本保障，而黄金并不能使人饱腹，不能使人从中获得足够的能量以保持机体的运动能力，也不能作为防守自卫的武器。更进一步的是，黄金因其重量而成为主角行动的负担，显示出其作为生存的非必需品的本性。一旦意义的决定者死亡，被其赋予意义之物也相应地失去这部分被附加的价值。正如比尔死后，他袋子中的黄金因他的死亡而对他失去了意义。因此，主角即使不愿舍弃淘金的成果，但也不得不在财富符号与生命延续之间犹疑着做出"何者更优先"的价值判断，在走出荒原的过程中一点点将黄金丢弃。

总之，《热爱生命》以中篇小说的体量集中展现了人类社会逻辑与自然逻辑的冲突。当人身处社会之中，生存意味着熟练掌握人类内部的游戏规则并在体系当中力争出人头地，当人身处自然环境之中时，则是物理实存优先。生存第一位，符号之物退居二线。生态成员在见血的厮杀中遵从"物竞天择、适者生存"的自然逻辑。但这些是否意味着可以强调个体之间的冲突、对抗与竞争而彻底否定人与人之间的合作与互惠？共生意识的匮乏和伦理意识的缺席，将使人更进一步陷入恶劣的生存境况当中。

三、走出"荒原"：生态视域下"热爱生命"内核的再揭示

对这篇文章一贯、普遍的阐释方式，是肯定主角在荒原之中的求生意志，将"热爱生命"这一标题和全文的内核解读为生命强度的体现，赞扬这种"用血汗换来的财富"得来不易。据记载，列宁临终前曾要求妻子为他朗读《热爱生命》，以激发自己的求生欲。而在笔者看来，"热爱生命"的内核应当在更广阔的生态视角下重新得到阐释，在本文标题"热爱生命"与蒙着荒诞、绝望的色彩的结尾部分之间存在一种尖锐的悖谬，因而留给了后人思考、阐释、批判的空间。因此，应将《热爱生命》的内核与其中的悖谬之处放入生态视域中进行考察与审视，以进一步揭示小说的意涵。

小说的结局并没有以主角凭借毅力走出荒原的结果而终结，却以第三者全知视角继续叙述主角获救后的种种创伤应激反应，以及船员们嘲讽、

猎奇的种种反应，在主角与船员之间构成了多对一的观看/被观看的结构，为读者留出了解读与批判的裂隙。当主角终于走出荒原后，他成了欲望无法填满的巨大空洞，死里逃生的经历激发了他动物性的占有欲，使他在一段时间内贪食且不停地囤积食物。之后，在旁观者的目击下，主角慢慢发生了从应激状态的"不正常"到"正常"的转变，在身体重返人类社会之后缓慢适应了"文明"的逻辑。对比而言，人类社会要求人压抑动物性而显得"正常""文明"，而资本主义"文明"肯定甚至鼓励包装过的动物性，将获利的结果作为遮掩贪婪、残酷、血腥、龌龊的美丽外壳。正如凯特·B. 斯蒂尔（Kate B. Stine）在美国《书讯》月刊中指出的，"这部书（即指《热爱生命》小说集）使我们面对事实不得不承认其中所描写的那些令人不寒而栗的达尔文生存竞争是我们人类生活的一个部分"[1]。

资本主义商品经济对人的异化问题，是20世纪的文学作品重要的表现对象之一。在伦敦所撰写的《热爱生命》乃至"北方的故事"系列中，荒原是故事发生的背景，是物理实在性的。而在1922年出版的长诗《荒原》里，T. S. 艾略特所书写的"荒原"意象作为一种隐喻，或可与本文中的"荒原"形成相互指涉的关系。在《荒原》当中，艾略特将西方现代文明比作荒原，对资本主义制度下物欲横流、人情冷漠的时弊做出批判。有学者指出，生态危机的产生正源于人性中"欲望"的释放和张扬，追求财富的欲望是造成生态危机的根源。在笔者看来，欲望在造成生态危机的同时，也成为吞噬人性的巨大黑洞，造成人欲横流却精神匮乏、物质杂多却无所依凭的现代生存悖论。

在《热爱生命》中，主角和配角比尔都想要通过淘金获得利益，达到改善生活状态、提高阶级地位的目的。但往往这种对美好生活的向往不仅没有因"用血汗换来财富"而变为现实，反而在能指—所指链条上无穷延宕、永不可及。"美国梦"成为一个飘荡、回响在资本主义社会当中不可企及的神话，一种齐泽克所言的存在于知识与象征的断裂之中的意识形态。从结尾中，读者看不到主角反思、幻灭或超脱的可能。他虽成功走出了物理意义上的荒原，带着淘金成果回到人类世界当中，却难以走出心中无边无际的欲望荒原，难以走出资本主义压迫甚至取消人的"存在"的系统性困境。正如西美尔所言"金钱只是通向最终价值的桥梁，而人是无法栖居

---

[1] 张慧中. 挣脱铁链 跃进荒原：读杰克·伦敦的《荒野的呼唤》[J]. 南京师大学报（社会科学版），1987（4）：48-50，57.

在桥上的"[1]。倘若人永远地活在追求金钱的过程中，充满劳绩的同时如何能够诗意地栖居，如何保有良善与纯真？

因此，笔者认为，在人类中心主义的驱使下对自然进行的征服和索取，既造成对自然环境的破坏，最终恶化人类的生存环境，也走向反人本主义，结果是人心混乱失序。生态主义不仅追求弱人类中心主义，要求实现人与自然的共生共存，同时也追求一种人本主义，希冀"人"能够最大限度地趋向于人性中善的一面。追求消解人类中心主义不意味着反人道主义，事实上，生态主义在某种层面上就是人道主义。生态主义希望人类能够走出欲望的荒原，走向内心的丰盈和安宁，享受物质生活与精神生活的共同圆满。

四、结语：生态视角下的符号与"人"

有一种哲学人类学观点认为人是符号的动物，人运用符号而使人成为文化的人、区隔于动物的"人"。例如在《人论》序言中，德国哲学家卡西尔这样写道："人不再生活在一个单纯的物理宇宙之中，而是生活在一个符号宇宙之中……人不再能直接地面对实在，他不可能仿佛是面对面地直观实在了。人的符号活动能力进展多少，物理实在似乎也就相应地退却多少。"[2] 卡西尔反对从自然主义出发对人进行形而上的定义，以功能论而非实在论、存在论对"人"进行界定。这使得他在肯定符号的文明建构作用的同时规避了下述问题：符号在建构人类文明的同时是否会压抑人的精神、制约人的自由，最终使人走向自由、自主的反面？在笔者看来，卡西尔的理论体系由于仅强调精神作为的自由，但不追究现实实践层面的自由，从而建构了过分强调人类文明的内在自持、隔离于现时社会问题的人性乌托邦，留出了供后人发挥的空间。

一般系统论的创立者贝塔朗菲从某种程度上确证了卡西尔的观点，将符号视为固定人类经验、建构人类文化之物，但又更进一步（或言他直接抛却了卡西尔文化哲学体系的出发点，回到了传统、普遍的那种基于本体论出发的对"人"及"自由"的探讨，而非沿卡西尔的功能论理路继续深

---

[1] [德] 西美尔. 现代文化中的金钱 [M]. 刘小枫. 金钱、性别、现代生活风格. 顾红明, 译, 上海：学林出版社, 2000：10.

[2] [德] 恩斯特·卡西尔. 人论 [M]. 甘阳, 译. 上海：上海译文出版社, 1985：33.

入）指出了符号对人的制约作用，并认为人类的许多困境因对"符号系统"的迷狂与紊乱而生，也即由精神层面的故障所引发[1]，其观点使符号、文化、人和生态批评这四者之间形成了勾连、互动的可能。

如卡西尔所言，物理属性与符号属性是人的两大属性，同时汇聚于个体之人身上且呈此消彼长的态势。处在强调符号活动能力的环境之中，人的物理属性被符号属性遮蔽，符号在场替代本真存在。最终，符号这一人类建构物反而可能消解人类主体性，使人类"死"于其亲手创造之物。这正是现时代的最大痛点，也是生态批评的着力点之一。

指导教师评语：

本文不仅局限于《热爱生命》对于人的生命意志的讴歌，更从生态批评的视角入手，将深层生态学、生态平衡及自然索取观相融合对其中的人与自然、人与人、人与动物之间的关系进行了深度阐释，发掘文本的生态批评价值。文章具有很强的问题意识，结构设计合理，环环相扣，逻辑清晰，论证充分，具有一定的学术价值。（张驭茜）

---

[1] 鲁枢元.生态批评的空间［M］.上海：华东师范大学出版社，2006：26.

第四部分 语言学与文化学研究论文选

"X 人"构式探析

2018 级　杨心怡

2020 年，网红"抽象带篮子"的视频使得"打工人"迅速火遍网络，随即该形式引得广大网民竞相效仿，形成了一系列"X 人"构式。其实，"打工人"这个定义最早在 2005 年就曾出现在百度贴吧中，"X 人"构式也早已有之。但是在这之前，"X 人"构式产生的频率较慢，数量也十分有限，以"打工人"作为转折，不计其数的"X 人"如雨后春笋般涌现于网络，并延伸至报刊、广播乃至大众的口头交谈中，如"尾款人""写歌人""IT 人""5G 合伙人"等。

本文语料主要来源于 2008—2017 年《汉语新词语》和网页、微博，对作为名词的"X 人"构式进行了穷尽式收集。虽然数量有限，可能存在部分遗漏，但是我们认为这些语料已能展现"X 人"构式的基本特点。研究对象主要是"X 人"构式中"人"带有类词缀化倾向的部分，因而如"中国人""苏州人""苏大人"这类明显属于"词根+词根"的情况并不在本文的讨论范围内。

本文在收集到的 191 个"X 人"语料[1]基础上，从"X 人"构式的构成成分、"X 人"构式的语义、"X 人"构式的句法功能三个方面入手，对网络语境下的"X 人"构式进行较为详细的分析，并对推动"X 人"构式发展的语言机制和社会机制进行分析。

一、"X 人"构式的构成成分分析

（一）"X 人"构式中的"人"

"人"最初是指由类人猿进化而成的能制造和使用工具进行劳动，并能运用语言进行交际的动物，指人类；后来可以做自指或旁指代词，指代说

---

[1] 本文语料主要来源于 2008—2017 年《汉语新词语》和网页、微博等中出现的"X 人"形式。具体内容请见附录。

话人自己或说话人之外的其他人。"X人"中，"人"的基本语义特征逐渐虚化、附加色彩义增多，指称对象及使用语域扩展，语法意义增强。

1. 语义特征

根据词典上"人"一词的基本义项，可以总结出其语义特征，即＋［哺乳动物］＋［会使用工具］＋［人科］，但随着"X人"构式的广泛传播与使用频率的增加，推动了"人"变异的程度和速度，使得"人"的语义特征逐渐虚化，脱离原有语义特征，演变出一些新的语义特征，如"小橙人""机器人"作为智能机器的代称，增加了［无生命］义素，"小黄人"属于［+生物］＋［会使用工具］［+人科］这一范畴。还有很多语义特征如［+自嘲］［+幽默］［+娱乐］等增加进来。可以说，"人"的语义特征呈现出开放的变异状态。

2. 语法功能

赵元任的《汉语口语语法》中将"人"归为"复合词末了的结合面宽的语素"[1]，吕叔湘的《汉语语法分析问题》中将"人"归为"类词缀"。"X人"构式很早之前就已存在，但是多年来，它的构词能力十分有限，构词频率较慢，并不能算典型的"类词缀"。如今，"X人"构式在网络文化的助推下，重新活跃并被广泛复制、传播。

在语言学中将实词虚化为类词缀、语法功能得到增强的现象称为"语法化"。"X人"构式中，语素"人"正在经历这一阶段。首先，"人"的词根义产生了一定程度的虚化，增加了如［+自嘲］［+幽默］［+娱乐］等附属色彩义，但并没有完全脱离其理性意义，还保留着词根语素的语义内容。其次，构词时位置固定，作为后附语素黏着在修饰限定成分"X"之后。再次，有标识词性的功用，不论"人"前的"X"部分的词性是名词性、动词性，还是形容词性成分，"人"与它们结合构成"X人"后，都成为名词性的。

在语法化的过程中，"X人"构式能产性提高，人们可以通过类推的方式自由创造出更多的新词语，这也是网络语境下各种"人"涌现的原因之一。广大网民以互联网为主要平台，以"打工人"为模板，类推仿拟出不计其数的"X人"，如"熬夜人""教资人""晨读人""养生人""加班人"等，使语素"人"在语法化的过程中衍生出一个新词类。

（二）"X人"构式中的"X"

从我们所收集的语料可以看出，在"X人"构式中的"X"是比较复杂

---

[1] 赵元任.汉语口语语法［M］.吕叔湘，译.北京：商务印书馆，1979：115.

的。"X人"构式中的修饰限定成分"X"在形式、音节、语素、词性分布上都呈现出一定特征。

1."X"的形式

"X人"构式中的"X"的形式以汉字为主,同时兼有数字、英文字母及相互夹杂等形式,我们将之分为纯汉语形式、非汉语形式和混合形式三种类型。

纯汉语形式即由全汉字充当"X",如"打工人"等。

六年前,趁女儿们放暑假,我去万洋当了一个暑期工。就在万洋,我见到了一个真正的打工人,姑且叫他老李吧。(网易网,2020-11-17)

非汉语形式主要由外来单词或单词首字母简称充当"X",如"IT人"等。

都说IT行业是个吃香的存在,薪资高,发展好,那不如我们来看看真正IT人对这个行业的看法吧!(搜狐网新闻频道,2019-01-16)

混合形式主要由"阿拉伯数字+英文字母+汉字"组合充当"X",如"5G合伙人"等。

蔡徐坤不愧是5G合伙人,冲浪杠杠滴!(微博超话,2020-11-18)

2."X"的音节特点

由表1和表2可知,在音节数量上,"X"有单音节词、双音节词、多音节词,另有少量由数字、英文字母构成。其中,双音节形式占到80%以上,这符合现代汉语双音节化的特点,加上位于"X"后的共同语素"人",又构成了三音节占优势的音节特征。事实上,"2+1"音步的三音节附缀式构词,是目前很多新词产生的方式之一,这样的构词形式既保留了汉语双音节化的特色,又满足了当今社会表意丰富的需要。

表1 "X人"构式中"X"的音节特点(数据)

X的音节特点	全汉字			纯英文	其他
	单音节	双音节	多音节		
数量/个	31	154	5	1	1
所占比例/%	16.1	80.2	2.6	0.5	0.5

表2 "X人"构式中"X"的音节特点（举例）

单音节	铁人、红人、牛人、仙人、工人、中人、证人、媒人、夫人、丈人、雷人、能人、超人、潮人、达人、腥人、艺人、狼人、浪人、烂人、路人、哈人等
双音节	打工人、社会人、读书人、考研人、单车人、电脑人、拼单人、定金人、尾款人、吃土人、熬夜人、合租人、生物人、保车人、流性人、状态人、煎饼人、白线人、晨型人、小橙人、干饭人、井底人、斑马人、养号人、矮星人、汪星人、说唱人、喜剧人、文案人、早八人、鸡型人、工具人等
多音节	"双十一"人、南方加绒人、过期新鲜人、共享单车人、凡尔赛人
纯英文	IT人
其他	5G合伙人

3. "X"的语素类型和内部结构

由表3和表4可知，"X"可分为单语素"X"、双语素"X"和多语素"X"。其中双语素"X"占比较大，按结构类型又可分为支配式、偏正式、联合式和附加式四类。

表3 "X人"构式中"X"的语素类型

X的语素类型	全汉字			纯英文	其他
	单语素	双语素	多语素		
数量/个	63	124	3	1	1
所占比例/%	32.8	64.6	1.6	0.5	0.5
举例	红人、达人、媒人、生物人、音乐人、汪星人、凡尔赛人等	打工人、读书人、拼单人、吃土人、煎饼人、井底人等	南方加绒人、过期新鲜人、共享单车人	IT人	5G合伙人

表4 "X人"构式中双语素"X"的内部结构

结构类型	举例
支配式	打工人、拼单人、读书人
偏正式	白线人、喜剧人、煎饼人
联合式	说唱人、领导人、翔飞人
附加式	小黄人、晨型人、自家人

4. "X"的词性分布

由表5可知,"X人"构式中"X"的词性主要集中在名词、动词和形容词三大类实词性成分上,其他还有代词、助词短语、区别词、语气词等。

表5 "X人"构式中"X"的词性分布

X的词性	数量/个	所占比例/%	所占比例
名词性成分	76	39.6	教资人、化学人、煎饼人
动词性成分	78	40.6	打工人、考研人、吃土人
形容词性成分	27	14.1	焦虑人、乐观人、自由人
代词	3	1.6	他人、自己人、其他人
助词短语	2	1.0	被告人、被保人
区别词	3	1.6	上等人、下等人
语气词	1	0.5	哈人
其他	2	1.0	IT人、5G合伙人

在现代汉语实词中,作为主体词的名词、动词和形容词与其他词性相比在语法功能上具备一定优势,它们的组词能力强,比较容易与其他词或语素结合为新词。在"X人"构式中的"X"部分中,名词性成分所含信息较为具体,容易使人产生联想;动词性成分中作为核心信息的动作行为更易使人产生共鸣;形容词性成分表现对象的性格和品质,生动传神。名词、动词和形容词这三种成分,都较好地描述并凸显出所指称对象自身的独特之处。除此之外,在认知习惯上,人们认识事物也主要是从名词开始的,名词、动词和形容词在人们认知的过程中最易于理解和接受,符合人们的认知规律。

(三) 小结

"X人"中"人"的基本语义特征逐渐虚化,附加色彩义增多。其在构词过程中,起到了标记词类性质的作用,它作为名词的标记与各种性质的词根结合构成名词。相对而言,充当"X"的成分比较复杂,它体现了"某一群人"所共有的关键特征。从组合形式上来看,"X人"的结构类型是附加式,即"X"是词根,"人"是后附的结合面宽的语素,具有类词缀化倾向。

二、"X 人"构式的语义分析

"X 人"构式不仅形式方面发生了变化,意义也有所变动。伴随着该类词数量的增多,我们从表义类别和色彩意义两个方面分析"X 人"的语义特点。

(一)"X 人"的表义类别

首先,我们要明确的是,"X 人"本身表示的是一个群体概念。纵观"X 人"构式可以发现,大众对形形色色的"X 人"的命名所采用的方式主要是借代这一修辞手法,即用群体某一方面的独特之处来代替群体的名字,有的是身份职业、有的是动作行为、有的是境况处境、有的是个性特征、有的是外貌着装,还有一些与之相关的日常生活物品,无一不表明了群体的典型特征。

1. 身份职业类

人们用表示身份或职业的名词来借代某一群体,由于特征明显、容易识记,所以这类命名方式在整个"X 人"构式中占有相当数量。举例如下:

(1)艺人:泛指有才艺、有才艺者,也用于身份自称,作为职业它与文人有一个规范的叫法,即"文化艺术工作者"(文艺工作者),现在多指娱乐工作者(影视歌)。

(2)教书人:教师,在学校里传道解惑的人。

(3)说唱人:从事说唱艺术的人,如 rapper。

2. 动作行为类

人们用一段时间内一直做或经常做的事情来借代这一群体。举例如下:

(1)打工人:本是打工一族的自称,现在也是很多上班族的真实样子——披星戴月、早出晚归。努力为老板赚钱。

(2)考研人:努力学习,目标为考上研究生的人。

(3)读书人:人们对知识分子的一种口头称呼,代表着追求知识、追求真理的一类人。

3. 境况处境类

人们用一段时间内出现一种情况或所处的一种境遇来借代这一群体。举例如下:

(1)合租人:和至少两个人一起租住一间或一套住房的人。

(2)吃土人:穷到没钱吃饭只能吃土的人,引申为商场优惠时疯狂购物的人。

（3）竞赛人：参加各类比赛的人。

4. 个性特征类

人们用在一段时间内突出的性格特征、做事风格来借代这一群体。举例如下：

（1）焦虑人：对亲人或自己生命安全、前途命运等过度担心的人。

（2）乐观人：态度积极向上的人。

（3）晨型人：坚持晚上早早睡觉，早晨四五点钟就起床的人，也表达一种为了在忙碌的生活工作中保留快乐，因而早起，听音乐看书听广播的生活方式。

5. 外貌着装类

人们用一段时间内常穿的衣服或突出的外貌特征来借代这一群体。举例如下：

（1）南方加绒人：由于难以抵抗南方冬天湿冷，穿上加绒衣服的人。

（2）潮人：穿着打扮潮流，走在时尚前沿的人。

（3）斑马人：身穿斑马衫的人。

由于网络语境下有些"X人"表意的不确定性和偶然性，加之篇幅所限，本文分类未能覆盖到每一个语料，也无法对收集到的所有"X人"语料的类别进行穷尽式的展现。因此，上述分类只是对"X人"构式的主要类别及整体面貌的一个概括性呈现。

（二）"X人"的色彩意义分析

"X人"的色彩意义在具体使用中是有所不同的，具体表现为：

1. 贬义色彩

像"煎饼人""养号人"等都是具有贬义色彩的词，例如：

我们都成了传说中的"煎饼人"，又薄又大，关注点浅浅地散布在一个很大的范围，只求泛泛地掌握，不强求深度了解，十八般武艺样样全懂，却又是样样稀松。（《嘉兴日报》，2011-04-29）

在私营经销商和职业"养号人"看来，手机靓号资源稀少，有人买、有人卖，这就是市场行为。（网易网，2014-12-02）

2. 褒义色彩

像"追梦人""读书人"等具有明显的褒义色彩。表达了说话者对这类人或行为的肯定与赞许。例如：

我们都在努力奔跑，我们都是追梦人。（央视网新闻，2019-02-08）

这次图书节长达 11 天，跨越两个双休日，以使日渐忙碌的<u>读书人</u>抽出时间在书海中徜徉。(《人民日报》，2000 年)

3. 中性色彩

大部分"X 人"属于中性，如"打工人""考研人"。

<u>打工人</u>往往起早贪黑，拿着微薄的工资，但工作十分辛苦。(搜狐网，2020-10-27)

临近冬至，也就是即将进入冲刺阶段的时候，挨到这时的<u>考研人</u>有两种极端：一种麻木不仁，一种感情脆弱。(搜狐网，2006-04-25)

总体来说，目前表中性色彩的"X 人"构式较多，这符合"人"这一结合面宽的语素出现后很长一段的色彩义情况，但是近年也逐渐出现了一些带褒贬的情况。

三、"X 人"构式的句法功能分析

"X 人"构式跟一般名词的主要语法功能相同，多充当主语、宾语、定语或介词后置成分，可受数量词和形容词修饰，有时也可以同"们"组合表复数意义。

(一)"X 人"的造句功能

词在句子中能不能充当句法成分及能充当什么句法成分即为造句能力。对于"X 人"的造句能力，主要表现为在句中充当主语、宾语、定语或介词后置成分。

"X 人"作主语，例如：

虽然现在已经是半夜了，但是由夜猫子组成的"<u>竞赛人</u>"一个都还没有睡。(搜狐网，2019-07-12)

"<u>白线人</u>"和真人同等大小，用金属材料制成，夜间能发光，看上去就像交警标划的交通事故现场。(《北京日报》，2011-02-24)

"<u>叫包人</u>"并没有将记者带向附近的寄存处，而是将记者引向了位于地下通道的一家小寄存处。(搜狐网，2007-05-05)

"X 人"在句中充当宾语，例如：

为什么你成了<u>过期新鲜人</u>？我们采访了三位没有立即获得或者投入工作的年轻人。(《第一财经周刊》，2010-08-16)

职场中有两类典型人才：一种是踏实勤勉的"<u>牛</u>"型人，另一种是善于交际的"<u>鸡</u>"型人。(《羊城晚报》，2008-11-19)

"X人"可以在句中作定语，例如：

如果有行人自愿加入"斑马人"的行列中，即可成为"三分钟志愿者"。（《北京青年报》，2013-06-06）

他并不想像其他人一样和自己的性别做"斗争"，而是会选择坦诚面对自己，未来他还希望能够多了解"流性人"的信息。（《北京青年报》，2013-09-14）

尾款人的购买力有多惊人？2020天猫"双十一"最大悬念即将揭晓。（《南方都市报》，2020-11-11）

"X人"还可以用在介词后，例如：

能否给"井底人"一个落脚城市的暂居地，比如个别城市探索过的、供农民工居住的"一元公寓"；或者给他们一点职业培训，提供一个力所能及的工作机会。（《新京报》，2013-12-08）

对于打工人而言，找工作要比工作累很多。（搜狐网，2020-10-26）

新老书记给接班人定下四个"有"。（《辽沈晚报》，2017-09-11）

（二）"X人"的组合能力

组合能力是指某类词能跟什么词发生组合关系，不能跟什么词发生组合关系。谈到"X人"的组合能力，主要是指能够与表示数量的词语和形容词相结合，此外，它还可以加复数助词"们"。

1. 数量词+"X人"

首先，"X人"可同表示确数的数量结构组合，如"一个""20名"，例如：

没有人能阻止一个吃土人付尾款，但这本书可以。（微博，2020-11-17）

此次出动的20名"斑马人"分成了两支小分队，分别"把守"在长虹桥和三里屯village的路口处，带领行人穿越斑马线。（《北京青年报》，2013-05-06）

其次，"X人"可同表示概数的词或短语组合，如"这些""有些"等。例如：

有些"叫包人"身穿铁路工作服，冒充车站工作人员，对旅客声称"站台要求，必须此处存包"。（《北京青年报》，2007-05-05）

京东"双十一"广告大制作，这些代言人你认识几个呢？（腾讯网，2020-11-09）

2. "X 人" +复数助词 "们"

"X 人" 可以构成 "X 人们" 的形式，表复数。例如：

今天是教资考试的第一天，教资人们在评论区说说你们的感受吧。（微博，2020-10-31）

敬人敬物敬生活 莆田手艺人们让传统技艺"青春不老"。（中国文明网，2019-02-25）

最强种草社区小红书，云集各圈红人们。（新浪财经，2019-01-04）

结合以上例句分析我们可以总结出 "X 人" 所指称的具有某类特质的人的数量，可以指一个人还可以是一群人或一类人，既可以表示确定的数量又可以表示不确定的模糊的概念。

3. 形容词+ "X 人"

例句如下：

警方根据涉案资金流向，在云南抓获了傅小宝，对这一系列电信诈骗犯罪追根溯源后发现，傅小宝是处于下游的"工具人"。（《中国青年报》，2020-10-28）

为此，郑州唯爱康中医院携知名专家走进郑州报业集团，为奋斗在新闻一线的媒体人送上一份温暖与健康。（凤凰网，2019-11-09）

一个好的文案人，一定是善于感受生活的，善于感知生活的方方面面和发生的一切。（简书，2020-11-12）

四、"X 人"构式的流行原因及语用价值

（一）内部原因——语言内部机制提供了产生的可能性

1. 模因效应

首先是语言的类推机制，这可以用目前语言学界非常流行的一个术语——"模因"来表达。"meme" 一词最早出现在道金斯于 1976 年出版的经典畅销书《自私的基因》（*The Selfish Gene*）中。它指文化领域内人与人之间相互模仿、散播开来的思想或主意，并一代一代地相传下来。任何一个信息，只要它能够通过模仿而得以复制、传播，就可以称为模因。"X 人"模因的大量复制与传播是 "X 人" 构式在语言中大量翻新的主要因素。

道金斯指出，长寿性、多产性和复制保真性是模因的三个特质。[1]"X人"构式出现时间较早，如"工人""媒人""夫人"等，沿用至今。在近年来网络文化的助推下，这一结构日渐流行，被广泛复制、传播，具有长寿性。"X人"构式言简意赅，在网络上被人们频繁复制并迅速传播，衍生出大量的新词，比如"尾款人""吃土人""教资人"等，能产性非常高，具有多产性。"复制保真性"是指模因在复制的过程中要保留原有模因的核心或精髓。[2]"X人"产生的新词，基本都保留了"X人"构式的基本词语结构，保留了"X人"的"表示具有某一共同特征的一群人"的基本语义标记，具有复制保真性。

2. 语言经济原则

法国语言学家马丁内认为语言的经济性原则必须保证以完成语言的交际功能为前提，同时人们有意或无意地对语言活动中的力量消耗做出合乎经济要求的安排，能省则省。在快速发展的社会中，人们的生活节奏越来越快，体现在语言上，他们更追求言简意赅。因此，这一原则变得更加重要。"X人"的意思是"具有某一共同特征的一群人"，表义功能强，形式凝练简洁，符合语言的经济节省原则。

(二) 社会原因——语言外部环境提供了产生的必要性

1. 网络力量的推动

近年来，随着网络科技的快速发展，网络的便捷性、普适性及超时空性的特点，使网络成为新词流行的助推器。在网络社交平台上，人们可以自由地交流观点、表达情感，整个社会环境变得更加开放、包容，人们使用语言表达的机会空前活跃。

与此同时，在互联网平台的"狂欢精神"与"参与式文化"下，人们对语言有着更强烈的需要，陈旧而不符合交际的语言被淘汰，取而代之的则是新颖、具有活力的新词语。"X人"构式符合社会发展的需要，符合人们交际的需要。

2. 社会心理

在模因论中提到，宿主的心理意向也影响着模因的复制传播。正如何自然所说，"语言模因则是将复制权交给模因宿主，即语言交际者"。"正是

---

[1] Dawkins R.The selfish gene:30th anniversary edition[M].Oxford:Oxford University Press,2006:194.

[2] 刘坛孝，陈建生.模因理论下"山寨×"构式的衍生动因[J].湖南农业大学学报：社会科学版，2011 (3)：88-92.

宿主意图及语境的相互作用，产生了传播力度不同的语言模因。"[1]

使"X人"构式快速流行的契机是"打工人"的出现。这个词背后隐藏了部分当代人的工作观念与生活情绪。"打工人"本身戳中的痛点，即我们每个人都是为老板打工的工具人。这是长久存在的，疫情下的生存压力更给痛点加了压，让人看清本质。

"打工人"因运而火，表达的是人们自嘲式的身份认同也是自我宽慰。既然当初的窃·格瓦拉只能是一个抚慰人心的"传说"，那么"打工是不可能打工"这样的誓言也终成为梦境。于是我们就只有依靠一些小小的反抗，来表达对当下困境的不满。"打工人"的自称便是这样一种打破了身份阶层的界限，让人们的情绪得以宣泄的出口。与此同时，每天一句"早安，打工人""加油，打工人"的话证明我们并没有完全的悲观绝望，依旧每天鼓励自己，努力地生活。

之后衍生出来的"XX人"，正是在玩梗的同时，大家发现，在很多事情上，其实我们都一样。

附录：

一、2008—2017 年《汉语新词语》

（1）叫包人 "叫包人"并没有将记者带向附近的寄存处，而是将记者引向了位于地下通道的一家小寄存处。（搜狐网，2007-05-05）

（2）雷人 前昨两天内，上海的轨道交通车厢内3次出现打扮另类的4名"雷人"。（《新民晚报》，2008-11-02）

（3）"牛"型人、"鸡"型人 职场中有两类典型人才：一种是踏实勤勉的"牛"型人，另一种是善于交际的"鸡"型人。（《羊城晚报》，2008-11-19）

（4）过期新鲜人 像赵君萍这样，毕业后一直未能就业，或者曾经有过短期工作经历，目前又计划寻找新职业的群体，在人才市场上处于相对劣势地位。职场上将这个群体称为"过期新鲜人"。（新浪网，2010-12-27）

（5）白线人 "白线人"和真人同等大小，用金属材料制成，夜间能发光，看上去就像交警标划的交通事故现场。（《北京日报》，2011-02-24）

（6）煎饼人 我们都成了传说中的"煎饼人"，又薄又大，关注点浅浅

---

[1] 何自然. 流行语流行的模因论解读［J］. 山东外语教学，2014，35（2）：8-13.

地散布在一个很大的范围，只求泛泛地掌握，不强求深度了解，十八般武艺样样全懂，却又是样样稀松。(《嘉兴日报》，2011-04-29)

(7) 汪星人 我们的生活中，"汪星人"无处不在，或灵巧，或憨厚，就像今天见报的这几位，可爱至极，标准的"人模狗样"，难怪都是主人的心头肉。(《新闻晨报》，2012年11月1日)

(8) 喵星人 有个毛茸茸的喵星人或汪星人陪伴，冬天也会好过得多。(《北京青年报》，2012-12-07)

(9) 斑马人 首批20名"斑马人"来到了北京青年报大厦，参加交通知识和健康急救的专题讲座。(《北京青年报》，2013-05-06)

(10) 井底人 能否给"井底人"一个落脚城市的暂居地，比如个别城市探索过的、供农民工居住的"一元公寓"；或者给他们一点职业培训，提供一个力所能及的工作机会。(《新京报》，2013-12-08)

(11) 住井人 在面临"去了救助站，一家就没吃喝了"这种尴尬局面的情况下，"住井人"最终也只能继续选择居住井下。(《人民日报》，2013-12-13)

(12) 矮星人 作文讲述的是地球上的一名探险家来到矮星，擅长治理环境的矮星人通过探险家的望远镜看到了地球被污染的状况，主动要求到地球帮忙的故事。(《华西都市报》，2014-03-02)

(13) 养号人 在私营经销商和职业"养号人"看来，手机靓号资源稀少，有人买、有人卖，这就是市场行为。(《网易网》，2014-12-02)

(14) 流性人 他并不想像其他人一样和自己的性别做"斗争"，而是会选择坦诚面对自己，未来他还希望能够多了解"流性人"的信息。(《北京青年报》，2016-09-14)

(15) 保车人 保车人都会跟司机说，他们什么都保，有上面来检查还会提前通知。(《新京报》，2016-10-24)

(16) 小橙人 "小橙人"只是快递行业引进智能机器人的一次成功尝试，可以分栋大型包裹的"大橙人"预计在两年内也将引进。(《齐鲁晚报》，2017-06-23)

二、网页、微博

(17) 铁人 铁人虽去，精神长存！纪念王进喜逝世50周年 (搜狐网 2020-11-17)

(18) 牛人 我眼中的"十三五" | 张胜 牛人做好牛文章 (新华网 2020-10-16)

（19）狼人　这个"狼人训练营"不简单！（搜狐网 2020-11-04）

（20）仙人　仙人指路 K 线是什么 结构特征解析（股城网 2020-08-07）

（21）工人　打造现代农业园区 农民变身"产业工人"（新华网 2020-11-16）

（22）中人　企业退休人员有没有中人一说呢？（搜狐网 2019-06-12）

（23）证人　广州出台规定 把证人保护机制贯穿办案全过程（《人民日报》2019-08-04）

（24）媒人　50 岁媒人大妈"戏耍"两"90 后"小伙恋爱，相亲后网恋竟是骗局！（腾讯网 2020-11-18）

（25）夫人　美媒：拜登夫人或成美首位保留带薪工作的第一夫人（澎湃新闻 2020-11-09）

（26）能人　充分发挥乡村能人带动作用（搜狐网 2020-11-17）

（27）艺人　网剧艺人新媒体指数 TOP50 发布，网剧的"造星"之路呈现五大特点（央广网 2017-04-14）

（28）浪人　浪人韩寒，商人郭敬明（腾讯网 2020-11-14）

（29）路人　残忍！乌男子为拍"搞笑"视频推路人下河 路人绝望哀求后溺亡（人民网 2019-04-10）

（30）客人　3 亿客人信息泄露 万豪被罚 1.6 亿元（凤凰网 2020-11-03）

（31）商人　"了不起的商人"赵媛和她的供货商（新华网 2019-03-29）

（32）军人　俄罗斯一军用机场发生袭击事件致 3 名军人死亡（新华网 2020-11-09）

（33）兵人　没有戒具，只有沙盘、沙发和兵人，检察院里的这间讯问室为何有些不一样（上观新闻 2020-10-23）

（34）超人　工行镇江中山支行积极开展"反假小超人"宣传活动（新华网 2020-09-26）

（35）游人　宁波：四明山间景色美 游人相约纷至杳来（新华网 2020-11-19）

（36）爱人　登天梯、盖邮戳、写信给十年后的爱人……来四面山过别样七夕（新华网 2020-08-25）

（37）红人　电商"红人"韩文静助力家乡农产品"走得更远"（新华

网 2020-08-27 11:06)

（38）潮人　第一代中国潮人——张光宇的"艺术12燃"就在前方（艺术中国 2020-11-17）

（39）达人　澎湃！这里掀起一股"达人"浪潮（搜狐网 2020-11-20）

（40）腥人　娱乐关键词："腥人"2007年将在娱乐界火爆流行（新浪 2007-01-04）

（41）野人　小伙疑玩游戏产生幻觉出走 山上生活12天几成野人（新华网 2018-11-26）

（42）烂人　这是什么烂人！（环球网 2019-01-27）

（43）他人　放过自己，放过他人（新华网 2020-11-04）

（44）丈人　小伙将旧宅推倒重建 为老丈人建510平京郊小院（网易新闻 2018-02-19）

（45）祖安人　LPL隐藏的"祖安人"，Rookie私下与阿水对话，上来直接问候家人（新浪网 2020-06-26）

（46）数学人　自强不息的数学人——记兰州大学数学与统计学院范先令教授、李万同教授（兰州大学新闻网 2014-11-03）

（47）生物人　生物类硕士博士生的真实生活写照，看完你还想当"生物人"吗？（搜狐网 2018-12-14）

（48）物理人　你好物理人丨侯晓远：自由物理人生（搜狐网 2017-11-02）

（49）化学人　化学人的祖师爷，该拜谁？（腾讯网 2019-04-22）

（50）经济人　经济人是市场经济塑造的产物（人民论坛网 2019-10-21）

（51）法律人　推荐你60本法律人必读经典书单（2020-11-17）

（52）工程人　中建七局这帮热心"工程人"超赞（中新网 2020-04-11）

（53）游戏人　日本游戏人石锤，称中国游戏全面赶超日本，但他们并不羡慕（搜狐网 2020-11-20）

（54）雅思人　没有困难的学习，只有绝不认输的雅思人（搜狐网 2020-10-29）

（55）大创人　如何成为一名优秀的"大创人"？丨微调查（搜狐网 2019-06-11）

（56）状态人　无暇约见朋友，至少做个"状态人"，以免渐行渐远

（新浪网 2020-08-15）

（57）中职人　最美中职生展播（二）中职人多彩且最美（搜狐网 2017-09-22）

（58）职业人　城阳在青岛市率先推行国有企业职业人市场化招聘（新华网 2020-03-16）

（59）作业人　托普大学生图鉴：作业人、打工人、干饭人……（网易订阅 2020-11-18）

（60）音乐人　青岛：这群音乐人战"疫"有力量（人民网 2020-04-02）

（61）垃圾人　贵州公交坠湖司机蓄意报复社会：垃圾人为何都有颗"巨婴心"？（腾讯网 2020-07-13）

（62）活动人　如何成为一名#活动人（#EventProfs）？（搜狐网 2017-08-09）

（63）枸杞人　枸杞市场：不要做一个被淘汰的枸杞人（搜狐网 2017-05-19）

（64）社会人　治未病，做健康社会人！国内外一线专家在这场大会为你解决痛点（腾讯网 2020-11-09）

（65）经纪人　"新经纪服务加速器2.0"全面赋能经纪人　贝壳找房引领行业迈向品质化（消费日报网 2020-11-12）

（66）自由人　SMLZ成为自由人后，亲自辟谣：毫无退役的想法！正在寻找队伍（搜狐网 2020-11-20）

（67）幸福人　小康幸福人：美好生活　越过越旺（钦州市政府网 2020-11-20）

（68）自己人　兴全基金"自己人"与"外来户"：内部培养的基金经理收益更高（新浪网 2020-11-17）

（69）其他人　同样是在《欢乐喜剧人》拿冠军，其他人都越来越红，他却被人遗忘！（搜狐网 2020-11-13）

（70）联系人　男子莫名成前同事贷款联系人　每天接200个催债电话（网易新闻 2018-09-22）

（71）媒体人　看满天星光　寻天文奥秘——两岸媒体人的观星之行（新华网 2020-11-18）

（72）单车人　献礼祖国七十华诞，他们深情告白——资阳单车人唱响《我和我的祖国》，燃爆全城（搜狐网 2019-09-26）

(73) 电脑人 三大直播平台真实人气出炉。虎牙电脑人最多，斗鱼排名第一（新浪网 2018-05-10）

(74) 尾款人 双十一"尾款人"的啤酒消费"新口味"（新华网 2020-11-13）

(75) 定金人 昨日"定金人"，今日"尾款人"——聊聊"双11"定金预售那些事（新华网 2020-11-10）

(76) 教资人 考试吧，教资人！（搜狐网 2020-10-31）

(77) 手速人 双十一后，这里成了顶尖"手速人"的新主场（搜狐网 2020-11-12）

(78) 单身人 上海200万名外地单身人，却都没有买房资格（新浪网 2020-10-21）

(79) 馒头人 布朗熊和馒头人：你喜欢的Line终于上市成功了！（TechWeb网 2016-07-12）

(80) 基地人 我们基地人——在成就事业中成就自己（搜狐网 2018-11-17）

(81) 文案人 一周案例 |《来电狂响》造新梗，小学生令文案人心慌（搜狐网 2019-01-07）

(82) 早八人 你好，南开园的早八人！（新浪 2020-10-29）

(83) 工具人 配角岂是"工具人"（搜狐网 2020-11-13）

(84) 喜剧人 喜剧人矩阵再添超新星 金靖入驻快手担当体验官（网易新闻 2020-10-24）

(85) 主理人 从乐手到厂牌主理人渴望本土音乐人"抱团"联动（新浪财经 2020-11-20）

(86) 心上人 甘肃：当好群众"心上人"办好脱贫"头等事"（国家税务总局 2020-11-19）

(87) 意中人 我的意中人是盖世英雄，他会用最浪漫的方式来娶我（新浪网 2020-08-19）

(88) 投保人 欺骗投保人问题仍存 保险机构年内频收罚单（新浪财经 2020-04-15）

(89) 担保人 主债务人破产重整 担保人不能免责（搜狐网 2020-11-12）

(90) 追梦人 地铁"追梦人"（人民网 2020-11-13）

(91) 创业人 地产创业人 | 进深（搜狐网 2020-11-18）

（92）打工人　用法治保障打工人的休息权（新华网 2020-11-12）

（93）上学人　加油！快乐上学人！（新浪 2020-11-05）

（94）拼单人　"血拼"留下尴尬为了 20 元 满商场寻找拼单人（浙江新闻 2007-10-06）

（95）加班人　加班人"假勤奋"的加班人实则最懒（搜狐网 2019-03-29）

（96）剁手人　剁手人，你的快递正在"光速"配送中……（腾讯网 2020-11-11）

（97）养生人　在？来测测你是哪种养生人！（搜狐网 2020-11-17）

（98）创作人　创作人集合！2020 今日头条生机大会报名正式启动（财讯网 2020-11-12）

（99）早睡人　"打工人"到底是个什么梗？还有"尾款人""早睡人""人上人"……（网易 2020-10-27）

（100）熬夜人　熬夜人必看，身体才是自己的！（搜狐网 2017-08-02）

（101）读书人　袅袅秋风运河水　脉脉文心读书人（沧浪新闻网 2020-10-29）

（102）吃土人　真正的双十一来啦：从"吃土人"成功升级"吃圭人"！（搜狐网 2020-11-12）

（103）洗衣人　全国数十万洗衣人一起，共度时艰（搜狐网 2020-02-01）

（104）体测人　体测人，体测魂，800 达标人上人！（搜狐网 2020-11-04）

（105）管理人　银亿股份披露重组进展　临时管理人已转为正式管理人（搜狐网 2020-11-18）

（106）追剧人　杨紫吐槽电视剧的套路　说出了广大追剧人心声（中国网 2020-10-26）

（107）竞赛人　起底公开赛，"竞赛人"的十二时辰（搜狐网 2019-07-12）

（108）考证人　一个词来总结考证人的上半年，那一定是"不容易"（网易 2020-07-07）

（109）策划人　网红走红毯有"猫腻"？策划人私下收红包安排提前出场！（搜狐网 2020-10-26）

（110）策展人　青年策展人可成为沈阳艺术发展的原动力（新浪网

2020-10-30）

（111）考博人　考博人，你找工作了吗？（知乎2018-08-06）

（112）考研人　今年全国考研报名人数422万！21考研人现状（搜狐网2020-11-11）

（113）考公人　考公人注意！这些职位不是公务员（搜狐网2020-11-20）

（114）考试人　考试人集合！这些重要考试已经开始报名了（搜狐网2020-11-09）

（115）运动人　今日，我们都是运动人！（搜狐网2020-11-13）

（116）干饭人　青岛"干饭人"注意！多家外卖后厨被曝光，老鼠、蟑螂、苍蝇凑齐了！有一家评分还很高…（搜狐网2020-11-19）

（117）养蜂人　京东：养蜂人生活比蜜甜（搜狐网2020-11-02）

（118）候选人　美国大选计票工作仍在继续　候选人票数仍相当接近（新华网2020-11-06）

（119）购物人　购物人的狂欢，天猫战绩再次创纪录（搜狐网2020-11-11）

（120）合伙人　阿里合伙人持有蚂蚁股权细节曝光　彭蕾财富将增42亿美元（新浪财经2020-08-27）

（121）制作人　韩选秀节目制作人涉嫌对投票造假　法院二审维持原判（中国新闻网2020-11-18）

（122）制片人　《龙岭迷窟》制片人梁静谈《鬼吹灯》系列IP改编：观众做比较，这激发我们的斗志（搜狐网2020-11-20）

（123）冲浪人　中兴商业混改大潮中的冲浪人（新浪财经2020-05-07）

（124）说唱人　神秘的西藏说唱人，突然能背千万字史诗，至今科学无解（搜狐网2020-11-15）

（125）写歌人　#蔡徐坤自称写歌人#（微博超话2020-11-17）

（126）代言人　行走的"代言人"胡歌已用上华为Mate40 RS保时捷设计（腾讯网2020-11-12）

（127）领导人　多国前领导人呼吁：在全球大变局中开展负责任的合作（澎湃新闻2020-11-20）

（128）接班人　关于做接班人，"富二代"们有他们自己的想法（新浪财经2020-11-10）

（129）保研人　保研人一定要知道的6件事（搜狐网2016-04-05）

（130）教书人　致敬燃灯者丨大山深处的教书人（搜狐网2020-09-09）

（131）领读人　麦家入驻抖音担任"领读人"与黄晓明、史航直播共读《风声》（搜狐网2020-11-05）

（132）晨读人　书店清早静悄悄　可敬江城晨读人（搜狐网2020-11-07）

（133）社恐人　2020年，乖乖做个"北欧社恐人"好了（凤凰网2020-02-04）

（134）过路人　汉中一小区高空扔物，砸伤过路人！（搜狐网2020-10-12）

（135）卖书人　读书人决定卖书人（新浪2004-02-24）

（136）步行人　覆车之戒丨步行人横穿马路　出事故承担同责（搜狐网2019-12-12）

（137）负薪人　高晓松：现在的年轻人都是"负薪人"，收入还没支出多！（微博2019-04-30）

（138）高效人　高效人的忙是充实，瞎忙人的忙是庸碌（搜狐网2018-01-12）

（139）瞎忙人　瞎忙人与高效人的13个不同点（搜狐网2017-12-01）

（140）挖井人　鲁山县：吃水不忘挖井人　深山群众感党恩（人民网2020-11-19）

（141）备考人　双十一最低折扣，一个备考人的终极理想！（搜狐网2020-11-04）

（142）痛经人　"痛经人"速看，使绝招了（网易2020-11-18）

（143）说话人　可自动区分说话人　会议记录神器科大讯飞AI录音笔A1来袭（搜狐网2020-06-02）

（144）发言人　外交部发言人就巴基斯坦反恐、加总理涉孟晚舟事件言论、支持蒙古国抗疫等问题答记者问（新华网2020-11-20）

（145）演讲人　演讲人招募丨蘑菇云开放夜演讲人邀请，期待你的加入！（搜狐网2020-06-08）

（146）受益人　"受益人"很重要，但很多人一直忽略它！（腾讯网2020-10-20）

（147）小黄人　电竞界萌力出圈，机械师小黄人联名新品直播首发（新浪 2020-11-09）

（148）晨型人　女生在校表现优于男生 美研究者：女孩是"晨型人"（搜狐网 2016-08-11）

（149）焦虑人　嫌弃"油腻中年男"，也是焦虑人的现代化（光明网 2017-11-01）

（150）乐观人　"乐观人终究带上痛苦面具"，Chovy 拆穿俱乐部，给的压力太大了（腾讯网 2020-11-03）

（151）多余人　春潮涌动，看见久违的多余人（《北京青年报》2020-05-22）

（152）局外人　RCEP 正式签署，美国终成"局外人"，日本满心欢喜，或将等来王毅（腾讯网 2020-11-17）

（153）聪明人　"双十一"，厦门聪明人都在这里薅羊毛……（搜狐网 2020-11-11）

（154）被告人　亳州中院：被告人逃亡 26 年难逃法律的审判（搜狐网 2020-11-20）

（155）被保人　武汉金凰债务违约拉锯：被保人尚未向人保财险提出索赔（新浪财经 2020-06-24）

（156）下等人　不看新闻联播就是下等人，这位老板摊上大事了（搜狐网 2018-08-20）

（157）上等人　我花了 10 块钱，摇身变成朋友圈的"上等人"（网易 2020-09-30）

（158）阴阳人　T1 老板公然吃书！先是愤怒再是理解和道歉。阴阳人实锤！（腾讯网 2020-04-29）

（159）定稿人　外语定稿人、配音导演陈莲英揭秘译制《媳妇》艰难过程（CRI 国际在线 2013-03-29）

（160）保险人　最美保险人——记富德生命人寿伊春中支客户经理兰冬梅（新浪 2020-10-23）

（161）煮饭人　日本国宝级煮饭人，50 年专注一碗饭，86 岁到中国找传人（腾讯网 2018-09-10）

（162）造境人　梁兵：大山深处的乡愁"造境人"（新华网 2020-11-03）

（163）自媒人　"自媒人"制造"名媛"不如提升自己（搜狐网 2020-

（164）融媒人　融媒人的"初心与情怀"（网易订阅 2020-10-30）
（165）手艺人　电商赋能，老手艺人的大师级作品成爆款（新华网 2020-11-09）
（166）隐形人　以公开透明让"隐形人"现身（新华网 2020-04-02）
（167）翔飞人　"翔飞人"，换条跑道再起飞（环球网 2015-04-08）
（168）追光人　薪火传承，锐意进取，我们都是追光人——苏州大学附属中学学生会第二十四届换届选举大会顺利召开（搜狐网 2020-11-05）
（169）马面人　上海地铁惊现"马面人"盘点地铁内各类奇葩（观察者网 2012-07-12）
（170）秃头人　秃头人的故事（搜狐网 2018-11-09）
（171）自家人　把老百姓当"自家人"把百姓事当"自家事"（中国江苏网 2020-11-09）
（172）文明人　争创文明城　争做文明人｜南平团市委：光盘行动 青年先行（搜狐网 2020-11-18）
（173）明白人　@光泽人，创建省级文明县城这些事咱得当"明白人"！（搜狐网 2020-11-17）
（174）上网人　深化文明城市建设，争做文明上网人（搜狐网 2020-11-16）
（175）贴心人　党员干部要做好人民的"贴心人"（搜狐网 2020-11-20）
（176）文化人　东辽文化亮点纷呈　文化人参与电影拍摄（网易 2020-11-15）
（177）凡尔赛人　告别"尾款人""凡尔赛人"，现在你该做个"文化人"了！（中华网 2020-11-19）
（178）主持人　双语主持人耶果受邀出席辽西旅游推介会　助力中外文旅交流（搜狐网 2020-11-20）
（179）圈里人　矿业大会上，"圈里人"讲黄金故事（《中国黄金报》2020-10-24）
（180）权利人　聚焦知识产权权利人"举证难"（新浪网 2020-11-19）
（181）义务人　关注！纳税义务人，6个容易出错的问题（搜狐网 2020-11-13）
（182）公益人　退役军人徐嬿霖：建设心灵家园的公益人（搜狐网

2020-11-07)

（183）人上人　移动业务优惠｜打起精神！领完 30G 流量都是人上人（搜狐网 2020-11-20）

（184）双十一人　消费保 10 月解决率排行榜出炉了，"双十一人"快来围观！（搜狐网 2020-11-04）

（185）共享单车人　太冷了共享单车人已经开始打车上班了（微博 2020-11-19）

（186）南方加绒人　碳纳米采暖北半球　让您告别"南方加绒人"（新浪网 2020-11-01）

（187）IT 人　IT 人，别总跟年龄过不去！（搜狐网 2019-05-07）

（188）5G 合伙人　张艺兴成动感地带 5G 合伙人 AI 宣推官　定制 Xback 卡开售（电脑之家 2020-07-21）

指导教师评语：

汉语构式语法研究是近些年来语言学界的一个热门话题。本文作者以敏锐的视觉捕捉到了网络语境中的一个高频构式"X 人"，在广泛收集语料的基础上，从构成成分、语义特征、句法功能、语用特征和流行原因等多个层面对"X 人"构式进行了比较全面细致的讨论分析。在讨论过程中，不断地运用计量统计的方法，从而使所得结论更加扎实可信。文章层次脉络清晰，展开比较有力，论据比较充分，论证也比较严谨，是一篇比较出色的语言学小论文。（曹炜）

江苏省连、宿、通、苏四地身体疾病类方言词调研报告

2018级　李燕妮

一、引言

江苏省跨江滨海，南北文化交融。由北向南依次跨境中原官话区、江淮官话区、吴方言区三个方言区。因而，江苏省方言具有层次丰富、复杂多样的特点，是方言学研究的富矿。

对于方言词研究，"以往的词汇研究多半致力于断代的单点的描写，不太注重不同时代的共同语及方言之间的比较"[1]。本调研选取江苏省三个方言区的四个代表地区的方言词进行普通话和方言间的比较研究。四个代表点分别为位于中原官话郑曹片的连云港市赣榆区、位于江淮官话洪巢片的宿迁市泗洪县、位于江淮官话泰如片区的南通市区及位于吴方言区的苏州市相城区。

方言历来通行于口语，大量的方言词存在于日常生活用语之中。除方言差异较大的封闭性词类之外，"非封闭性词类中，方言差异最多的是人体名称、动物名称"[2]。同时，与人体名称关系最为紧密的是疾病、医疗类等类目的词语。这些词语是人们日常生活中的常用词语，因而更能保留各地的方言特征，从而比较各地方言词汇之间的异同。

本调研依托于中国社会科学院语言研究所方言组编的《汉语方言调查词表》（《方言》1981年第3期）中"身体、疾病、医疗"类目下的词汇，对连、宿、通、苏四地相应方言词汇开展田野调查，整理出共计1 071个词条。本文结合调查词语实际情况，将着重分析四地方言词中的词缀语素、

---

[1] 李如龙，苏新春. 词汇学理论与实践 [M]. 北京：商务印书馆，2001：132.
[2] 李如龙. 汉语方言学 [M]. 北京：高等教育出版社，2007：98.

造词法情况以及词义特点，以探寻四地方言词汇的联系与差异，体现江苏省方言词汇的丰富性与复杂性。

二、普通话与四地方言词亲疏关系分析

对于同一表达对象，普通话及各地方言会从不同的角度进行命名，从而造成各自的差异。普通话词语与四地方言词、四地方言词之间的关联从语素角度来看存在着三种情况：完全相同、部分相似（含有一个及以上相同语素）、完全相异。

对于普通话词语与四地方言词的比较，其关系统计结果如表1所示。可以发现，泗洪县、南通市区的方言词语与普通话的相同、相似率较高，均为91%左右；赣榆区稍低，为87.55%；苏州市更低，为80.71%。由于官话词汇是普通话词汇的基础，在官话中普遍通行的词语大部分都在普通话中留存下来，因而其方言词与普通话的相似率较高，而吴方言则较低。同时，位于官话区的三地之间也存在一定差异。

表1 普通话词语与四地方言词比较

单位：个

	赣榆区	泗洪县	南通市区	相城区
方言词数量	265	272	254	280
完全相同	162	189	161	97
部分相似	70	60	71	129
完全相异	33	23	22	54
相同、相似率/%	87.55	91.54	91.33	80.71

对于四地方言词之间的相互比较，每个地区与其他三地比较的统计结果如图4所示。综合比照图1至图2可以总结出四地方言之间的大致关系：其一，属于吴方言区的苏州方言词与其他三地方言词差异很大；其二，位于官话区的三地之间差异一般。其中，赣榆方言词与泗洪方言词的相同、相似率较高，而南通方言词与赣榆、泗洪两地方言词相同、相似率较低。

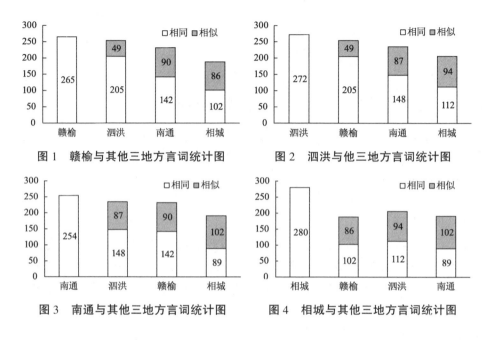

图 1　赣榆与其他三地方言词统计图

图 2　泗洪与他三地方言词统计图

图 3　南通与其他三地方言词统计图

图 4　相城与其他三地方言词统计图

三、构词语素

为了具体分析普通话及四地方言词之间构词的差异，本调查统计出普通话与四地方言词的构词结构统计表格。如表 2 所示，"词根+词缀"结构的比重在四地身体疾病类方言词中占比较大，且四地占比不一，因而本文将深入探讨四地方言词词缀语素的关系。单纯词在苏州话中数量稍高，本文将介绍苏州话中以古语词作为语素构词的现象。此外，四地方言词中"词根+词根"结构数量多，主要为方言词与普通话一致的词语和各方言的特色词语。

表 2　普通话与四地方言词的构词结构统计

结构地区		普通话		赣榆区		泗洪县		南通市区		相城区	
		数量/个	比例/%	数量/个	比例/%	数量/个	比例/%	数量/个	比例/%	数量/个	比例/%
词根+词缀	前附加	0	0	0	0	0	0	0	0	0	0
	后附加	82	27.49	67	25.28	68	25.00	102	40.16	53	18.93

续表

结构地区		普通话		赣榆区		泗洪县		南通市区		相城区	
		数量/个	比例/%	数量/个	比例/%	数量/个	比例/%	数量/个	比例/%	数量/个	比例/%
词根+词缀	并列	17	5.84	8	3.02	8	2.94	9	3.54	11	3.93
	偏正	113	38.83	119	44.91	125	45.96	76	29.92	140	50.00
	支配	38	12.03	37	13.96	36	13.24	33	12.99	34	12.14
	陈述	6	1.37	6	2.26	7	2.57	6	2.36	6	2.14
	补充	3	1.03	2	0.75	3	1.10	3	1.18	3	1.07
	重叠	0	0	0	0	0	0	0	0	2	0.71
单纯词		32	11.00	26	9.81	25	9.19	25	9.84	31	11.07

（一）四地方言词中的词缀语素

由于赣榆、泗洪、南通皆位于官话区，因而三地之间的差异相较于苏州话并不大。三地之间的差异主要集中在"子、儿、头"等词缀语素上。

具体来说，赣榆话、泗洪话多用后缀"子"，而南通话、苏州话使用较少；南通话多用后缀"儿"，赣榆、泗洪话使用较少，而苏州话不使用"儿"缀。此外，与其他三地不同的是，苏州话存在独特的类词缀系统，其表"人"义的类词缀，如"子、旁、头、手"等，有着多样性、灵活性的特点。

1. 四地"子"缀情况复杂

本调查整理出的四地方言词中带"子"缀的方言词情况如表3所示。可见，赣榆话、泗洪话的"子"缀词较多，大致占20%；而南通、苏州"子"缀词较少，大致占10%。由于四地"子"缀情况较为复杂，本文将对此进行详细阐述。

表3 四地方言词中带"子"缀的方言词情况

	普通话	赣榆区	泗洪县	南通市区	相城区
词语数量/个	291	265	272	254	280
"子"缀词数量/个	36	58	55	32	26
"子"缀词比例/%	12.37	21.89	20.22	12.60	9.30

(1) 不同词性成分附加"子"缀的分布

① 名词性成分+"子"缀

四地方言中,名词性成分加"子"缀方言词较多,共计 127 个,占"子"缀词比重为 74.27%。其中单音节词素加"子"缀共计 52 个,双、多音节词素加"子"缀共计 75 个。

a. 单音节词素+"子"缀

如表 4 所示,四地均有相当一部分单音节名词性词素加"子"缀的方言词,且赣榆区、泗洪县方言词较多。A 类为各地方言词与普通话一致的类目,即都需要加"子"才可以成词,如"肚子、痱子"等,这类情况较多。B 类和 C 类是普通话中没有的情况类目,两类词语都必须加"子"才能在方言中使用,这类情况较少。其中,B 类为词根语素不能在普通话中单独成词的情况,且词义与词根语素义不同,如"鼻子(鼻涕)、奶子"等;C 类为词根语素在普通话中能够单独成词的情况,如"痧子、牙子"等。

表 4　四地方言词中单音节词素+"子"缀 1

赣榆	A	脖子、辫子、鼻子、胡子、膀子、肚子、痱子、瘊子、痞子、麻子、麻子(人)
	B	鼻子(鼻涕)、疼(51)子、奶子
	C	痧子
泗洪	A	辫子、鼻子、胡子、膀子、肚子、疹子、痱子、瘊子、痞子、麻子、麻子(人)
	B	身子、奶子
南通	A	辫子、鼻子、嗓子、胡子、肚子、痱子、瘊子、痞子、麻子(人)
	C	茧子、牙子、胃子、肠子、肺子
相城	A	辫子、胡子、痱子、痞子、麻子、麻子(人)
	C	痧子、牙子
例外:骱(子)(加"子"与否皆可成词)		

b. 双、多音节词素+"子"缀

如表 5 所示,在赣榆话、泗洪话中有大量双、多音节名词性词素加"子"缀的方言词,而南通和苏州方言则较少。同时,与单音节词加"子"缀的 A 类方言词相比,双、多音节词素加"子"缀的方言词的 A 类词较少。体现了双音节词在现代汉语中的优势。B 类情况较多,这类词为方言中的特色词语。

表 5　四地方言词中双、多音节词素+"子"缀 1

赣榆	A	腿肚子、脚脖子、酒糟鼻子、八字胡子、药引子、药罐子、大脖子
	B	脑瓜子、头囟子、腮瓜子、牙花子、耳芯子、牙壳子、腚门子、腚盘子、肚眼子、药面子、后脑瓜子、唾沫星子、肩膀头子、气泡蛋子
	C	脑门子、发鬏子、酒窝子、脚印子
泗洪	A	腮帮子、腿肚子、药引子、药罐子、大脖子、酒糟鼻子、络腮胡子、后脑窝子
	B	脑瓜子、脖颈子、疼（51）嚷子、锅盖子、脚脖子、小肚子、药面子、手指盖子、唾沫星子、下护壳子、脚趾盖子
	C	脑门子、发鬏子、眼窝子、眼珠子、嘴唇子、黑眼珠子、手腕子、脚印子
南通	A	药引子、药罐子
	B	手膀子、脚膀子、八字儿胡子
	C	头脑子、脚印子、药粉子
相城	A	药引子
	C	面架子/面爿子、狗牙子、阿胡子、膈臘子、手骱子、髈肚肠子、脚骱子

② 动词、形容词性成分+"子"缀

四地方言中，动词、形容词性成分加"子"缀方言词较少，共计 44 个，占"子"缀词比重为 25.73%。其中单音节词素加"子"缀共计 18 个，双、多音节词素加"子"缀共计 26 个。

a. 单音节词素+"子"缀

如表 6 所示，动词、形容词性单音节词加"子"缀的方言词在位于官话区的三地方言词之间差异较小，同时也与普通话差异较小（除"愣子、呆子"为方言词）。除苏州话外，皆为 A、B 类词。苏州话"子"缀的组合词根较为独特，后文将对此进行详述。

表 6　四地方言词中单音节词素+"子"缀 2

赣榆	A	瘸子、聋子、瞎子、秃子
	B	愣子
泗洪	A	瘸子、聋子、瞎子、秃子
	B	愣子

		续表
南通	A	瘸子、聋子、瞎子、秃子
	B	呆子
相城	A	瞎子
	B	哑子、葛子

b. 双、多音节词素+"子"缀

如表7所示，赣榆话、泗洪话的双、多音节动词、形容词性词素加"子"方言词较南通话、苏州话更为丰富，与普通话差异较大，且四地词语皆属于A、B类。

表7 四地方言词中双、多音节词素+"子"缀2

赣榆	A	拉肚子、刺个口子、开药方子
	B	磕拜子、龟腰子、胀肚子、打摆子、结巴子、豁牙子、左巴拉子
泗洪	A	拉肚子、左撇子、刺个口子
	B	耳刮子、胀肚子、发疟子、豁嘴子
南通	A	泻肚子、戳个口子、左撇子
	B	发疟子、起鸡皮子
相城	A	左撇子
	B	开方子、发疟子、起寒毛痱子

（2）"子"缀词的义类分布

在普通话中，"子"缀附在其他词或语素后表示事物范畴，用来表物或人。但方言词中的"子"缀所能标记、搭配的词或语素与普通话不完全一致，且四地各有差异。

① 加"子"缀表示人

"子"缀表示人的义类的方言词共计27个，位于官话区的泗洪、南通方言与普通话一致率较高，而吴方言苏州话则与普通话出入较大。具体存在三种情况：

其一，普通话用"子"缀表示人，方言词也用：豁牙子、豁嘴子、左撇子、秃子、愣子、呆子、瞎子，此类以官话区三地方言词居多；

其二，普通话用"子"缀表示人，而方言词不用：跷脚、呆大/棱头、抓手、秃头、豁牙巴儿，此类多为苏州方言；

其三，普通话不用"子"缀表示人，而方言词用：龟腰子、哑子、葛子，此类多为苏州方言。

具体对应关系如表8所示。

表8　四地方言词中"子"缀表示人

普通话	赣榆区	泗洪县	南通市区	相城区
瘸子	瘸子	瘸子	瘸子	跷脚
罗锅儿	龟腰子	罗圈腿		罗圈腿
聋子	聋子	聋子	聋子	聋旁
哑巴	哑巴	哑巴	哑巴	哑子
结巴	结巴子	结巴	结巴	葛子
瞎子	瞎子	瞎子	瞎子	瞎子
傻子	愣子	愣子	呆子	呆大/楞头
拐子				抓手
秃子（头发脱光的人）	秃子	秃子	秃子	秃头
麻子（脸上有麻子的人）	麻子	麻子	麻子	麻子
豁牙子	豁牙子	豁嘴子	豁牙巴儿	
左撇子	左巴拉子	左撇子	左撇子	左撇子

② 加"子"缀表示事物

"子"缀表示事物的义类的方言词较多，共计144个。其中，身体类词语较多，共计97个；疾病、医疗类词语较少，共计47个（表9）。

表9　四地方言词中"子"缀表示事物

赣榆	身体类	脖子、辫子、鼻子、胡子、膀子、肚子、鼻子（鼻涕）、疼（51）子、奶子、腿肚子、脚脖子、酒糟鼻子、八字胡子、脑瓜子、脑门子、头囟子、发鬏子、酒窝子、腮瓜子、牙花子、耳芯子、牙壳子、腔门子、腚盘子、脚印子、肚眼子、磕拜子、后脑瓜子、唾沫星子、肩膀头子
	疾病、医疗类	痱子、瘊子、痦子、麻子、痧子、药引子、药罐子、大脖子、拉肚子、胀肚子、打摆子、药面子、刺个口子、开药方子、气泡蛋子
泗洪	身体类	辫子、鼻子、胡子、膀子、肚子、身子、奶子、脑瓜子、腮帮子、眼窝子、眼珠子、嘴唇子、黑眼珠子、脖颈子、耳刮子、脑门子、疼（51）嚷子、发鬏子、手腕子、锅盖子、脚脖子、脚印子、小肚子、腿肚子、手指盖子、酒糟鼻子、络腮胡子、后脑窝子、唾沫星子、下护壳子、脚趾盖子

续表

泗洪	疾病、医疗类	疹子、痱子、瘊子、痦子、麻子、大脖子、药引子、药面子、药罐子、拉肚子、胀肚子、发疟子、剌个口子
南通	身体类	牙子、胃子、肠子、肺子、辫子、鼻子、嗓子、胡子、肚子、头脑子、手膀子、脚膀子、脚印子、八字儿胡子
	疾病、医疗类	茧子、痱子、瘊子、痦子、药引子、药粉子、药罐子、泻肚子、发疟子、戳个口子、起鸡皮子
相城	身体类	辫子、牙子、胡子、骱子、面架子/面孔子、狗牙子、阿胡子、膈臆子、手骱子、脚骱子、髈肚肠子
	疾病、医疗类	痱子、痦子、麻子、痧子、发疟子、药引子、开方子、起寒毛痱子

由对比分析可以发现，四地方言词中的"子"缀词多用来表示人体较小的器官或部位，如"眼窝子、头囟子、狗牙子"等，以及较小的患疾处或治疗物，如"瘊子、麻子、药引子、药面子"等。

此外，"子"缀词在一定程度上承担和丰富了一类事物下位概念的词汇，如赣榆话和泗洪话中的"肚子"和"腿肚子、小肚子"，又如苏州话中的"骱子（关节）"与"手骱子（手腕）、脚骱子（脚腕）"，再如"膀子"与南通话中的"手膀子（胳膊）、脚膀子（小腿）"等。

（3）"子"缀的功能

① 成词

上文不同词性成分附加"子"缀的分布中所分 A、B、C 三类中，A 类"普通话和方言都需要加'子'才能成词"与 B 类"方言词的意义与词根语素义不同，词根语素不能在普通话中单独成词"两类具有共同点，即词根皆不能独立成词，且"子"的有无与语素义表达无关，词根与"子"缀是游离的，但又需要借助"子"缀来构词。李小凡总结其为附加法的"成词机制"[1]。如"脖子、药引子、手指盖子"，其词根"脖、药引、手指盖"皆需要"子"缀才能在普通话或方言中成词。

四地方言词中，"子"缀的成词功能发挥作用很大。由统计可得，加"子"缀发挥"成词机制"的方言词共计 155 个，占"子"缀词的 87.57%。

② 衍音

对于上文所述的 C 类，即"词根语素在普通话中能够单独成词的情

---

[1] 李小凡. 苏州方言语法研究 [M]. 北京：北京大学出版社，1998：24.

况","子"的有无仍然和词义表达无关,这里"子"的游离性则更强。"有些成词语素附加词缀后只是增加一个音节,词性和词义均无任何改变,这种情况可以称为衍音作用。"[1]

与普通话相比,对于单音节词素加"子"的词语,如"鼻子、牙子、痧子"等,在普通话中其词根可以单说,加"子"变为双音节词适应了汉语双音化的需要。对于双、多音节词素加"子"的词语,如"脑门、眼窝"等,在普通话中可以单说,但在方言中远不及加"子"缀更为常用。体现了方言词汇逆汉语双音化的现象。

四地方言词中,这类情况中由于南通话"儿"缀使用较多,"儿"缀分担了一部分衍音功能;而赣榆、泗洪少用"儿"缀,因而"子"缀几乎承担了两地方言词所需的衍音功能。苏州话本身"子"缀词较少,因而衍音功能不显著。

③ 转类变义

由于"子"缀词皆为名词性词语,因而对于动词、形容词性成分加"子"缀的情况,"子"缀承担了改变词性的功能。在此情况下,词根原本为动词、形容词性成分,而加上"子"后变为另一词类,将原先表陈述的谓词性词根转化成表指称的体词。同时,也就发生了词汇意义和语法意义的变化。

与普通话相比,许多双音节"子"缀词如"瘸子、聋子、瞎子"等在方言词和普通话中共同存在,而方言词中多音节"子"缀词较多,普通话中较少。

四地方言中,"子"缀的此种功能在赣榆方言词中尤为明显,且带有浓烈的地方色彩。以下是笔者对于特色词的分析。

"磕拜子"以"磕""拜"构成的联合词组加"子"组成。用"磕拜"这个表达动作行为的词组,加"子"以表示此动作行为的施事部位,即"膝盖"。

"龟腰子"中,"龟"是一个表示"弯曲"含义的动词,所以"龟腰子"是以动宾词组"龟腰"加"子"组成的。用"龟腰"这个表达动作行为的词组,加"子"以表示此动作行为的施事者,进而表示此施事者又具有长期保持此动作行为的形状特征,即"罗锅儿(驼背的人)"。

此外,值得注意的是,赣榆话中出现了"复后缀"的方言词,如"结

---

[1] 李小凡. 苏州方言语法研究 [M]. 北京:北京大学出版社,1998:28.

巴子""左巴拉子"。所谓"复后缀",是指词根加上一个以上后缀,以表意更加具体和丰富。

"结巴子"中,"结巴"原本就是"结"加东北方言后缀"巴"组成的,用以表达"口吃;口吃的人"两种含义。但在赣榆话中,"结巴"再加上后缀"子"后则专指"口吃的人","口吃"这一义项消失,同时带有贬义的语言色彩。

"左巴拉子"中,"巴拉"原本是东北方言后缀,"多含贬义或厌恶义,表示情态、事物的性质或感觉"[1]。词根可为动词、形容词、名词,一起构成动词或形容词。例如"伤心巴拉""可怜巴拉""德性巴拉"。因此,"左巴拉子"首先是以一个加后缀"巴拉"的词"左巴拉",表示"惯于使用左手的"的含义,且带有贬义的语言色彩。然后再加上后缀"子",表示"关于使用左手的人"的含义,即"左撇子"。

"鼻子"一词十分特殊,兼有"鼻子(人体面部器官)"和"鼻涕"两种含义。

苏州话中"子"缀的转类变义功能较为特殊,其所黏附的词根在普通话和方言中可以单用。例如,"哑子"以动词"哑"加"子"组成,表达具有"哑"的性状特征的人,即"哑巴(不能说话的人)"。

此外,"葛子"一词十分特殊。通过调查,苏州话中存在常用词组"葛里葛达"以表达某人"说话不流畅"的含义。"葛"在《易·困卦》中有:"困于葛藟。"注:"引蔓缠绕之草。"[2] 可见,"葛"应由原本"缠绕之草"之义逐渐引申为"说话不流畅"之义。因此,"葛子"以形容词"葛"和后缀"子"组成,表达具有"葛"的性状特征的人,即"结巴(口吃的人)"。

特别的是,苏州话中表达"关节"义的"骱(子)"至今仍可以不加缀单说"骱",体现了"子"缀的完全游离性,也说明此词目前仍处于双音化不完全的状态中。但当其与其他语素组合时,则要通过加"子"成词,例如"脚骱子"就不可再说"脚骱"。

2. 南通话"儿"缀丰富

本调查整理出的四地方言词中带"儿"缀的方言词情况如表10所示。

---

[1] 赵丽娟. 谈黑龙江方言中的词缀"拉"[J]. 齐齐哈尔大学学报(哲学社会科学版),2004(2):77-79.

[2] [清] 张玉书. 康熙字典 [M]. 增篆石印本. 长春:吉林文史出版社,2016:1045.

可见，南通话的"儿"缀词较多，占比24.02%，远高于普通话及其他三地方言；赣榆、泗洪的"儿"缀词非常少，大致占1%~2%；苏州话方言词无"儿"缀。

表10　四地方言词中"儿"缀的方言词情况

	普通话	赣榆区	泗洪县	南通市区	相城区
词语数量/个	291	265	272	254	280
"儿"缀词数量/个	41	3	5	61	0
"儿"缀词比例/%	14.10	1.13	1.84	24.02	0

(1)"儿"缀词的结构

赣榆、泗洪、南通三地的"儿"缀词在结构上具有一致性。从位置上看，都以后缀为主。在南通话中，存在少量中缀，如"八字儿胡子、雀儿斑"，以及中缀和后缀并存的方言词"肿眼儿泡儿"（表11）。

表11　四地方言词中"儿"缀词的结构

单位：个

	普通话	赣榆区	泗洪县	南通市区	相城区
"儿"缀词数量/个	41	3	5	61	0
作为后缀	40	3	5	58	0
作为中缀	1	0	0	2	0
后缀和中缀	0	0	0	1	0

从附着词类上看，"儿"缀大多附着在名词之后，共计65个，占"儿"缀词比重的94.20%。同时，也有少量附着在动词性、助词及词缀成分之后，具体为：三地方言中的"头发旋儿、双旋儿"为附着在动词性成分之后；南通话中的"鼓腮嘚儿"一词，由于"杭州方言带句末助词'得'的句子，需要表示减轻程度或轻松语气时，常加语缀'儿'"[1]，可见南通话受到了杭州方言的影响。"豁牙巴儿"为"儿"缀附着在词缀"巴"之后。

(2)"儿"缀的功能

其一，"儿"缀在官话区的语音为卷舌元音，对前一词素产生衍音的作用。

---

[1] 祁淑玲. 汉语方言儿缀特点分布[J]. 红河学院学报，2015，13(5)：104-107.

其二，在所调查的方言词中，"儿"缀表现的语法功能为标记名词，即不同词性的词根语素加上"儿"缀后成为名词，与"子"缀语法功能类似。

其三，"儿"缀具有丰富的语义功能。主要体现在南通方言词中，具体为：表示"小"的含义，如"眼角儿、唾沫星儿、寒毛眼儿"等；在口语中更有助于表达亲切、喜爱或调侃、诙谐的情感，如"鬏鬏儿、酒塘儿、鸡懵眼儿、豁牙巴儿"等。可以说，南通话中丰富的"儿"缀起到了丰富其词汇含义的功能，而赣榆话、泗洪话中少有，苏州话中不存在。

3. 苏州话"头"缀丰富

本调查整理出的四地方言词中带"头"缀的方言词情况如表 12 所示。可见，苏州话的"头"缀词较多，占比 10.71%，远高于普通话及其他三地方言。

表 12　四地方言词中带"头"缀的方言词情况

	普通话	赣榆区	泗洪县	南通市区	相城区
普通话/方言词数量/个	291	265	272	254	280
"头"缀词数量/个	5	6	8	7	30
"头"缀词比例/%	1.72	2.26	2.94	2.76	10.71

（1）"头"缀词语的结构

从附着词类上看，"头"缀几乎都附着在名词之后，只有苏州话中的"秃头（人）"一词其"头"的含义未完全虚化，将在下文进行分析。

（2）"头"缀的功能

其一，"头"缀附着在单音节词后构成双音节词，适应了现代汉语词汇双音化的需要。

其二，"头"缀附着在名词后会增强其名词性，如苏州话中的"额角头、心口头、药罐头"等。

其三，在苏州话中，"头"缀与实意语素"头"的界限模糊，仍具有一定的抽象意义，如"瘰瘰头（粉刺）、秃头（人）"等。说明了实意语素"头"仍在语法化过程中。

4. 苏州话中表"人"类词缀初探

在普通话中，有许多本就有后缀"子"的词语，如"聋子、傻子、秃子、拐子"等，赣榆话、泗洪话、南通话中与之对应的方言词与普通话基本一致。而苏州话中与之相应的方言词则呈现出特殊的类词缀样态。这些方言词是将所指身体部位名称抽取一个语素来表达"人"的含义。如：

聋子：聋旁
傻子：榾头
秃子：秃头
拐子：抓手

"聋旁"中，"旁"在苏州话中与耳朵有关。例如，"打一耳光"在苏州话中说为"打一耳光旁"。这里的"旁"有"头两旁"的意思，而耳朵的位置正是在头两旁，于是"旁"与耳朵有关。

"榾头"和"秃头"中，都有语素"头"。由于"傻子"和"秃子"都与人的头脑有关，所以在苏州话中可以用"头"表示有此性状特征的人。

"抓手"中，"手"本就与"拐子"的词义有关，即"手有残疾者"。

以上方言词中的语素"旁""头""手"可以算为类词缀，是因为它们在语义上还没有完全虚化，在表达"人"的含义时仍然和词根有着紧密的意义关联。所以，这些语素处于实语素和虚意词缀语素的中间位置。

(二) 苏州方言词中的古语词语素

苏州市方言与位于官话区的三地相比，其语素选择有着显著差异。通过对比分析可总结出两个原因：其一，苏州话存在以古语词作为语素构词的现象，而其他三地方言词几乎与普通话一致；其二，对于一些人体部位、表示治疗的行为动作较其他三地有更细致的分类和表达。

古语词作为语素构词现象，如表13所示。

表13 古语词作为语素构词现象情况

普通话	赣榆区	泗洪县	南通市区	相城区
奔儿头 （前额生得向前突）	门楼头	0	0	踵额骨
胳肢窝	胳肢窝	胳肢窝	胳肢窝儿	膈臌子
关节	关节	关节	关节	骱（子）
腿	腿	腿	腿	骻
屁股蛋儿	腚爿子	屁股蛋儿	屁股蛋儿	屁股爿
尾骨	尾巴骨	尾骨	尾骨	尾巴椿骨
斗（圆形的指纹）	斗	斗	斗	膈
晕车	晕车	晕车	晕车	疰车
恶心	恶心	恶心	恶心	疲
红肿	红肿	红肿	红肿	痦

首先，一部分方言词仍然沿用古语词的说法，且词汇意义仍与古义一致。

髈，《集韵》："普朗切，髀，坎滂上声，吴人云髈。"《玉篇》："股也，胁也。"[1] 可见，"髈"为吴人语，且义为"股"，在苏州话沿用至今且仍有组词能力，如大髈（大腿）、小髈（小腿）、髈肚肠子（腿肚子）等。

腒，《玉篇》："手理也。"《广韵》："手指文也。"[2] 可见，"腒"之今义与本义一致。

疢，《集韵》："方愿切，音贩。义同。又芳反切，反上声。心恶吐疾也。"[3] 可见，"疢"之含义在吴语中未变。

同时，一部分方言词虽然沿用古语词，但其词汇意义发生了改变。包含词义转移与词义缩小两种情况。如：

骱，《玉篇》："髊骱，小骨。一曰坚也。"[4] 可见，"骱"本指"小骨"，而在今日苏州话中指"关节"，词义发生了转移。

疨，《玉篇》："呼来切。病也。"[5] 痓，《博雅》："病也。"[6] "疨"和"痓"在古汉语中均表示"病"，而"疨"在今日苏州话中义为"红肿"，词义有所缩小。同时，苏州话用"痓车、痓船"指"晕车、晕船"，可见，"痓"的含义现已缩小为"头晕、晕眩"。

此外，还有一些方言词借用古语词作为构词语素，与普通话语素结合，从而表达新的词汇意义。

"踵额骨"中的"踵"为"脚后跟"的意思，《玉篇》："足后。"[7] 由于跟骨为人体足部的七块骨头中最大的一块，且具有粗隆部分，于是苏州话便借用"踵"之"隆起"义，用其来修饰"额骨"，表示"奔儿头（前额生得向前突）"。

对于"腒腊子"中的"腊"，笔者认为可能的来源有二。其一，应与《仪礼·有司彻》中的"腊"同源。"有乃叠尸俎，卒叠，乃升羊、豕、鱼三鼎，无腊与肤"[8]，此句含义应为："有司将受祭者的盛放祭品的容器拿

---

[1] [清] 张玉书. 康熙字典 [M]. 增篆石印本. 长春：吉林文史出版社，2016：1450.
[2] [清] 张玉书. 康熙字典 [M]. 增篆石印本. 长春：吉林文史出版社，2016：988.
[3] [清] 张玉书. 康熙字典 [M]. 增篆石印本. 长春：吉林文史出版社，2016：770.
[4] [清] 张玉书. 康熙字典 [M]. 增篆石印本. 长春：吉林文史出版社，2016：1448.
[5] [清] 张玉书. 康熙字典 [M]. 增篆石印本. 长春：吉林文史出版社，2016：771.
[6] [清] 张玉书. 康熙字典 [M]. 增篆石印本. 长春：吉林文史出版社，2016：770.
[7] [清] 张玉书. 康熙字典 [M]. 增篆石印本. 长春：吉林文史出版社，2016：1229.
[8] [汉] 郑玄. 仪礼注疏下 [M]. 上海：上海古籍出版社. 2008：1179.

回灶上温热，温热完毕后，于是将羊、猪、鱼升入鼎中，但不放入肉和皮。"其中的"腊"显然不是现代汉语中"干肉"的意思，而是祭祀时将祭品剥皮后粘连在毛皮上细嫩的皮肤和脂肪。人体的腋窝具有薄弱的腋筋膜，其内有丰富的脂肪组织以保护神经、血管和淋巴。因而，"膈腊子"中的"腊"应为"细嫩的皮肤和脂肪"之义。其二，应与《山海经·西山经》中的"腊"同源。"钱来之山，有兽焉，名曰羬羊，其脂可以已腊。"郭璞注："治体皱。腊音昔。"[1] 在这里，"腊"为"皮肤皱皮"义。由于腋窝处皮肤较薄，较身体其他皮肤更为皱皮，所以苏州话借用"腊"来表示人体腋下皱皮的皮肤。

爿，《说文》："牀从木爿声。"《注》徐锴曰："爿则牀之省。象人褒身有所倚着……李阳冰言木右为片，左为爿。"[2] 可见，"爿"大致指"木片"。随着词义的演变，"为名词的'爿'前面往往可以用名词来修饰，如'竹爿''缸爿''草鞋爿'等，'爿'的语义在这一结构中逐渐虚化"[3]。因而，"爿"逐渐表示片状物、块状物。所以苏州话中的"屁股爿"字可以表示"屁股蛋儿"的含义。赣榆话中也用此字，兴许体现了吴方言对中原官话的影响。

椿，本指一种植物。《医宗金鉴·正骨心法要旨》中有："尾骶骨，即尻骨也。其形上宽下窄……一名穷骨，俗名尾椿。"[4] 可见在清代中期已有"尾椿"之说。人体尾骨呈向后的弯钩样形状，或许是取椿树枝干的形状的含义来进行修饰。

部分人体部位、表示治疗义的行为动作词的方言词情况，如表 14 所示。

表 14　部分人体部位表示治疗义的行为动作词的方言词情况

普通话	赣榆区	泗洪县	南通市区	相城区
鼻子尖儿（鼻子顶端）	鼻子尖	鼻子尖	鼻子尖儿	鼻头尖尼头
鼻子尖（嗅觉灵敏）	鼻子尖	鼻子尖	鼻子尖	鼻头尖
左手	左手	左手	左手	济手
右手	右手	右手	右手	顺手

---

[1] [清] 张玉书. 康熙字典 [M]. 增篆石印本. 长春：吉林文史出版社，2016：986.
[2] [清] 张玉书. 康熙字典 [M]. 增篆石印本. 长春：吉林文史出版社，2016：691.
[3] 张燕芬. 说"爿"[J]. 辞书研究，2011（4）：93-96.
[4] [清] 吴谦，等. 医宗金鉴 [M]. 北京：人民卫生出版社，1973：45.

续表

普通话	赣榆区	泗洪县	南通市区	相城区
发汗	捂汗	捂汗	发汗	表汗
去火	去火	去火	去火	清火
去毒	去毒	杀毒	去毒	解毒
抓药（中药）	抓药	抓药	抓药	撮药
买药（西药）	买药	买药	买药	配药
搽药膏	搽药膏	搽药膏	搽药膏	揭药

对于普通话中的"鼻子尖儿（鼻子顶端）"和"鼻子尖（嗅觉灵敏）"，两个"尖"应为同形同音词。赣榆、泗洪皆用"鼻子尖"来表达。南通话则有儿化来区分形名。但苏州话的区分则更为显著，分别使用"鼻头尖尼头"和"鼻头尖"。其中"尼"表示"很小的一点儿"的含义，后缀"头"表名词性，因而与谓词短语"鼻子尖"的区分明显。对于表示治疗义的行为动作词，官话区三地与普通话大致相同，而苏州话中存在一系列动词等与行为对象——对应，主要有（"表、配"）、结果（"清、解"）、动作（"撮、揭"）三个角度。

四、造词法

本调查中，对于表达同一事物或概念，普通话和四地方言中往往有不同的名称，这主要是各地方言词的造词理据的差异而导致的。事物和概念都有其多方面、多层次的性质与特征。各地方言区的人们通过不同的造词心理，往往会选择不同的性质与特征作为造词依据，最终为事物和概念命名。通过分析方言词的造词理据，可以探知方言词的造词机制，以及了解不同地域的自然环境、各地区的社会习俗及人们的心理差异。

除去方言与普通话说法一致的词与只有词缀上差异的词，统计出四地共计146个方言词。根据调查词语情况分析，四地方言词的造词法存在四类：修辞法、说明法、引申法和双音法。

（一）修辞法

修辞造词法，即运用修辞手法创造新词。在本次调查的四地方言词中，存在许多运用修辞造词法的词语。根据所调查到的四地方言词情况，赣榆、苏州方言词运用比喻造词法较多，借代造词法较少。

1. 比喻造词

"思想的对象同另外的事物有了类似点,说话和写文章时就用那另外的事物来比拟这思想的对象的,名叫譬喻。"[1] 现在一般称为比喻。比喻造词法就是运用比喻这种修辞方法,根据两个事物之间相似性,将词、语素进行组合而创造出新词,具有生动性、形象性。这样创造出的新词可按照词语中是否含有表示本体的语素,分为明喻式和暗喻式。

(1) 明喻式

明喻式的词语含有表示本体的语素,即表示本体和喻体的词或语素同时出现。因此,这样的词语可称为半喻复合词。根据表示喻体的语素在词语中的位置,可分为前比喻式、中比喻式、后比喻式。四地方言词中,具体方言词如下:

① 前比喻式(表15)

表15 四地方言词中的前比喻式词

赣榆	门楼头,即奔儿头(前额生得向前突)。"门楼"即牌楼门,其上有突出的屋檐。
	小扇子骨,即肩胛骨。肩胛骨形似扇子。
	心口窝,即心口儿。
相城	盘牙,即大牙。
	竖头肉,即瘊子。瘊子形似"竖头"。
	狗牙子,即虎牙。两词以不同动物牙齿为喻体。
	水泡眼,即鼓眼泡儿。
	猪狗臭,即狐臭。两词以不同动物气味为喻体。
	雌鸡喉咙,即公鸭嗓儿。两词以不同动物的声音为喻体。
	太监脸,即老公嘴儿(成人不生鬃)。
	旋螺头,对应"头发旋儿"。

② 中比喻式(表16)

表16 四地方言词中的中比喻式词

| 相城 | 尾巴椿骨,即尾骨。以椿树枝干为喻体。 |
| | 肋棚骨,即肋骨。 |

---

[1] 陈望道. 修辞学发凡 [M]. 上海:复旦大学出版社,2008:59.

③ 后比喻式（表17）

表17　四地方言词中的后比喻式词

赣榆	腚盘子，即屁股蛋儿。
	心口窝，即心口儿。
	指甲盖，即指甲。
南通	膝头盘儿，即膝盖。
	后脑壳儿，即后脑勺子。
	胸门口，即心口儿。以门口为心口儿所在位置的喻体。

（2）暗喻式

暗喻式的词语中不出现表示本体的语素，本体意义由所有表示喻体的语素承担。因此，这样的词语可称为全喻复合词。具体方言词如表18所示：

表18　四地方言词中的暗喻复合词

赣榆	锤，即拳头。
	脑瓜子，即头。
	后脑瓜子，即后脑勺子。
	脑门子，即额。
	牙花子，即牙龈。
	秃瓢，即秃头。
	气泡蛋子，对应疝气。指患疝气时体腔内容物向外突出的症状。
	耳芯子，即耳屎。
泗洪	脑瓜子，即头。
	脑门子，即额。
	锅盖子，即膝盖。锅盖子形似膝盖。
	眼窝子，即眼眶。
	手指盖子，即指甲。
	脚趾盖子，即脚指甲。
	花箍，即刘海儿。

续表

南通	手枣儿,即手指。
	脚枣儿,即脚趾头。
	脚趾盖子,即脚指甲。
	滑龙,即鼻涕。"滑"表示触觉,"龙"表示形状。
相城	天平盖,即囟门。"天"表示位于头顶,"平"表示形状。
	酒塘儿,即酒窝。
	脚馒头,即膝盖。
	争食潭,即后脑窝子(颈后凹处)。民间据说争食潭深的人比较贪吃,由此命名。
	面架子/面盘子,即脸蛋儿。
	屁股丌,即屁股蛋儿。以古语词丌为喻体。
	屁股槽,即屁股沟儿。
	黄鱼肚皮,即腿肚子。黄鱼肚皮形似人的腿肚子。
	结盖头,即结痂。

2. 借代造词

借代就是借用某事物的一部分或者部分特征来表示想表达事物的整个部分。借代造词法就是用借代这种修辞方法,通过借体和本体之间的关联性,用借体来称呼本体。这种造词方法可以体现和突出想表达的事物的本质特征。具体方言词如表19所示:

表19 四地方言词中的借代造词

赣榆	鼻子,即鼻涕。以鼻子来借指鼻涕。
	手胳膊,手腕子。
	磕拜子,膝盖。
	脚脖子,即脚腕子。
南通	胸门口,即心口儿。以胸口借代心口儿。
	眼珠儿,即眼睛。
	脚膀子,即小腿。
	起鸡皮子,即起鸡皮疙瘩。以鸡皮借代"疙瘩"。
相城	膜,即耳屎。以膜状物借代耳屎。
	牙床骨,即牙床。

	续表
相城	瘰瘰头，即粉刺。"瘰"指生于颈部的疮，以此借代粉刺。
	起寒毛痱子，即起鸡皮疙瘩。以寒毛上的"痱子"借代鸡皮疙瘩。
	小肚皮，即小肚子。
	肚皮痛，即肚子疼。
	心头痛，即胸口痛。

（二）说明法

"说明法是通过对事物加以说明从而产生新词的造词方法。"[1] 结合所调查的四地方言词实际情况，本文将说明造词法分为五类：性质特征、说明情状、功能用途、原因结果、主观评价。

1. 性质特征（表20）

表20 说明造词法中的性质特征

赣榆	牙壳子，即下巴。牙齿外包裹的壳子。说明了下巴的位置特征。
	发鬏子，即髻（中老年盘在脑后的鬏）。说明了髻为头发。
	后背，即脊背。说明了脊背的位置。
泗洪	阴阳人，即老公嘴儿（成人不生鬏）。阴阳指男女，说明不男不女的特点，含贬义。
	发鬏子，髻（中老年盘在脑后的鬏）。说明了髻为头发。
	后背，即脊背。说明了脊背的位置。
南通	头脑子，即头。说明了头与脑相近。
	鼓腮帮儿，即腮帮子。"鼓"描述了腮帮子的形状特点。
	眼泪水，即眼泪。说明了眼泪的成分为水。
	手膀子，即胳膊。说明了胳膊是连接身体和手的躯干。
	肋伸骨，即肋骨。说明了肋骨从人体中央延伸至胸侧两端的特征。
	后背，即脊背。说明了脊背的位置。
相城	脚箍骨，即踝子骨。箍住脚的骨头，说明了踝子骨的位置特征。
	阿胡子，即络腮胡子。据被调查者所说，当下巴动时，嘴张开呈"阿"的口型，由此命名下巴上的胡子。

---

[1] 葛本仪. 现代汉语词汇学 [M]. 济南：山东人民出版社，2001：97.

续表

相城	踵额骨,即奔儿头(前额生得向前突)
	头颈,即颈。说明了颈连接头与身体。
	头发团,即髻(中老年盘在脑后的鬏)。说明了髻为头发。
	骷郎头,即头。"骷郎"在苏州话中为"洞"的意思,说明了头有七窍的特点。
	面颊骨,即颧骨。说明了在面部。
	眼乌珠,即眼珠儿。说明了颜色。
	白眼乌珠,即白眼珠儿。说明了与眼珠的关系。
	黑眼乌珠,即黑眼珠儿。说明了颜色。
	眼泡皮,即眼皮儿。说明了形状特点。
	鼻头管,即鼻孔。说明了形状特点。
	济手,即左手。"济"为"借"字,或"帮助、救助"义。[1]
	顺手,即右手。人多为右撇子,因而用右手更"顺"。
	背心,即脊背。说明了脊背的位置。
	背梁脊骨,即脊梁骨。

2. 说明情状(表 21)

表 21 说明造词法中的说明情况

赣榆	啡啡喘,即气喘。拟声词"啡啡"描摹了气喘的声音。
	呲薄屎,即拉肚子。"呲"和"薄"说明了拉肚子的情状。
	咬舌头,即大舌头(口齿不清)。"咬"说明了口齿不清时候舌头的情状。
	沉耳朵,即耳背。"沉"说明了耳朵陈旧、老化的情状。
	老茧,即手茧子。"老"说明了经时而生。
	胀肚子,即积滞。说明了患病时的症状。
	痧子,即麻疹。说明了患病时的症状。
泗洪	啾么眼,即畏光。"啾么"说明了怕光时眼睛眯起来的状态。
	少年白,对应少白头。

---

[1] [日] 秋谷裕幸,汪维辉. 吴语中表示"左"的本字 [J]. 语文研究,2015 (4):15-18.

续表

泗洪	老茧，即手茧子。"老"说明了经时而生。
	胀肚子，即积滞。说明了患病时的症状。
相城	绞肠痧，即霍乱。"绞肠"和"痧"说明了患霍乱时的病痛和症状。
	眯睫眼，即近视眼。"眯"起"睫"毛说明了近视时眼睛看不清东西的情状。
	肚皮拆，即拉肚子。肚皮被"拆"说明了拉肚子时的情状。
	跷脚，即瘸子。说明瘸子走路的情状。
	耳朵聋，即耳背（听不清）。说明了患病时的症状。
	发寒热，即发烧。"寒热"更能说明发烧时患者感到时冷时热的症状。
	癞疥疮，即疥疮。"癞"说明了患病时的症状。
	怕光，即畏光。说明了患病时的症状。
	急惊风，即惊风（小儿病）。"急"补充说明了患病时的症状。

3. 功能用途（表22）

表22　说明造词法中的功能用途

赣榆	磕拜子，即膝盖。作"磕""拜"动作时需膝盖着地。
泗洪	下护壳子，即下巴。下巴骨有保护脸及口腔的作用。
	耳刮子，即巴掌。"刮"在方言中意为"打"。
相城	臂膊撑子，即胳膊肘儿。作"撑"动作时需要胳膊肘儿发力。
	节头印，即指纹。指纹一般经由"印"才能显现清晰。
	粪箕，即箕（簸箕形的指纹）。说明了其原始功能用途。
	屎眼，即肛门。说明了功能用途。

4. 原因结果（表23）

表23　说明造词法中的原因结果

相城	馋唾水，即唾沫星儿。"馋"说明了原因。
	食积，即积滞。摄入食物太多导致积滞。
	小肠气，即疝气。小肠说明了病症脏器。
	痰火症，即肺炎。说明了病症表现。
	风瘫，即瘫痪。说明病症的原因。

5. 主观评价（表 24）

表 24　说明造词法中的主观评价

苏州	美人肩，即溜肩膀儿。此为对于女子溜肩膀儿的评价。

（三）引申法

"引申法是运用现有语言材料，通过意义引申的手段创制新词的方法。"[1] 运用泛义分析法可将词语语义中的义素分为"关涉性语义成分"和"描述性语义成分"[2]。具体如表 25 所示：

表 25　方言词中的关涉性语义成分和描述性语义成分

	方言词	义项	关涉性语义成分	描述性语义成分
赣榆	眼	基本义	眼睛（类属）	好坏（特征）
		引申义	脾气（类属）	
	眼眶儿	基本义	眼眶（类属）	
		引申义	判断与评价标准（类属）、事物（对象）	
	舌头	基本义	舌头（类属）	
		引申义	评价（类属）、人（对象）	偷偷地、背地里（特征）
	陈耳朵	基本义	耳朵（类属）	听不清（特征）
		引申义	意见（对象）	排斥（特征）
	鬏子	基本义	头发（类属）	盘成团（特征）
		引申义	人（类属）	年幼（特征）
南通	鬏鬏儿	基本义	头发（类属）	盘成团（特征）
		引申义	物品（类属）	凸起（特征）
	眼眶儿	基本义	眼眶（类属）	
		引申义	判断与评价标准（类属）、人（对象）	
	嘴巴儿	基本义	嘴唇（类属）	
		引申义	说话速度（类属）	

---

[1] 葛本仪. 现代汉语词汇学 [M]. 济南：山东人民出版社，2001：101.
[2] 施春宏. 名词的描述性语义特征与副名组合的可能性 [J]. 中国语文，2001（3）：212-224，287.

在日常言语使用中具体情况举例:

赣榆:

① 眼——"这人眼真硬。"意为脾气不好。

② 眼眶儿——"人家的眼眶儿高。"意为对人和事物的标准高,中性义。

③ 舌头——"那人舌头长。""别嚼舌头了。"意为喜欢在背地里评价他人、说闲话。

④ 陈耳朵——"他这人陈耳朵。"意为对他人的意见十分排斥。

⑤ 髭子——"这髭子还不去上学?"意为对年幼孩子的表达。

南通:

① 鬆鬆儿——"我衣服上起鬆鬆儿了。"意为衣服上起了凸起的毛球。

② 眼眶儿——"他的眼眶儿高。"意为对人和事物的标准高,带有瞧不起的含义,含贬义。

③ 嘴巴儿——"他嘴巴儿缓了。"意为该说话时却什么都不说,含贬义。

(四) 双音法

双音法是随着现代汉语词汇双音化而出现的,是指单音节词与另一语素或单音节词联合而造词的方法。主要分为相同单音语素(词)的联合与不同单音语素(词)的联合。

1. 相同单音语素(词)的联合

两个相同的单音语素(词)进行组合,即在原有单音节词的基础上,通过重言的方式造词。分为原词与新词含义相同与不同两类。

(1) 原词与新词含义相同(表26)

表 26　原词与新词含义相同的情况

相城	须须,即下巴髭。

(2) 原词与新词含义不同(表27)

表 27　原词与新词含义不同的情况

相城	奶奶,即乳房。

2. 不同单音语素(词)的联合

两个不同的单音语素(词)进行组合,即在原有的单音节词的基础上,加上另一个与之意义相同、相近的单音节语素或词,或者加上另一个意义已经虚化的成分即单音节词缀进行造词。因而，可以分为两个实义语素（词）组合，以及实义语素（词）和虚义语素（词）组合两类。

（1）两个实义语素（词）组合（表28）

表28　两个实义语素（词）组合情况

相城	身胚，即身材。

（2）实义语素（词）和虚义语素（词）组合

此类的方言词数量较大，在前文分析词缀"子、头"时已详述。其中，与普通话不一致的"子"缀、"头"缀双音节词情况如表29所示：

表29　实义语素（词）和虚义语素（词）组合情况　　　　单位：个

	赣榆区	泗洪县	南通市区	相城区
"子"缀词数量	5	3	6	5
"头"缀词数量	0	0	0	3

（五）四地方言词造词法统计分析

四地方言词运用造词法的词语数量如表30所示：

表30　四地方言词语运用造词法的词语数量　　　　单位：个

		赣榆区	泗洪县	南通市区	相城区
修辞法	比喻造词	14	7	6	20
	借代造词	4	0	4	7
说明法		11	9	6	35
引申法		4	0	3	0
双音法		5	3	6	8
总计		38	19	19	70

可以发现，四地方言词造词法使用倾向有如下特点：

其一，四地皆多使用修辞法与说明法进行造词，引申法与双音法较少。

其二，造词法选择与事物概念的简繁度有关。虽然通过数据可发现四地使用修辞造词与说明造词的词语数相差不大，但具体来看，身体类词语多使用修辞造词法，疾病、医疗类词多使用说明造词法。这是由于身体类词语较为常用且含义直白，无须进行解释说明，于是趋于用修辞法对其进行修饰。而疾病、医疗类词语并不常用且含义较为复杂，则需要人们对其进行解释说明。

其三，苏州方言地方特色浓烈。由于上述分析已经剔去了四地方言词与普通话一致的词语和仅有词缀差异的词语，因而在分析时苏州方言词较多，这正是苏州方言与普通话相比的地方语言文化特色所在。

五、词义特点

普通话和方言词及四地方言词之间相对应的词，其含义是不完全一致的。"概括地说词义包括词的词汇意义、色彩意义和语法意义三个部分。"[1] 本文将主要从这三个方面来比较普通话和方言词及四地方言词之间的词义特点。

（一）词汇意义

词语的词汇意义是指词所表示事物、现象和关系的意义。四地方言和普通话相比，有些词语的词形虽然相同，但其词汇意义不同，形成了一些同词异义的现象。主要表现在基本义的差异和引申义的差异上。

对于基本义的差异，有的是因对事物的分类不同而造成所指范围的不同，如赣榆话中的"鼻子"既可以指面部器官中的鼻子，也可以指鼻涕。"锤"指巴掌，而非普通话中指工具的含义。苏州话中的"奶奶"指乳房，而在普通话中则是亲属的称谓；有的则是由方言和普通话的词缀语素差异而导致的，苏州话中的"秃子"指秃头（头发掉光了的头），而非表示人的含义，而"秃子"则表示"秃头（头发脱光的人）"。南通话中的"嘴巴儿"加了"儿"缀指嘴唇，与普通话中的"嘴巴"不同。

对于引申义的差异，如赣榆话中的"舌头"，引申为背地里说闲话。赣榆话和南通话中的"眼眶儿"，皆引申为人或事物的标准。

（二）色彩意义

词语的色彩意义是指词所表示的基本义以外的感情色彩、语体色彩及形象色彩意义。

感情色彩上，赣榆话中的"陈耳朵"有不愿接受他人意见的贬义色彩。"舌头"有背地里说他人闲话的贬义色彩。南通话中的"眼眶儿"一般用于对人或事物评价过高，含贬义，而"眼眶儿"在赣榆话中虽也引申为对人或事物的评价，但为中性义词。泗洪话中的"阴阳人"和苏州话中的"太

---

[1] 葛本仪. 现代汉语词汇学 [M]. 济南：山东人民出版社，2001：146.

监脸"表示成人不生鬓的含义，为贬义词。

语体色彩上，苏州话中的许多词语书面语色彩浓厚，身体类词语如"酒靥、眼眵、臂膊"等，疾病医疗类词语如"撮药、配药、揭药、表汗、清火、解毒"等。南通话中的"涎"即口水，也具有书面语色彩。这些方言词大多被现代汉语的书面语吸纳。此外，各地方言中也存在许多较粗朴的说法，如赣榆话中的"呲薄屎、牙屎、腚门子"，赣榆话和泗洪话中的"鼻屎"，苏州话中的"屎眼、屎孔"等。

形象色彩上，上文造词法一节中运用修辞造词和说明造词的方言词皆具有一定的形象色彩。按照感觉来分，着眼于视觉的有赣榆话中的"门楼头、小扇子骨、耳芯子"等，泗洪话中的"脑瓜子、锅盖子、花箍"等，南通话中的"膝头盘儿、手枣儿、滑龙"等，苏州话中的"水泡眼、脚馒头、黄鱼肚皮"等。着眼于听觉的有赣榆话中的"啡啡喘"。着眼于触觉的有赣榆话中的"呲薄屎"，南通话中的"鸡皮子、滑龙"，苏州话中的"膜、瘰瘰头"等。

（三）语法意义

词的语法意义是指词所表示语法作用的意义。在所调查的四地方言词中，存在词语兼类的现象和词语组合能力的差异。

对于词的兼类，赣榆话中的"腰"既指名词性的身体部位腰，也具有动词性，义为"切"，如"我腰块肉给你"。还有"锤"既指名词性的巴掌的意思，也具有动词性，义为用巴掌打，如"我用锤锤你"一句中的两个"锤"字便是兼类的展现。

对于组合能力的差异，苏州话中的"骱"一词指关节，同时也可以与不同的语素组合成新词，如"手骱子（手腕子），脚骱子（脚腕子）"。"髀"一词指腿，虽然可以与不同的语素组合成"大髀（大腿）、小髀（小腿）、髀肚肠子（腿肚子）"，但是苏州话中仍然说"大腿根儿"而非"大髀根儿"，显示了苏州话中古语词语素具有一定组合能力但随着时代发展逐渐减弱的趋势。

六、四地方言词中不对应的现象及原因

在普通话与方言词语之间存在不构成词汇对应的差异，"即有些概念在比较的一方成词，在另一方不成词，须用词组来表达，或者根本不存在

该概念。应该说，这种不成对应的词汇差异是更加重要的词汇差异"[1]。在所调查的四地方言词中，各地与普通话词语的对应情况如表 31 所示。

表 31 四地方言词与普通话词语的对应情况

	赣榆区	泗洪县	南通市区	相城区
方言词语数量/个	265	272	254	280
与普通话词语对应率/%	91.07	93.47	87.29	96.21

可见，苏州话的对应率较高，而其他三地方言较低。这种不对应的现象存在两种情况：

其一，方言选择使用词组进行表达。例如：对于"黑眼珠儿、白眼珠儿"，赣榆话中只说"黑色眼珠、白色眼珠"。对于"疝气"，赣榆话只说"长气泡蛋子"。对于"齉鼻儿"，泗洪话中只说"鼻子不通"。对于"腿肚子"，南通话多说"脚膀子的肉"。

其二，方言中不存在该概念。如南通话中不存在对应"脸蛋儿、酒糟鼻子、络腮胡子"等词的概念。苏州话中不存在对应"大脖子、豁牙子"等一些疾病的概念。赣榆、泗洪、南通话中不存在对应"胸脯、指甲心儿、踝子骨、小肚子"等词的概念，而苏州话中均有对应。

究其原因，可以从社会条件和词语概念两个方面进行探讨。

社会条件方面，以苏州话中不存在"大脖子"一词为例，由于甲状腺肿大病与人体缺乏碘元素有关，而苏州自古以来盐运业繁荣且周边城市盐场众多，如常州、无锡江阴等地均有盐场。因而苏州人很少得此疾病，方言中也就自然不存在此概念的词语了。此外，在社会的文化水平方面，由于苏州自古为历史名城，相较于其他三地，其接受文化知识教育的受众多，文人及文学作品与语言类艺术如昆曲、苏州评弹等艺术形式丰富。因此，苏州话的词汇更为丰富、分类更为细致。

词语概念方面，对于一些主要的身体部位，如"头、脸、喉咙、胳膊、膝盖"等词，由于其概念较为简单且常用，因而四地皆有对应方言词，但是对于较为细致的词语如"胸脯、下巴颏、踝子骨"等，只在苏州话中有对应词而其他三地没有。对于更加复杂的词语如"眼角儿、鼻翅儿、脚眼"等，四地均无对应方言词。对于众多疾病、医疗类词语，一些日常类的小疾病，如"头晕、发烧、狐臭、结痂"等，在方言中均有对应的词语。而

---

[1] 李如龙. 汉语方言学 [M]. 北京：高等教育出版社, 2001：101.

"惊风、子宫脱垂、齇鼻儿"等词只在苏州话中有对应词,其他三地没有。对于一些更为复杂的词如"干哕"则四地均无对应方言词。

此外,特别的是,由于皆是近代医学发展而产生的新词,因而四地中对于一些词语如"黄疸、肝炎、肺炎、胃病、瘫痪、气管炎"等词虽然在所调查的方言中存在,但在一定程度上仍属于词汇中的"空缺项",只是在社会时代发展中不断接纳、吸收了普通话中的词语。

指导教师评语:

这篇文章基于作者前期踏实的方言调查工作,以词汇对比研究的方法,从构词法、造词法、词义特点等视角对江苏省四地方言词进行了探究。作者合理地运用了一定的统计方法对语料加以分析,同时也兼顾对方言学理论的运用与思考。全文思路清晰、论证翔实,是一篇较为优秀的本科生科研习作。(姜晓)

河南巩义方言中程度副词的词义探究

2018级　宋敏昱

河南省巩义市是由郑州市代管的县级市,在地理位置上处于多个方言片的交界地带,其自身处于中原官话洛嵩片的东部边缘,东面和南面分别与中原官话郑开片的荥阳市和登封市相连,北面的温县属于典型的豫北晋语邯新片获济小片。巩义方言保留了入声,便与晋语的语音特征具有相似性。此外,区分尖团音也是巩义方言的典型语音特征之一。

与南方的吴语和闽方言等方言相比,属于中原官话的巩义方言在词汇上与现代汉语普通话的差异相对较小,但仍具有明显的地域特色。本文主要聚焦巩义方言中较为独特的程度副词,对其词义和功能进行简要的探究。

一、"镇""恁"——"这么"和"那么"的合音词

在其他方言使用者的印象中,"镇"和"恁"是中原官话中极具代表性、使用频率很高的两个程度副词。实际上,它们分别是由"这么"和"那么"合音而成的。在巩义方言中,合音现象极为普遍。例如,人称代词"自己"在巩义方言中为"独个儿",这三个字合音为[duor^{31}];表示位置的"门外"则合音为[mɚɑ^{31}]。而数词与量词的组合"一个"到"十个"在巩义方言中也都是单音节的合音词。

由于是指示程度代词"这么""那么"的合音,在方言使用中,"镇""恁"保留了指示代词的用法,在表示近指的情况下多用"镇",在表示远指情况下多用"恁"。"镇"字的例句如"天看着镇阴,你带上伞吧";"恁"字的例句如"街上超市恁多人,就别去挤了"。

对于普通话中程度副词的量级划分,前人已经进行了较为充分的研究,其中,周小兵(1995)、张桂宾(1997)、韩容洙(2000)等学者在将普通话中的程度副词分为绝对程度副词和相对程度副词的基础上,又对其进行量级划分。韩容洙将其分为低量级、中量级、高量级和极量级四个量级,

张桂宾将其分为较低级、次高级、极高级和超高级四个量级[1]。在日常使用中,"镇"和"恁"是极高量级程度副词[2],往往表达很夸张的语气。它们的组合功能很强,可以修饰形容词性成分客观形容词如"大""长""短""粗";主观形容词如"好看""可怜""老实"等;也可以修饰一些心理动词或者能愿动词短语,与其修饰成分一起在句中能够充当句法成分也很灵活,如定语、状语、补语、谓语等。

在巩义方言程度副词中,"镇"和"恁"在最常见的词语之列,表示强调和程度的加深。它们也是巩义方言合音词的典型代表。

二、相对程度副词"通"

"通"是河南地区常见的一个程度副词。查阅文献可以发现,南至中原官话郑曹片的平顶山[3]、南鲁片的南阳[4],北至晋语区的济源、温县[5],方言中都有"通"这一程度副词。与普通话的程度副词相比,"通"有着自己独特的语法意义、句法分布条件和语义选择规律。"通"一般在口语中使用,带有主观判断的色彩。

在巩义方言中,说话人在使用"通"这一程度副词时,往往在内心有个预设的标准作为参照。在这一点上,其语用特点大致相当于普通话中的"比较",但不及普通话中程度副词"特别""很"所表示的程度。例如:"小伙子长嘞通俊着嘞。"可以看出,"通"的使用,反映出说话人主观的一种赞赏,但这种赞赏并没有达到非常深的程度。从语体风格上看,"通"是个典型的口语色彩浓厚的词语,不用于书面语。方言中的"通"只能修饰口语化的词汇。表达上可褒可贬,没有特别的褒义或贬义的倾向。

与中原官话区其他方言点的大部分情况类似,巩义方言中与"通"的词义和用法近似的还有一系列程度副词,如"可、老、怪"[6]等。但是,这些程度副词也存在于现代汉语普通话中,而"通"则多见于中原地区。

---

[1] 孙艳芳. 河南漯河方言"通"类主观性程度副词研究 [D]. 上海:华东师范大学,2018.
[2] 马谊丹. 洛阳方言程度副词研究 [D]. 武汉:华中师范大学,2011.
[3] 贺晓雅. 河南汝州方言程度副词"通" [J]. 现代语文,2019 (5):70-74.
[4] 张辉. 南阳方言中的程度副词"通" [A] //刘丹青. 汉语方言语法研究的新视角:第五届汉语方言语法国际学术研讨会论文集. 上海:上海教育出版社,2013:9.
[5] 王卓珂. 浅说"通、血、老"等几个晋语区方言程度副词 [J]. 明日风尚,2016 (14):317,314.
[6] 孙艳芳. 河南漯河方言"通"类主观性程度副词研究 [D]. 上海:华东师范大学,2018.

三、较独特的程度副词"些"

巩义方言中的［ɕie²⁴］也是一个常见的程度副词，不同文献中对这一读音对应的汉字的看法不同。依照其用法和词义，笔者认为"些"是一个较相近的字。这一程度副词在现代汉语普通话中没有完全对应的词，它是巩义方言中的一个次高量级程度副词[1]，其程度义大致相当于普通话中的程度副词"够""挺"，但是不及"很""特别"所表示的程度高。在日常使用中，作为程度副词的"些"大致可以与"怪"相互替换。

在词义上，"些"具有较特殊的色彩义，包含了说话人一种"出乎意料""吃惊"的意思。说话人有个预先设定的标准或者看法，用"些"表示动作、性状超出了这个标准，有意外、惊叹的意味。同时，以"些"修饰的词语大多为褒义，时常表示赞叹意味。例如："这孩儿些中。"其中，"中"是中原官话里表示肯定的一个形容词。

就语感而言，巩义方言中的"些"与普通话中的"有些"存在一定的相似之处，但两者在具体使用和构词上都存在明显的差别。首先，普通话中的"有些"并不存在更多修饰褒义词的现象，在色彩义上是中性的。其次，巩义方言中的"些"只能够用来修饰方言口语化的词汇，不能修饰书面语，而"有些"则是书面语中常见的一个词语；从构词角度来看，"些"的构词能力比较差，多用来修饰限定形容词，且为褒义词和中性词，动词性成分一般修饰心理活动词及由能愿动词组成的动词词组。因此，不能认为"些"是普通话中"有些"一词的缩略形式。

巩义方言中"这么"和"那么"的合音词"镇"和"恁"用作程度副词可以表达夸张之义，具有浓厚口语色彩的"通"具有主观判断的意味，而同样只能用来修饰口语化词汇的程度副词"些"与普通话中的"有些"不同，常用于褒义语境。巩义方言中的丰富而独特的程度副词，是其完整的方言面貌的重要组成部分，对这些词语的词义和功能进行探究，可以得到对巩义方言，尤其是对方言口语的更加立体的认识。

---

[1] 马谊丹. 洛阳方言程度副词研究［D］. 武汉：华中师范大学，2011.

指导教师评语：

　　能够发现方言某一方面的特点，并灵活运用所学语言学知识进行分析。将单一方言点的语言现象与邻近方言点进行横向对比，对相似之处进行了总结。从不同角度对方言程度副词的词义进行了分析，论证比较充分，说明了巩义方言部分程度副词的词义特点。（王卫峰）

试评列文森的"儒教博物馆化"说

2018级　卢雨霏

自汉武帝推行"独尊儒术"的政策以来,儒学逐渐成了中国传统思想中的主流势力,而以儒家思想为最高信仰的儒教也随着儒学的兴盛而逐渐壮大。儒教文化不仅与中国传统社会共生共存,还流传到中国的周边国家,并对这些国家产生了极大的影响。因此,中国的"儒学""儒教"传统也成了海外汉学研究的一个重要热点。

在《儒教中国及其现代命运》中,美国学者列文森从传统与现代、历史与价值、民族主义与世界主义等多个角度着力分析了中国的儒教传统和现代中国发展的错综复杂的关系,书中提出的许多深刻见解至今仍颇具思考价值。其中,由列文森独创的"儒教博物馆化"一说既影响广泛,又颇受非议。本文以"儒教博物馆化"一说为切入点,结合列文森的个人经历、学术渊源及时代背景,尝试分析这一观点的形成原因。

一、概念混淆与价值低估:"儒教博物馆化"说之谬误

在书中第三卷"历史意义问题"中,列文森提出了"儒教博物馆化"的观点。他认为,儒教的现代命运就是成为博物馆中的陈列品。因为在中国的现代化进程中,"历史已超越了儒教"[1]。儒教仅剩下历史的、审美的意义,而不具有现实的意义。到了现代,儒教仅仅是一种被征服的、整体已不存在的文化所留下来的具有美学价值的碎片。它只能作为一件疏远现实的博物馆中的展览品、陈列品而存在。这是列文森对儒教及孔子在现代中国之历史命运的判断,也是其儒教传统文化观的鲜明体现。但是,当下的儒教真的疏远了现实、退出历史的舞台了吗?笔者对此命题持否定意见。在原论述过程中,列文森混淆了"儒教"与"儒家官僚群体"的概念,片

---

[1] [美]约瑟夫·列文森. 儒教中国及其现代命运[M]. 郑大华,任菁,译. 北京:中国社会科学出版社,2000:359.

面地理解了"儒教",且低估了儒教传统对现代中国的影响,从而导致其观点的错误。

列文森认为,在儒教和君主制度之间存在着一种"既相互吸引、又彼此排斥的张力"[1],并且随着清末君主制度的崩溃,儒教也随之归于灭亡,成为博物馆中的展览品、陈列品。这种陈列品代表的是"既不能要求什么,也不能对现实构成威胁的过去"[2]。然而,以现实为判断依据,不可否认的是,儒教所尊崇的儒家思想至今仍影响着中国人的思想价值体系,其精神价值超越了历史的限制,而并非疏远现实的、博物馆中的陈列品。列文森放大了君主制度对儒教之生存与发展的影响力,而忽视了儒教本身的独立性和强大的生命力。在近现代中国,儒教传统并没有随着君主制的废除而成为历史,它仍保留着对人们的思想道德乃至社会意识形态的现实影响力。若要对"儒教最终被历史超越,成为博物馆中的展览品"这一命题做出肯定的判断,就必须将"儒教"这一概念所涵盖的范围缩小到"儒家官僚群体",否则就会造成理解的片面与混乱。

与封建君主专制有着相互制约、相互依存的关系的应是儒家官僚群体,它的确随着君主制的灭亡而被瓦解。列文森认为,科举制的存在为儒教与君主制度之间特殊张力的产生提供了契机。科举制以儒家经典为主考内容,由此选拔出来的官员,其知识结构对于封建统治来说,并不具有职业性、技术性及有用性的特点,且他们都以儒家思想作为他们修身立命的追求,而不是掌握一定的政治权力。这些儒教文人一方面依靠儒家的学问进入统治阶层,提高了自己的社会地位,也因其"非职业化"而仅仅作为君主制约贵族的工具而存在。另一方面,儒家官僚群体又以他们在思想道德层面的垄断地位制约着君权的无限膨胀,与君主形成一定的离心力。由此造成的紧张和冲突使得儒家官僚群体与君主制度紧密地结合在一起,从而共同促进了中国传统社会内部的变化发展。据此逻辑进行推理和判断,"张力"应该产生于儒家官僚群体和君主制度之间,而不应将其范围放大到儒教与君主制度的中间。缩小主语的范围后,对"博物馆化"的命题进行重新论证,会发现论证逻辑变得更加严密而具有说服力。随着历史的发展,由科举制度选拔出的儒家官僚不再符合近现代社会对专业化人才的要求。于是,

---

[1] [美] 约瑟夫·列文森. 儒教中国及其现代命运 [M]. 郑大华,任菁,译. 北京:中国社会科学出版社,2000:168.

[2] [美] 约瑟夫·列文森. 儒教中国及其现代命运 [M]. 郑大华,任菁,译. 北京:中国社会科学出版社,2000:372.

科举制的权威性逐步降低,直至被废除。由此,儒家文人失去了跻身统治阶层的机会。而他们的所学又不再满足时代对专业化、职业化的要求,于是儒家文人便逐步落后于社会的发展。儒家官僚群体也因缺乏坚实的后备力量而失去了一定的发言权,它与君主制度之间的关系逐步失衡,两者之间的张力渐渐消失。于是,儒家官僚群体便成为单纯依附于君主制度的存在。而当清末西方强势入侵时,君主制度崩溃,儒家官僚便彻底失去了其栖身之地。失去官职后的儒家文人在政治层面上与普通人无异,儒家官僚群体在现代中国已经不可能再有新的发展前景。因此,儒家官僚群体确实成了历史博物馆中的陈列品。它不能再为当代中国发展提供源源不断的人才输送和丰厚的人才储备,仅仅作为一个历史现象而存在。

但是,精神层面上的"儒教",即儒家文人所推崇的儒家思想,并没有成为博物馆的展览品。它随着现代化的脚步不断丰富自己的内涵,潜移默化地对现代中国施加影响。儒教以"儒家思想"作为最高信仰,为一众儒家文人所推崇。随着君主制度一并灭亡的仅仅是儒教中的官僚群体,而儒教本身凭借其强大的精神动力——儒家思想,成功在滚滚的历史长河中保持住了它的延续性。在科举制废除后,儒家思想也许不会为人们带来切实的物质获得,也不能解答某个具体的科学问题。但是,它可以作为一个看待世界的角度,深深地影响人们的世界观、人生观和价值观。也就是说,儒教的核心是一种内在的、精神性的思想道德体系,它是作为一种信仰、一种道德追求而存在的。它有着强大的普适性和包容性,在中国历史上的不同时代,以不同的形态和方式,不断地发挥着促进人们追求完美人生、和谐社会生活的功用。儒家思想和儒教也因此显现出超越历史的重大文化和哲学意义。总而言之,这种精神性的"儒教",即儒家思想,有着强大的生命力。它能够超越特定的历史情境,坚守其作为中华民族思想道德支柱的地位,并对维系中华民族的传统文化发挥重要的现实作用。

因此,尽管在不同的历史时期会呈现出不同的形态,儒教所推崇的儒家思想至今仍作为中国文化建设体系中最为重要的思想体系和道德体系而存在。它潜藏在每个中国人的头脑之中,也是现实生活中的重要组成部分。在某种程度上,现今的中国依然是"儒教中国",儒教在精神层面上对中国的实际影响力并没有消失。它只是不断地以不同的姿态,镇静从容地适应着中国现代社会的发展和前进。例如,即使在五四运动前后的东西方文化问题论战期间,中国社会也形成了由梁漱溟、熊十力等人引领的新儒学思潮。且随着时间的推移,当今的新儒学思潮的影响范围已经扩大到了海外。

除此之外，儒家思想中关于"仁"和"礼"的追求，在今天也仍然被人们理解、接受。"仁"和"礼"，是儒家思想之中极为重要的两个核心内容，仁是礼的内在依据，而礼是仁的外在表现。两者相辅相成，融汇在中华民族的思想当中，培育了中国人讲究孝悌、严于律己、诚实守信等品质。"仁"是一种提高内在修养的追求，它鼓励着人们有志于寻找与修炼仁德，提升自己的道德境界，从而成为自己力所能及的道德完备之人。"礼"则是将内在的"仁"客观化，使其外化成为日常人际交往中的行为准则。中华民族是一个重视仁德和礼仪的民族，在现代中国，"仁"和"礼"的约束依然是一种非常重要的自我规范的途径。对"仁"和"礼"的坚守促使人们在家庭关系之中恪守孝道、尊老爱幼，在朋友交往中讲究坦诚待人、诚实守信，在职场关系中追求相互尊重、信任。即使放眼到大国交往中，"仁"和"礼"也对我国的外交有着积极的影响，"和而不同"的思想便是其中一个表现。面对全球化的浪潮，中国积极主动地融入世界，尊重各国间的差异，又保持自身的独立自主性。

但是，必须认识到的是，现代中国对儒家思想的理解和传承也是有所损益的。成功经过历史检验的是儒家思想中精华部分的精神内核，而不是其中的糟粕，亦非儒家思想在某一时期具体的表现形式。例如，"孝道"是子女必须恪守的行为准则，是孔子所推崇之"礼"在家庭关系中的重要表现。但是，现代中国人并不是盲目地孝顺，而是有理性、有原则地孝敬父母、尊敬兄长。在长辈出现过失之时，不同于封建时期儒教所倡导的绝对恭敬，现代中国人追求的是及时提出和指正长辈的错误；当观念不合时则追求讨论协商，而不是过去所要求的一味地顺从。由此可见，儒家思想精华的精神内核超越了历史，以不断更新发展的形态在中国现当代学术建设、思想道德建设中发挥着不可小觑的作用。它拥有持久的生命力，是中华民族，乃至其他同样有着儒教传统的民族不竭的精神源泉，而不是博物馆中的展览品。

总而言之，列文森对儒教传统在现代中国之命运做出了错误的判断。"儒教博物馆化"一说体现了他对"儒教"和"儒家官僚群体"两个概念的混淆及对儒教现代价值的低估。在近现代历史中，儒教实际上并未丧失其存在的意义，它仍保留其对于人们的心灵乃至历史进程的客观影响力，只是更多地集中在精神层面发挥其效力，这也是现代人出于新的需要对儒教做出的选择和保存。至于儒家官僚群体的灭亡，事实上也是儒教为适应中国现代化进程而做出的调整和改变。尽管这是一种被动的削减，但在一定程度上也是儒教所表现出来的一种积极向上的进化与发展，因为儒教官僚群体的灭亡能促使儒教更贴近现实、融入现代中国。

二、视野局限与西方中心主义："儒教博物馆化"说之深层成因

在上部分中，笔者从"儒家官僚群体"和"儒教"的概念区别，以及儒教在现代的发展两个方面批驳了列文森的"儒教博物馆化"之说。实际上，列文森对两个概念的混淆及他对儒教于中国人之影响的过分低估只是造成其错误观点的表面原因。即使没有形成错误的认知，列文森也依然会否定儒教传统在现代中国的价值。在本部分中，笔者将从列文森的个人经历、学术渊源和时代背景三个方面入手，分析列文森"儒教博物馆化"一说的深层成因。

首先，美籍犹太人的敏感身份使得列文森对古老文明的未来都充满了悲观和绝望的情绪，因而他认为儒教在现代终究会走进"博物馆"。他的妻子罗丝玛丽认为，"列文森处理中国思想史所凸显的一些基本问题与观念，诸如历史与价值、区域主义与世界主义的紧张等等，在很大程度上是得力于他对于犹太教徒现代窘境的感受和领悟"[1]。列文森于1920年出身于美国波士顿的一个犹太家庭。"历史上犹太人民族是一个弱小民族，处在亚述、波斯、希腊、罗马等大国的夹缝中风雨飘摇、支离破碎"[2]。自罗马摧毁耶路撒冷后，犹太民族不断遭到歧视和驱逐。为了躲避迫害，他们只能四处漂泊、客居他乡，以至于离散到世界各地。犹太民族的语言、风俗都逐渐被当地的土著居民同化，仅仅依靠坚持本民族的宗教信仰来保持犹太民族的独立性。但是，随着工业文明的崛起和现代社会的发展，科学、理性等价值观念逐渐盛行。在这种情况下，犹太民族的宗教信仰不断遭到侵蚀，犹太民族的独立性也因此不断下降。作为犹太民族的一员，又出生于第二次世界大战后最为强势的美国，列文森切身地感受到了现代工业文明对于古老传统文化的剧烈冲击，因而对犹太民族的独立性这一问题有着更为深切的担忧。而对犹太民族现代命运的担忧也被他融入自己的汉学研究

---

[1] [美] 约瑟夫·列文森. 儒教中国及其现代命运 [M]. 郑大华, 任菁, 译. 北京: 中国社会科学出版社, 2000: 6.

[2] 周建平. 论犹太人的信仰 [J]. 南京社会科学, 2006 (4): 81-82.

当中。《儒教中国及其现代命运》这本学术专著是列文森对儒教中国的剖析。他通过审视中国的儒教传统及在西方文明冲击下的儒教文明，最终得出儒教中国的历史被驱逐，不再对现实生活产生影响这一结论。而本书也是他对自身所处的犹太文化困境的审视。儒教在现代化的过程中遭到西方现代文明的侵蚀，命运坎坷。而同为古老文明的犹太教在融入美国现代社会的过程中，也被以欧美基督教为代表的现代文明不断否定和腐蚀。当本民族原有的传统价值遭到冲击和否定时，犹太人就会面临一种巨大的精神迷失，从而陷入与儒教中国相似的文化困境之中。于是，虽然列文森试图以一个局外人的角度，冷静客观地分析儒教中国的现代命运，但是，他依然不可避免地受其"流散的犹太民族"这一血统的局限，在书中过分强调西方文明对中国儒教传统的决定性打击，并最终对中国儒教传统的现代命运做出过于悲观的判断——"儒教博物馆化"。

其次，列文森对"儒教博物馆化"的判断，还受费正清学术观念的影响。在列文森的汉学研究道路上，费正清是他研究中国的启蒙导师。当列文森还是一个大学生时，费正清就已经对他进行了一定的培养和指导；在他攻读博士学位期间，列文森也参与了费正清关于"现代中国"方面的研究项目。长期的合作交流使得列文森的学术观点深受费正清所采用的"冲击—反应"模式的影响。在借鉴这一模式的基础上，列文森还将其进一步发展为"传统—现代"的研究模式。这主要体现为他不仅承认在西方冲击下中国传统与现代之间的变化，同时也承认中国传统社会内部的变化。相较于费正清的研究模式，列文森的观点具有一定的进步性。然而，列文森仍然认为只有西方冲击下中国发生的转变才真正具有发展的意义——中国的传统社会不能独立地孕育出科学、理性等现代价值观念，只有在西方工业化文明的冲击下，中国才能从"传统"社会演变为西方式的"现代"社会。"儒教博物馆化"的观点就是基于这一模式形成的。当西方的工业文明冲击中国传统时，中国便会做出将儒教传统驱赶到现代文化之外的反应，从而实现现代化。因此，儒教中国的现代命运是作为被保存在博物馆中的陈列品，供人们鉴赏，也可以作为历史研究的史料，却不能再发挥以往的文化作用。这明显是费正清的历史观对列文森视野的"禁锢"。当列文森的研究视角被限制时，他便将中国现代化的发展全部归功于西方文明的冲击，从而忽略了儒教传统自身的变化，以及它对现代中国人，甚至是现代西方的潜移默化的影响。他没有意识到，即使在各民族文化相互碰撞、相互交流的现代世界，儒家的思想传统依然影响着中国人的思考方式和行为准则，且成为中华民族的民族自信心与凝聚力的重要来源。此外，儒家思想的影响也不再局限于以中国为代表的东亚文化圈中，它在世界范围内的影响也在逐步加强，美国儒学研究的逐步建立和完善便是一个鲜明的例子。不同于西方文明的侵略性，儒教传统不但有着旺盛的生命力，而且具备强大的亲和力与感召力，而这都是列文森所忽略的。他被"冲击—反应"模式蒙蔽，只看到西方文明对儒教中国的冲击，却无视了儒教传统对西方文明的感召。

最后，"儒教博物馆化"一说还是当时所推崇的西方中心主义的产物。列文森对于历史现象的判断总是基于西方现代化的那种有用、利于科学进步、反传统的"标准"来阐述的。无论是对儒教特质的评述，还是对儒教中国现代命运的预判，他都把以西方为代表的工业化社会作为衡量中国的现代化程度的唯一标准。这体现了他对于西方的政治经济制度、价值观念和发展成就的无比优越感。他站在西方中心主义的视角下，以居高临下的姿态看待中国的儒教传统。这种优越感主要来自20世纪中期美国的持续繁荣。第二次世界大战给世界上各个主要的国家都造成了沉重的伤亡，各地满目疮痍。但是西方资本主义国家无论是在经济上还是军事上，恢复能力都远远高于东方国家，尤其是战后经济持续繁荣的美国。作为一个新生的移民国家，美国缺乏深厚的民族积淀，却能通过科学技术的进步实现工业化，成为高度发达的资本主义大国。美国的崛起使人们看到工业文明为资本主义国家带来的进步与辉煌，也使自己成为备受瞩目的世界中心。在资本主义世界看来，美国不仅是他们的向往，也应当是全世界所有国家憧憬的未来。而在第三世界中，也不乏拥有此梦想的国家。于是，有人乐观地认为："未来基本上是根据西方工业发展模型拟想的，西方工业文明乃是它的终点。"[1] 在这样一种对西方，尤其是美国的现代化模式顶礼膜拜的时代，西方中心主义的思想必然充斥于学术界，而列文森的学术观点也不免受此思潮影响。他虽详尽地剖析了儒教传统的内在特质，但字里行间无不透露着自己对西方文明之进步性和独特性的宣扬。"儒教博物馆化"一说，便是基于中国现代思想在接受西方文化的"洗礼"后与中国传统文明疏离的观点提出的。因此，列文森认为儒教传统文化最终只能走进博物馆，并将其在中国现代社会的中心地位让步给西方文化。

---

[1] [美] 库马. 社会的剧变：从工业社会迈向后工业社会 [M]. 蔡伸章, 译. 台北：志文出版社, 1984：217.

三、结语

儒教所信仰的儒家思想是中华传统文化的价值之源,其精华部分至今仍能为人们提供为人处世的智慧和建议。通过分析列文森的"儒教博物馆化"观点,我们能以更具批判性的眼光来审视自身传统文化的发展,从而更加清晰地认知儒教传统的内在特质,也可以更明确地把握儒教中国的现代转型之路。至于列文森对儒教传统之现代命运的错误认知,则为中国学者了解海外汉学家的观察角度提供了一定的桥梁。中国学者在中西思想观念的碰撞中提取出发展的力量的同时,也要避免妄自菲薄,警惕西方中心主义等因素的影响。

指导教师评语:

列文森在《儒教中国及其现代命运》一书中从不同视角剖析了儒学与中国社会发展进程关系、向现代化社会转变的困境,提出儒教在现代社会成为一种历史存在是必然的,其中不少见解发人深省。该文章以批判的眼光审视列文森"儒教博物馆化"的观点,指出其由外部审视中国儒学文化时存在的偏差与谬误,并从宏观的时代背景与微观的个人经历剖析了"误读"的原因。该文章所认同儒家思想与时俱进、去粗取精,是在当下中国增强民族认同感和融入世界时保持独立性的精神力量。(臧晴)

女性自我想象的两个信号
——作为流行称呼的"哥哥""姐姐"

2018级　王文宇

语言是一种社会现象，同时也是一种文化现象。无论从哪一个视点切入，语言学的研究都离不开文化这一要素，反之亦然。因此，语言本身便是负载着社会性征和文化性征的符号系统，是我们认识、分析和研究社会变迁的重要窗口。伴随着时代的变迁与社会的发展，语言系统也需要不断变化以维持自身的活力，"旧词新义"及"旧词新用"便成了语言系统更新换代的常态。无论是在西方，还是在东方，关于文化和语言关系之间的研究都已经取得了一定的成就。但是"旧词新义"和"旧词新用"始终是值得我们关注的重要语言现象，尤其是在信息爆炸的当下，每一个具体语词的新变都向我们发出了不同的文化信号。沿着这一路径继续向前探索，我们便有可能发现那些隐藏在语词背后的文化面向。本文所要探讨的"哥哥""姐姐"便是与此有关的典型案例。

作为一种常见的语言现象，"旧词新义"必然也源自我们的现实生活，因此，在对"哥哥""姐姐"的流行语义进行详细分析之前，我们还需对当下的生活样貌做一个整体性的描述。《2021全球数字化报告》显示：截至2021年1月，全球社交媒体用户已达42亿户，约有52.2亿人使用手机等通信设备以满足日常生活需求。[1] 这无疑向我们释放着这样一个信号：在以智能技术为主要变革因子的今日世界，现实空间和网络空间正式地从分离走向消融。换言之，网络正在逐步实现对现实生活的全覆盖，"数字化生存"从古早的幻想演变成了今日的现实。这样一来，网络便不再是供人娱乐和猎奇的彼岸，而是与人类社会息息相关的现实存在，每一个网络空间的热门议题和流行语词都有可能成为我们观望自身的参照，成为影响人类

---

[1]　We are social, Hootsuite. "Digital 2021: Global digital overview," January 27, 2021, http://wearesocial.com/digital-2021.

生存发展的焦点。与此同时，随着新技术革命的纵深性发展，特别是网络社交媒体的勃兴，人们的连接逻辑和互动方式也正在发生质的变化。一方面，从"文字时代"到"图像时代"的过渡极大地扩展了公众的自由阐释空间，万物互联的语境下，个体成为流动的原子，主动地参加着网络空间形态的构建。文化权力逐渐呈现出一种从"精英"到"公众"的转移趋势。另一方面，以血缘、地缘为纽带的关系网络不断淡化，一个个基于兴趣和情绪差异的细分空间被创造出来，形成了不同的互联网文化圈层。由此带来的身份区隔和认知分层，衍生出了五花八门的互联网圈层文化。伴随着网络技术的革新，这些圈层也逐渐呈现出规模化、结构化和功能化的趋向，由"闭环"走向"破圈"，实现了从圈层文化到大众文化的渗透。正是在日常生活网络化、网络生活圈层化的当下社会中，"哥哥"和"姐姐"应运而生。有趣的是，在同样的社会文化语境中，作为流行称呼的"哥哥"和"姐姐"却呈现出了两个截然不同的文化面向：前者在一定程度上为大众所污名化，后者则成为女性彰显自我的显称，个中缘由，颇值玩味。本文即以此为出发点，展开相关研究。

　　作为与语言紧密相关的文化研究，本文将不可避免地和语言学领域的流行语研究产生某些重合之处。所以在此需要声明的是，本文所关注的重点是大众文化流行词背后的文化现象与文化信号，研究的对象同样也指向作为流行称呼的"哥哥"和"姐姐"[1]。与此同时，即使是在流行称呼的内部，具体的语词也会在不同的语境下显现差异，而本文所探讨的"哥哥"和"姐姐"均为特指，针对这一情况，笔者将会在相关章节的章首对本文的研究对象做简要说明。此外，相比于语言学侧重于问卷调查和数据分析的研究，本文将重点挖掘流行语词的文化肌理，以期揭示出隐藏在"哥哥"和"姐姐"背后不同的女性自我想象的面向。

一、"哥哥"做流行称呼：粉圈的文化生产

　　本文所指的"哥哥"是粉丝对明星众多称呼中较为典型的一种，与其他粉圈称呼一样，它蕴含了粉丝群体的心理活动、价值取向和身份认同，从本质上讲是一种粉丝情感寄托的装置。由此向外延展，"哥哥"同时也是

---

[1] 按照语言学的观点，称呼语可分为亲属称呼、拟亲属称呼、社会称呼、流行称呼等多个种类。本文在遵循这一划定的基础上展开分析研究。

粉圈称谓的一种凝缩、一个具有代表性的指认、一桩粉圈文化突出重围的典型案例。

事实上，粉圈文化是人类社会古已有之的文化形态，与人类普遍情欲中的诸多要素都存在紧密的关联。归根结底，粉圈本身便是一个由人类情感和社会行为再造的文化空间，走入这个空间，我们会发现正是"欲望""渴慕""赞美""保护"等情欲构成了该空间的建筑材料。既然如此，为何只是近些年来粉圈文化才作为现象级的文化形态出现在我们的视野当中？"哥哥"一词又是如何从粉圈走向大众，成为一个较为稳定的流行称呼？为了解决这些问题，我们首先需要对粉圈文化的成长环境做一个大致的框定。

总的来说，粉圈文化的大范围传播已经成为当前我国社会特有的文化现象。一方面，"独生代"（the only child generation）现已成为我国生产、消费的主要组成部分，成长环境影响下的"个人本位"使其更倾向于从自我出发，尽可能地满足个人需求。近年来国家经济的发展与人均收入的增长又更加坚定了家庭在消费决策中的主导地位[1]，为"独生代"提供了丰裕的物质条件，使其掌握了可观的经济资本，客观上为粉圈的文化建设提供了坚实的物质基础。而在我国"望子成龙"的传统观念下，"独生代"背负了来自社会、家庭、个人等多方面的压力，在如此沉重的压力下，偶像消费便成为一个可见的释放压力的窗口。另一方面，在新技术革命的催化下，互联网的格局发生了众多变化。有学者将这些变化总结为以下三点：一则传统主流媒介之于社会认知、社会舆论的"压舱石""定盘星"作用已经在很大程度上被解构；二则"泛众化"传播时代的到来，使得众说纷纭成为一种现象，圈层效应变得愈加明显；三则互联网在关系赋权的思维下通过对各种要素的连接和再连接，激活、聚拢和推动情感的共振，形成了巨大的非理性力量。[2] 在这样的变化下，互联网的文化格局呈现出"去中心""圈层化""情感化"的特点。这些要素的结合使得独生代在网络空间中更加如鱼得水，制造了诸多大众文化的狂欢，在网络圈层结构化、功能化和规模化的同时不断地放大粉丝效应，使得"破圈"成为可能。粉圈文

---

[1] 以家庭为主导的消费决策即在我国民众的消费行为中，婚姻、子女、买房买车等成了人们在进行消费决策时主要考虑的因素。参见：Youssef El Haoussine，王海忠，李志宜. 中国独生子女消费行为特征及管理启示：基于消费者社会化视角［J］. 中山大学学报（社会科学版），2016，56（4）：202-210.

[2] 喻国明. 重拾信任：后疫情时代传播治理的难点、构建与关键［J］. 新闻界，2020（5）：13-18，43.

化便是在这样的大环境中衍生出了众多文化现象,"哥哥"即为众多粉圈文化产品中的一个。

(一)"哥哥":主体情感的他者寄托

不同于官方教育体制内培育出的文化形态,粉圈文化长久以来便被主流话语拒之门外。因此,粉圈文化仿佛理所当然地成了教育体制的禁忌,总是伴随着"越轨""疯狂"等词现身于公众视野乃至相关文献。这样一来,在社会文化的角力场中,粉圈文化自然地便成了各种文化群起而攻之的对象,以精英主义为代表的文化形态或是斥其以"文化联盟"的祸害;或是以感召者的姿态对其施以关怀的援手。本应平等的文化关系因而破裂,等待它的只有权力场中的去权。而作为粉圈文化的主要参与者,女性粉丝群体的现实状况实则更不乐观。[1] 波伏娃在《第二性》中提道:"定义和区分女人的参照物是男人,而定义和区分男人的参照物却并不是女人。她是附属的人,是同主要者相对立的次要者。'他'是主体、是绝对,而'她'是他者。"[2] 同为女性主义者的米利特则以更加犀利的口吻指出:"在我们的社会秩序中,基本上从未被人们检验过的甚至是常常被否认的(然而已制度化的)是男人按天生的权力统治女人。一种最巧妙的'内部殖民'在这种体制中得以实现,而且它往往比任何形式的种族隔离更为坚固,比阶级的壁垒更为严酷,更为普遍,当然也更为持久。"[3] 尽管这些观点所诞生的时间距今已远,但纵观当下社会,女性的处境并没有发生明显的变化。这在诸多的社会新闻中已得到鲜明的印证,在此不加赘述。因此,如果说粉圈文化是文化联盟的从属者,那么粉圈文化中的女性群体则是"从属的从属""边缘的边缘",文化歧视和性别歧视在这个特殊的群体之上合流,为其带来了诸多的不公与压迫。可见,女性粉丝群体的处境之艰。但正如伯明翰学派的主要观点那样:哪里有压迫,哪里就有亚文化和反抗。面对社会中结构性的矛盾及支配文化的霸权,她们亟须一个释放自我情感的对象,"哥哥"的称呼便是在这种语境下实现了自身意义的增生。

在早期的西方文化研究者那里,作为大众文化的接受者,粉丝群体仅仅是文化工业链条上一个无自主意识的终端而已,无法避免被资本和媒介

---

[1] 据2019致趣百川《粉丝经济洞察报告》显示,青少年女性是粉丝群体的主要组成部分,同时也是粉丝经济的主要消费群体。参见 http://www.199it.com/archives/961972.html.

[2] [法]西蒙娜·德·波伏娃. 第二性 [M]. 陶铁柱,译. 北京:中国书籍出版社,2004:4-5.

[3] [美]凯特·米利特. 性政治 [M]. 宋文伟,译. 南京:江苏人民出版社,2000:33.

操控的命运。如阿多诺在《文化工业述要》中所表述的那样："尽管文化工业针对的是大众，尽管它毋庸置疑地在对芸芸众生的意识与无意识状态进行投机押宝，但是大众对它来说并不是首要的，而是次要的，他们仅仅是被算计的对象，是整个运转机制的附属物。"[1] 这种看法在信息技术日益发达的当下受到了一定程度的抨击。在《粉都的文化经济》一文中，费斯克便提出："民众从来没有听任文化工业的摆布——他们选择将某些商品打造成通俗文化，但他们拒绝的商品远比采纳的要多。粉丝是民众中最具辨识力、最挑剔的群体，粉丝们生产的文化资本也是所有文化资本中最发达、最显眼的。"[2] 在费斯克看来，粉丝群体并非大众文化中盲目配合的对象；相反，他们会极大程度地动用自身的"互文性"思维，将借来的文化产品再生产，由此便拥有了自身的文化资本，进而去填补原有文化产品中的欲望空白。因此，对于粉圈中的女性群体而言，粉圈本身便是一个具有"性别乌托邦"性质的活动场域，她们的主体性在此得以彰显，女性的独特认知也可以在这里获得合法性的承认。在"女粉丝—男明星"的结构中，粉丝往往是主动的一方，抛却了传统社会强加在她们身上的负累，她们可以根据自己的判断自由地选择偶像；通过为偶像消费、为偶像争取资源等行为来获取支配权，成为关系结构中的征服者和给予者，以此来排解自身的压抑，获得身心的快感，从而得以短暂地逃避父权制的规训。与此同时，通过截取、拼贴、再造等文化生产方式，消费型偶像被粉丝纳入自身的想象网络之中。经由"言说—分享—公众化"的路径使得自身想象获得到无限的扩张。在此基础之上，"哥哥"便成了一个功能性和情感性兼备的文化符号。

同样的逻辑可以用来解释诸多粉圈文化现象，如"小鲜肉""小鲜花"成为大众文化生活中的当红明星、粉丝群体中"妈妈粉""姐姐粉"乃至"事业粉"的出现、粉丝圈层中的"泥塑"行为[3]、同人文学中女尊男卑与耽美情节等。因此，无论是"哥哥""弟弟"，还是"宝贝"，抑或是其他称呼，从本质上讲都是粉丝作为凝视主体寄托自己情感与欲望的装置，

---

[1] [德] 西奥多·W. 阿多诺. 文化工业述要 [J]. 赵勇, 译. 贵州社会科学, 2011 (6): 42-46.

[2] [美] 约翰·费斯克. 粉都的文化经济 [M] //陶东风. 粉丝文化读本. 北京：北京大学出版社, 2009: 18.

[3] 泥塑，"逆苏"的缩写，有时简写为"NS"，网络流行语，指脑补人物的弱受形象，多用于女化男性。

只有在对这一装置倾泻来自粉丝的个人情绪时，他们对社会权力的焦虑才会有所淡化，进而不断增加个人的获得感和认同感。

（二）"哥哥"的外化：粉圈的建设和斗争

当然，如果仅仅是在粉圈内部流通的话，"哥哥"等粉圈专属用语远不至于成为一个具有普遍影响力的流行称呼。正是因为粉圈群体在网络空间乃至现实世界的强大攻势，才让我们的现实世界成了粉圈文化的外延。

安德森在其著作中提出了"想象的共同体"这一概念，在他看来，"所有比成员之间有着面对面接触的原始部落更大（或许连这种村落也包括在内）的一切共同体都是想象的。区别不同的共同体的基础，并非他们的虚假/真实性，而是他们被想象的方式"[1]。粉圈便是一种安德森定义下的想象共同体。相较于其他的网络文化圈层，粉圈的入圈门槛更低，只要有一个自己喜欢的偶像，便具备了进入粉圈的资质。他们以其喜爱的偶像为旗帜，通过一系列规模性的集体活动不断地加深彼此之间的情感认同，迅速集合为一个凝固的整体。加之明星群体的庞大体量及其背后的规模运营，粉圈也就成为各个圈层中最为活跃、人数最多的圈层。

作为费斯克口中"大众文化的强化"，粉丝群体实则深谙互联网运作的法则，她们自诩为"数据女工"，通过"点赞""转发""控评"[2]等手段不断地维护偶像的正面形象。这样一来，在以计算分析系统为主要特点的互联网中，她们所喜爱的明星便能携带着巨大的"流量"[3]频繁出现在人们的视野当中，这不仅使其自身的期望得到满足，还达到了群体内部"安利"的效果。

作为典型的亚文化群体，粉圈中的人以反抗和颠覆的姿态精心营造了自己的"地下世界"，不断地挑战具有无意识色彩的意识形态原则，驳斥已成为共识的神话。在众多粉圈的标签中，最典型同时也是最为外界诟病

---

[1] [美]本尼迪克特·安德森.想象的共同体：民族主义的起源与散步[M].增订版.吴叡人，译.上海：上海人民出版社，2016：6.

[2] 控评，也称为"空瓶"，网络流行词，即操控评论，对社交平台上好的评论进行点赞、回复等使其上热评，不好的评论就要么不搭理要么举报使其避免出现在前列，多用来描述粉丝控制明星相关新闻下的评论走向，2021年6月15日中央网信办在全国范围内开展为期2个月的"清朗饭圈乱象整治"专项行动对此现象进行整治。

[3] "流量"本义是单位时间内通过河、渠或管道某一横截面的流体的量，或是通过道路的车辆、人员等的数量。在互联网时代，"流量"也指在一定时间内网站的访问量，以及手机等移动终端上网所耗费的字节数。从2016年年底、2017年年初开始，娱乐圈频频用"流量"来形容那些粉丝多、人气高、影响广、商业价值大的明星。

一个便是粉圈内部的集体活动。这一群体行为主要表现在，不同粉丝圈之间的大型骂战、为维护自家偶像的形象和利益而进行的一系列"维权"活动……她们抱着"心中有哥哥，天下皆可撕"的"必胜"信念，以缜密的规划和极高的战斗力迅速占领我们目光所及的互联网世界，以此来达到最初的目的。在粉圈内部，以偶像为中心，她们迅速地集结起来，形成自己专属的粉丝社群，通过"我们"和"他们"的划定来明晰彼此之间的差异，反过来又在不断强化各自所在的圈层。而在粉圈的外部，互联网的其他公众空间依然是她们力图"争夺"的权力场域，通过大规模而饱含情感热度的网络"战争"，她们不断地肯定和维护着自己的群体身份，粉丝圈层也在这样的巩固之下形成了一定的壁垒。

由此可见，正是在规模化、频繁化的运动和斗争中，粉丝群体不断地扩展了自身的影响力，逐步地统摄了新一代的"互联网原住民"，我们的日常生活也因此变得娱乐圈化。"哥哥"一词便是在这样的语境下从专属文化圈层的产物演变成了一个具有广泛传播性的流行称呼。

二、"姐姐"做流行称呼：文化工业的直接生产

不同于"哥哥"经由粉圈的规模活动而被大众熟知，作为流行称呼的"姐姐"自其诞生之初便拥有明晰的文化定位。在汉语的使用语境中，"姐姐"一词因为"女性""年长"等义素而具备了某种"担当""强势"的特质，但这种特质也只有在具体的语境中才能展现出来。伴随着《乘风破浪的姐姐》等以女性群体为表现主体的节目的热播，"姐姐"这一带有女性独立诉求意味的称呼逐渐稳定下来，成为新时期女性追求自我独立和个性化发展的全新代名词。

《乘风破浪的姐姐》以"三十而骊，青春归位"为口号，采用"真人秀+竞赛"的机制，主推"30+女性成团"，是近年来我国社会中涌现出的一部现象级综艺，自其开播以来，便受到了社会的广泛关注和热烈讨论。从传统的文化研究路径出发，我们可以轻易地看出这档节目中存在的文化问题，单是从"高开低走"这一节目进行到后半程时的外界评价入手，便能大致推测出隐藏在整个节目背后的两条主线——"解构"与"反叛"。所谓"解构"，即节目从中年女性的视角和社会经验出发，通过比拼的方式打破社会对中年女性的传统认知，实现对现实社会中刻板印象与父权制度的解构；所谓"反叛"，即节目制作在追求"解构"的初衷之外，仍然暴露了某

些无意识的传统认知，对于节目中女性形象的塑造仍然带有标签化、扁平化的特点。这样一来，节目便陷入了一个自相矛盾的处境，表现出一种对自身初衷的反叛。这种自相矛盾式的局面在女性议题的讨论中屡见不鲜。一方面，当我们带着破除原有隐喻的信念进入具体问题的讨论中时，我们往往会不自觉地以"破"为中心，反而忽略掉更为重要的"立"。更为极端地，则是将性别双方放置在一个全然对立的立场，进而引发新一轮的对抗。另一方面，女性议题的探讨本身也存在结构性的矛盾。正如巴特勒等酷儿理论家始终不愿以某一标签化的身份确立自身那样，与女性相关的问题、矛盾与反抗本身便建立在一个不平等的体系之内，每一个女性议题的讨论者都处于男权制的泥沼中心，与之相关的愤怒和争论皆是对原有体系的承认和巩固。既然如此，对于女性议题的持续讨论还有必要吗？我们的答案是肯定的，因为这些矛盾的存在并非要把我们引到一种盲目的悲观主义之中；相反，它们恰恰是我们进入议题讨论前的警笛，启示我们要在十面埋伏的处境中谨慎思考，避免进入一种无效的感情论证之中。因此，与其携带着愤怒的情绪急切地卷入情感战争之中，不如重新回到每一个具体问题的源头。反映在本文所讨论的问题之中，则是将关注的重点放在"姐姐"这一称呼上，在词语的使用和接受中观望社会文化潮流。

  接受美学的奠基人之一姚斯曾经指出："一部文学作品并不是独立自在的、对每个时代每一位读者都提供同样图景的客体。它并不是一座独白式的宣告其超时代性质的纪念碑，而更像是一本管旋乐谱，不断在它的读者中激起新的回响，并将作品本文从词语材料中解放出来，赋予其以现实的存在。"[1] 在这一经典的论述中，姚斯清晰地指出读者在文学阅读中的重要作用，认为只有在读者的参与下，作品的意义生产才能最终完成，作品才不会在历史变化的潮流中反复浮沉，而是逐步累计丰富的解读。这一论述同样适用于大众文化领域，在社会文化生产中，每一个文化现象都可以被看作一个独立的文本，它们因为具备内在指涉性而保证了自身的完整和独立，同时又因为处在庞大的文化网络中而释放出无限的阐释空间。同样地，每一个文化现象也都需要直接地面向其相对应的阐释对象——文化社会中的大众。也就是说，只有大众真正地参与到文化现象的言说和阐释之中，这一文化现象才能真正实现自身的存在。而作为我们认识、沟通和交流的

---

  [1]［德］H. R. 姚斯，［美］R. C. 霍拉勃. 接受美学与接受理论［M］. 周宁，金元浦，译. 沈阳：辽宁人民出版社，1987：175.

必要中介，语言便自然而然地承担起反映文化现象的角色。因此，具体的语词会因为大众阐释和使用的差异呈现出不同的文化面向，每一个词语词义的泛化和脱落都照应着大众文化领域的某种思潮或是某种现象。回到本文的论述之中便是，"姐姐"一词之所以呈现出今日世界中的流行意义，本身便是大众接受的结果。

"期待视野"是姚斯乃至整个接受美学系统中一个极其重要的理论概念，所谓"期待视野"，即"阅读一作品时读者的文学阅读经验构成的思维定向或现在结构"[1]。期待视野以接受者自身的已有经验为基础，在其进行文本阅读之前便形成了具有某种确定性的期待，这种期待被大致框定在接受者自身的认知之内，是进行下一个认知环节的必要准备。在大众文化尤其是文化产业的讨论中，期待视野始终都以一种"隐身"的方式在场，出于自身的经验，人们总会或是有意或是无意地触碰到它。在《乘风破浪的姐姐》节目的相关讨论中，我们会经常看到类似于这样的言论：正是打破了传统造星体制的限制，增强了节目的新鲜感，《乘风破浪的姐姐》才能在一众网络综艺中杀出重围；《乘风破浪的姐姐》把握了大众品味这一重要前提，才能获得如此巨大的成功……在这些论述中，我们至少可以通过分析得到以下两点体认：第一，早在《乘风破浪的姐姐》播出之前，我国社会便已经出现了关于女性议题讨论的热潮，女性议题作为历史遗留下的重要问题已经逐渐被摆在了社会发展中的某个显眼位置；第二，人们对于"女性向"[2] 文化节目的需求已经反向影响到文化产业的节目制作，"人"在大众文化中的主体地位越来越突出。这便是观众的期待视野发挥作用的结果。在期待视野与传统视野的交融中，观众尤其是女性观众的自我想象在节目中"姐姐"的身上得到了投射，进而形成了关于"女性"的新的认知，在女性主义的思潮之下，"姐姐"的称呼由此便被固定下来，成为一个大众文化中的流行称呼。

在此需要厘清的是，正如本章开篇所强调的那样，"姐姐"一词在原本的汉语语境之中便已经具备了我们今天所看到的流行义，与之相关的热点节目在"姐姐"旧词新义的旅程中所扮演的角色只是"催化剂"或说是"扩音筒"，将漂浮在流行文化中"姐姐"的含义拿来并使之固定下来罢了。

---

[1] [德] H. R. 姚斯，[美] R. C. 霍拉勃. 接受美学与接受理论 [M]. 周宁，金元浦，译. 沈阳：辽宁人民出版社，1987：6.

[2] "女性向"一词源自日本，特指以女性群体为消费对象的文化产品，是女性主义与消费文化共同的产物。

在"哥哥"所诞生的粉圈文化中，同样也有着"姐姐"的称呼，它和本章所着重分析的大众文化产业直接生产出的"姐姐"存在诸多共同点，就其本质来说都是女性观众的欲望投射对象。而本文之所以没有选取同样来自粉圈文化生产中的"姐姐"，最主要的原因便是《乘风破浪的姐姐》这一节目是使作为流行称呼的"姐姐"相对固定下来的关键节点，而粉圈文化生产中的"姐姐"的影响力远不至此。

三、"哥哥"与"姐姐"背后不同的文化面向

通过上文的分析我们可以看出，女性群体在"哥哥"和"姐姐"流行义的诞生过程中洒下了浓墨重彩的一笔。在"哥哥"一词背后，我们看到的是流行文化尤其是粉圈文化中粉丝与明星之间强烈的主客体关系；而在"姐姐"一词背后，我们看到的是大众文化对于女性主体地位的呼唤，以及一个个勇于展现和追求自我的女性对于这一呼唤的应答。这些现象共同证明了这样一种倾向：在流行文化大规模扩张的当下，女性群体开始逐渐摆脱自身作为欲望客体和行为客体的位置，不断地彰显自身的主体性。当然，这也仅仅是停留在文化现象表面的发现，并不意味着女性就此便获得了同男性一样的社会地位。正如我们的观察和体认那样，在当下的社会文化环境中，女性仍然或显性或隐性地遭受着不同程度的不公与束缚，于是那个陈旧的、古老的、但也是必然的问题便又出现在我们的视野当中——女性群体的主体性建构。

关于主体性问题的讨论自人类文明诞生以来便从未休止，从笛卡尔对于主体性的认识论讨论到康德对主体的理性呼唤，从黑格尔那里自我意识的活动体系到后现代理论家们对于主体的抛弃。主体性的哲学含义伴随着每一次社会思潮的新变而不断改变。但是无论我们如何定义主体，无论我们处在怎样的社会与社会思潮之间，我们都需要一个实在的主体性身份以显示自身的存在，这是我们在进入具体问题思考时的一个重要前提，同时也是每一个具体问题的最终归宿。因此，本文所说的"主体性"，指的是人作为主体在社会关系中所显现出的自身的能动性，这种能动性主要表现在人在社会行为中的自由选择与自由创造。

提到"主体性"，我们有两个不得不去思考的因素——身体和话语。"身体是一种文化符号、一种知识的形态或范畴，其包含着大量的文化信

息，很难在文化和自然或文化与生理对立的二元对立观内解释。"[1] "身体"永远是哲学家口中的一个极为重要的存在，那些具有形而上学色彩的概念和观点往往依赖于身体、回归于身体，通过对"身体"的思考，我们往往能经由问题最终抵达对主体的进一步认识。"话语"与主体性的建构之间同样存在紧密的联系，本维尼斯特曾经表示：人类"凭借语言确立自己的主体身份，语言的使用构成主体性的基础"[2]。在福柯那里，话语和权力密切相关，所有的知识只有通过话语才能获得。无论是思想还是情感，都只有在话语的实现中才有意义。因此，在"哥哥"与"姐姐"等流行称呼的讨论中，我们同样需要参照"身体"和"话语"两个重要维度。

正如上文所言，无论是"哥哥"还是"姐姐"，都是人们欲望投射的对象，只不过两者之间存在欲望结构的细微差异。在"哥哥"一词的背后，实际上存在这样一种欲望结构的反转：在传统的观念世界里，通常是男性作为凝视主体，而女性作为被凝视与被塑造的客体；而在"哥哥"一词所在的文化语境中，这种欲望结构实现了反转，女性群体开始作为凝视的对象，而男性成了被凝视和被塑造的一方。在这样一个倒置的欲望结构中，女性粉丝通过支配、控制、讨论等方式获得了自身的快感，在某种想象的联系中营造了一种表面上的乐观局面。之所以称其为"表面上的乐观局面"，是因为从本质上讲，这种快感仍未逃离传统的男权制的枷锁。如果说传统的欲望结构是男权制社会下的历史积淀的话，那么这种欲望结构的反转就是传统观念与资本控制合流下的产物。以这一欲望结构的反转为起点向前追溯，我们会发现这一结构的权力之源实则是日益膨胀的资本，假使资本缺席，这一结构也会自然而然地烟消云散。从这个方面上讲，我们今天看到的女性议题的激烈讨论，部分人眼中的"女性的崛起"等现象实际上都是资本运作下的幻象，因为资本的生产和消费已经不再需要像从前一样将女性群体排除在外，女性和男性一样，都是资本体系中无差别的劳动"机器"。在此，我们会发现"无差别"等词尤为显眼，既然已经做到了"无差别"，那岂不是已经获得了某种程度上或是某个阶段上的胜利了吗？然而事实并非如此，因为纵观整个过程我们会发现，人类尤其是女性群体在这个过程中丝毫没有现身，我们始终只是被动地被安置到了这个现象之

---

[1] 林树明.关于"身体书写"[J].文艺争鸣,2004（5）：79-80.
[2] [法]埃米尔·本维尼斯特.普通语言学问题[M].王东亮,等,译.北京：生活·读书·新知三联书店,2008：293.

中，而从未进行过主体性的建构。因此，这种局面的产生并非是女性群体或是人类的胜利，而是资本的胜利。而从这个反转的欲望结构入手，我们还会发现，在这样一个以女性群体为主体的情感结构中，女性的身体与话语却是缺席的，她们的欲望对象归根到底还是传统意义上的男性，加之于"哥哥"之上的个体想象和社会经验在使其得到自我满足的同时却又进一步地加固了男权制度所塑造出的成功形象，这样一来，女性群体便又再一次地陷入"逻辑的谬误""荒诞的怪圈"[1]。从文化的角度来看，这一现象和"独生代"成为当前我国生产消费的主体有着密切的关系，在这样的社会环境下，女性和男性一样都遵循着中国式的望子成龙的逻辑，于是，在自身阵营的典型与模范尚未出现之时，在已有的模板中寄托自己的欲望似乎就变成了某种必然。

关于身体和话语的讨论在"姐姐"那边则表现出另外一种风景。在《乘风破浪的姐姐》的总决赛上，女星张雨绮便进行了这样一段热情饱满的发言，她说："大家都说我是独立女性，独立女性在我人生中带给我什么样的经验和感受，我想和大家谈一谈。首先，独立女性要有支配时间的能力；其次，我们要对暴力和拳头说NO，因为不是所有人的婚姻都是那么幸福和完美的；我们还要有一种能力把自己的才华显示出来，告诉这个世界上用相貌来评定能力的人，智慧和美貌是可以并存的；我还要有独立和敏锐的判断力，我要让我的孩子知道这个世界上除了有童话般美好的故事还有诱骗、拐卖和无尽的人身意外。我要告诉我的宝宝们，你妈我不仅风华绝代，还能乘风破浪。"[2] 与"哥哥"有所不同，女性群体本身便是"姐姐"的主体，"姐姐"一词本身便是女性精神的主体性表达。她们可以大胆地展示自己的身体，根据自己喜欢的风格挑选和搭配服装，尝试在此之前专属于青春偶像的唱跳舞台，自由而勇敢地说出自己内心的想法。因此，在某种程度上，"姐姐"一词放置了积攒已久的女性群体的社会经验和社会欲望，独立、自由、平等、勇敢等女性主义者长期以来的呼吁都在"姐姐"的身上得到了某种程度的实现。

从上文的分析中，我们可以看到，在"哥哥"和"姐姐"的流行背后，实际上蕴含了两种女性自我想象的不同信号。在"哥哥"所诞生的文化语

---

[1] 戴锦华. 不可见的女性：当代中国电影中的女性与女性的电影 [J]. 当代电影，1994 (6)：37-45.

[2] 资料来源于网络. 参见《乘风破浪的姐姐》第一季第十三期.

境内，女性群体将自身的想象带入对"哥哥"的期待与幻想中，这是一种主体情感的他者寄托；而在"姐姐"所诞生的文化语境内，女性群体则将自身的社会经验放置到群体内部，这是一种构建自身模板的大胆尝试。不可否认的是，本文只是抓住了流行语词之中的一个面向进行对比，因此，难免存在"流行称呼扁平化"的倾向。但正如本文开篇的切分那样，每一个流行语词的具体含义都是一块亟待发现的残片，只有在这些残片的拼贴与分割中，我们才能复原和观望到大众文化的复杂形态。

指导教师评语：

  论文选题独到，问题意识鲜明，通过分析"哥哥""姐姐"而得出的两种女性意识的结论也颇有洞见；作者能够全面和准确地引用、借鉴女性主义和粉丝文化等相关理论，用来分析当下的文化现象，切中肯綮。不足之处在于，前面理论铺垫太多，对于两个词语分析还有待充实，特别是缺乏语言学角度的论述，望今后可以进一步提高。（张春晓）

女性问题的"想象性解决"

——基于电影《芙蓉镇》中女性形象的分析

2018级　刘洁予

电影《芙蓉镇》创造了两位形象生动的女性形象：胡玉音与李国香。在对这两位女性的叙述过程中，我们可以看到一种突破，突破旧有的男性的一种规范，但是在努力争取"自我"后，这两位女性又落入了另外一种男性话语中。不论是胡玉音的"芙蓉之美"，还是李国香所谓的"去性别化"体征，实际上仍然强调了两性的对立与差别，从女性主义的角度批评电影文本，电影中的女性书写仍然是一个颇具幻想性意味的书写。

一、电影《芙蓉镇》中的女性形象——历史性突围还是倒退？

如果说革命时期的女性形象以一种匿名性的"去性别化"的表达提升了自己的历史地位，1978年以后，女性多在重获性别身份和多种表现空间的同时，作为男性的欲望客体来完成秩序的重建[1]。所以存在一个命题是：当我们发现一种危机时，女性多以男性特质冲锋陷阵；当危机解除或者是进入一种过渡时期时，女性角色"应该"具有的魅力又会重新回到她们的身上。所以，女性并没有像革命时期那样与男性结为地位相当的"伙伴"，而是经历了一次从文化到现实的"倒退"。

1. 1949—1978年中国电影女性形象表达

20世纪头30年，女性群体似乎一直没有找到一个强有力的表现自己的社会舞台，1949年中华人民共和国成立以后，中国成了统一的社会主义国家，这是一次有力的政治意识形态的整合，文学艺术自然也紧紧地凝聚在这股向心力上，这一时期，一大批英雄式的女性角色登上荧幕，如《白毛女》中的喜儿、《青春之歌》中的林道静、《红色娘子军》中的琼花等，这

---

[1] 戴锦华. 雾中风景：中国电影1978—1998 [M]. 北京：北京大学出版社，2000：126.

些女性角色将自己人生价值的实现寄托在国家和社会的命运上，在崇高的道德序列中获得了与男性齐平的社会地位。

1976 年，"文化大革命"结束，伤痕文学、反思文学的思潮席卷中国，也带走了这一批女性革命英雄，取而代之的是一系列"好女人"的形象，例如电影《红色娘子军》《青春之歌》等。我们可以粗暴地、大致地将这女性角色分为两种类型——第一种："男人化"的女人；第二种："男人中"的女人。她们统统是"男人"的女人。

2. 谢晋电影——《芙蓉镇》综论

1949—1978 年这 30 年是革命类电影和文艺类电影的分水岭，也是第四代导演与第五代导演的分水岭。在这一时期突现出一个具有衔接性作用的导演——谢晋。

20 世纪在 50—60 年代，谢晋拍摄了作品《水乡的春天》《红色娘子军》《舞台姐妹》。这一序列的电影随着 1978 年拍摄的《啊，摇篮》迎来了一个性别文化的逆转[1]，而真正成熟的，具备新时期主流电影叙述模式的，是于 1987 年上映的古华同名小说电影《芙蓉镇》。

电影极大地忠实原著，从大历史中嵌入小故事，反映历史波澜中小人物命运的起伏，既不是单纯的"伤痕"，也不是简单的"反思"，电影以谢晋惯有的温情式的表达治愈伤痕，较为客观的展现也留给观众足够的反思空间，因此获得了非常高的艺术评价。

之所以将它称作一种"倒退"，是因为这样温馨的两性结局其实遮蔽在男性话语系统下，表现性别差异的重提与强化。男主人公秦书田依旧作为历史中的"英雄/主体"[2] 主导女主人公胡玉音的生活，胡玉音看似充满生机的未来其实缺少意义，如果秦书田所代表的男权大厦倒塌，胡玉音的结局又是什么呢？

基于此，我们把这部电影看作最具有代表性的谢晋式的"想象性解决"[3]，并通过分析这样一种"想象性解决"，抓住这一时期女性问题的症候。

---

[1] 戴锦华. 雾中风景：中国电影 1978—1998 [M]. 北京：北京大学出版社，2000：127.
[2] 戴锦华. 雾中风景：中国电影 1978—1998 [M]. 北京：北京大学出版社，2000：131.
[3] 戴锦华. 雾中风景：中国电影 1978—1998 [M]. 北京：北京大学出版社，2000：131.

3. "美"的丰收——《芙蓉镇》中的主要女性形象

谢晋模式的"想象性解决",简而言之就是以提炼"美"的元素[1]来治愈时代伤痕,是一种人性论的叙事主题。"美"仿佛是站在反思和伤痕的对立面,而谢晋的电影正是抓住和创造了民众受创伤的心中所最缺乏的"美"的元素,将它紧紧贴在了政治话语和平民意识的裂缝之间,诉说着苦难的另一个侧面。

在这种"美"的冲和下,民风民俗可以回到淳朴的样子;人性可以恢复本善的状态;李国香所代表的"过"也得到了忏悔的机会;受苦难的人也能重新获得幸福的生活。所以,影片实现了一个"美"的回归。

那么胡玉音和李国香是怎样在"美"的回归中发挥作用的?如何理解她们的人物形象?下文将详细讨论。

二、第二性的复现——欲望客体下的胡玉音

实际上,只有小说能叙事,电影做不到叙事,它的讲话方式和小说不同,电影用镜头来讲话,图像就是存在,电影的语言是一种有理有据的"短路"符号,那么能指也就约等于其所指了[2],所以电影中"芙蓉姐子"胡玉音的美,绝大部分来源于身体叙事,作为男性的凝视客体,她体态丰润,面容姣好,温柔大方,符合男性对女性的全部想象。

电影的开始,胡玉音在自家的摊子上卖米豆腐,她的豆腐摊子热闹非凡,许多顾客挤在一处,就为了吃"芙蓉姐子"的一碗米豆腐。此处导演就已经将胡玉音的性别优势凸显了出来。一是借助了黎满庚的老婆五爪辣来进行对比,二是用男性来衬托胡玉音的年轻美貌。

胡玉音身着素气的白衣服,留着浓密整洁的短发,以微笑示人;五爪辣穿着艳丽的花衣服,头发乱糟糟地盘起,用鄙视和怨愤的眼神看着和自己的丈夫交谈甚欢的胡玉音,首先便塑造了一个干净脱俗的胡玉音的形象。其次,导演设置了一个长镜头,我们可以看到胡玉音的豆腐摊子上前前后后挤满了人,且大多是男性,所以我们立即捕获了一个信息——这些顾客为了胡玉音消费。此处的场景调度为客观的男性的凝视状态和主观的男性

---

[1] 张体坤,唐中浩."谢晋模式"再审视:论谢晋电影的叙事策略及其典型意义[J],文化艺术研究,2013,6(2):125-130.

[2] 戴锦华.电影理论与批判[M].北京:北京大学出版社.2007:3.

的凝视内容的两种镜头组合,自始至终没有胡玉音的主观视角,而执行这一"任务"的是电影中一只隐蔽的"眼"。

米豆腐摊子上还有一位吃霸王餐的"无赖"——王秋赦,从摄像机位的视角看过去,胡玉音的身体曲线大大地呈现在屏幕上,而王秋赦盯着胡玉音,并且在黎桂桂耳边低声评论。所以这一幕揭示出,胡玉音被影片中的男人的目光和屏幕后的观影者的目光所一同欣赏着,这个欲望凝视的权利游戏也就显而易见了。

在这一场景中,还同时出现了胡玉音生命中的几个男人,一是初恋黎满庚,二是第一任丈夫黎桂桂,三是第二任丈夫秦书田和对胡玉音倍加关怀的谷燕山谷主任。胡玉音的第二性特征也正是通过这几个男性角色来实现复位的。在黎满庚之下,胡玉音获得了情人的角色;在黎桂桂之下,她成了一个女人;在秦书田之下,其女人的身份进一步成熟,转变为妻子,而且胡玉音和秦书田结合后生下了一个孩子,于是她同时获得了母亲的角色。值得一提的是,谷燕山之于胡玉音是模糊不清的。在李国香陷害胡玉音的情节中,李国香大声质疑谷燕山与胡玉音有性关系,然而谷燕山痛苦地解释,自己因为打仗早已失去了性能力,这为胡某种程度上的"贞洁"找到了一个缝隙,胡玉音在谷燕山这里,获得的更像是一个女儿的身份。因此,胡玉音执行的女性叙事功能,是成为男权话语体系下的"被救赎者",其根本目的在于恢复创伤经历下的男性地位。男性干部和男性知识分子之所以对胡玉音念兹在兹,是因为她唤起了男性自我创伤的记忆镜像,胡玉音承担的是一个替换疗伤甚至是升华创伤的功能。[1]

由此看来,在男权机制下一个女性应该具有的身份在胡玉音的身上得到了完整的表达,第二性性别特征得到了理想化的呈现。

三、去性别化的表达——欲望放逐下的李国香

李国香这个人物角色拥有较强的男性化色彩,作为被欲望放逐的对象,她在性格和外貌上都与胡玉音截然相反,她不仅在性格上"去性别化",也在生理上"去性别化"。由于自身的条件限制,李国香没有追求者,更不用说结婚生子,出于对胡玉音的嫉妒,将个人私情带入权力范围,间接害死了黎桂桂,致使胡玉音家破夫亡。这是本部影片女性叙事的第二个功能,

---

[1] 马春花. 伤痕文学的创伤记忆与性别政治 [J]. 南京师范大学文学院学报, 2019: 76-87.

也就是借助一个完全意义上"去性别化"的女性承担和遮蔽了历史和政治之"失"。为了更好地发挥这一功能，影片对李国香进行了一定程度上的丑化，笔者选取了非常具有代表性的两个情节来具体论之。

第一个情节是影片中间部分李国香暂时性失去了她的权力铠甲，也就卸下了她唯一的一个身份标志。在这个时候，李国香又是什么呢？

答案是"鬼"，在这一阶段李国香完全沦落为一个失败者，她是一个失败的女性，是以一种半人半鬼的状态，怀着扭曲的心，不愿与秦书田和胡玉音这样的"反动分子"沦为一类。场景中的李国香和秦书田、胡玉音站在一排，头上的三个大字仿佛是对三个人的定位。

第二个镜头导演将摄影机位放在三个人物的侧面，直观地展现了三个人的水平关系，秦和胡在同一水平线上，二人低头不语；李国香站在前面呼和，她形象狼狈，脖子上还挂着一双破鞋。"破鞋"这个喻体非常的有趣[1]，古时候，人们以靴子象征女性的生殖器，而"破鞋"一般情况下指乱搞男女关系的女性，批斗李国香的学生们不明所以，忙乱中在李国香的脖子上挂了一对破鞋，非常具有讽刺意味，尽管李国香是一个"去性别化"的女性形象，影片还是影影绰绰地用一种传统女性的规范来实现这一反讽的艺术效果，李国香这个在革命时期被"解放"的妇女，仍然处在男权文化中传统女性的复归与重述话语下。

李国香的辩驳被学生们无情地反驳，同样是面对一群男性，李国香与上文提到的胡玉音的待遇可以说是天壤之别，这里摄影机采取的视点和上文所提到的"隐藏的眼"有异曲同工之用，这个镜头采取的第三视角，同样代表了屏幕后的观众的视角，成为批斗李国香人群中的一道目光，凝视着李国香。

第二个情节是王秋赦讨好重握权力的李国香。可以说，这一组镜头是在凝视机制之下，李国香唯一一次迈入"身体叙事"和"第二性性别"序列。获得王秋赦讨好的李国香，虚荣心得到了极大的满足，这种讨好在李国香的心中转化为了一种来自男性的青睐，这是一重凝视；此时表现李国香的画面一改前半部分灰暗阴鸷的色调，画面呈现出柔和的视觉效果，李国香穿着浅色的上衣，表情舒畅愉悦，她的四肢舒展，仿佛有邀请之态，女性的身体特征也较明显地展现了出来。第一个镜头此刻呈现小幅度的仰

---

[1] 黄宝富，吴小溪. 时代事件的物质复现和身体符码的文化意义：以电影《芙蓉镇》为例[J]. 新闻界，2008（6）：73-74.

角,在这一瞬间给予李国香"性别"上的肯定,这又是另一重凝视。

四、"自我"获得的失败与突破

综上所述,无论是作为欲望客体的胡玉音,还是被欲望机制放逐的李国香,都没有获得真正意义上的自我,那我们能从中得到什么样的反思和借鉴呢?

1. 失败的思考

在影片中,胡玉音的伤痛和对历史的控诉化作一声,"还我男人",对反派李国香的质问也不过一句,"还没结婚吧"[1],从女性视域来看,即使是 21 世纪,这也是真实的,却也是无奈的现况。我们需要关注的问题应不仅仅是从女性主义的角度去反思艺术,而是如何站在更高更广的视野下去反映历史,女性在其中又该充当什么角色,或者说承担什么作用。

2. 突破"想象性解决"——当代女性形象

笔者认为,在当代很多有意表达女性的电影和电视剧中,女性的困境似乎正在被越来越开放包容的话语消解,它们通过选择一种"李国香"和"胡玉音"的折中主义,让很多女性角色一面具有男性气质,在事业与家庭方面掌握主动权,经济独立,还足够美丽大方,成为男性的欲望客体,而一部影视剧中这样"完美"的女性不再以李国香和胡玉音的敌对关系出现,她们多结为友情,一起面对困境,例如 2020 年大火的影片《喜宝》、影视剧《三十而已》等,这些女性角色在某种程度上对"想象性解决"的困境有所突破,但是这种突破也存在不深刻、不全面的问题,甚至在大多数时候被消费主义裹挟,重新陷入了另外一种狭隘的定义中。

这是我们需要面对和解决的问题,也期待今后的影视作品有更好的表达策略。

结语

个人化表达和"自我"获取的失败并不意味着女性群体不能获得新的表现空间,也不意味着女性群体面对的是一个狭隘、充满压迫被压迫的机制;相反,我们能从批判之余察觉到影视艺术与女性表达的多个丰富的维

---

[1] 戴锦华. 雾中风景:中国电影 1978—1998 [M]. 北京:北京大学出版社,2000:131.

度，在批评"想象性解决"的同时，我们也在进入一个新的"想象性解决"的状态，所以，文学艺术要解决的女性问题不是一个具体的概念，更多是一种状态。女性群体也在期待并不断追求一个宽阔、自由和舒适的阐释空间。

指导教师评语：

  论文分析了谢晋电影《芙蓉镇》中的女性形象及女性问题，在关于《芙蓉镇》和谢晋导演的相关研究中，这一研究视角颇为新颖。论文从电影情节出发，结合电影语言，如摄影、场面调度等方面来展开论述，结构完整、表达流畅。论文剖析了《芙蓉镇》中两位主要女性人物胡玉音、李国香"看与被看"的存在本质，阐述了女性自我真正完成的尝试与遗憾，对于中国电影中女性问题的表达具有一定启发。（邵雯艳）

从"人的轮回"到"人性之恶"
——探析《大鸿米店》对《米》的改编

2018级　刘缘

一、《米》中五龙形象及其变化分析

《米》中对于五龙形象的表现逻辑可简要概括为：一个本身就有明显"动物性"的人遭受了"非人"的对待而彻底激发了其身上本有的"动物性"，从而使一个"人"彻底沦为一只欲望彻底释放、本性彻底恶化的"动物"。其变化过程分析如下：

（一）本身的食色之欲

从火车上偷渡进城的五龙，就是一个"食性"和"情欲"高于他者的人。五龙的生长环境"枫杨树故乡"野蛮而落后，未能给五龙一个正面的欲望引导，以至于年轻的五龙就会在祠堂纾解欲望；与此同时，连年的灾荒和饥饿使五龙对食物有着一种非同寻常的热情，对"米"的缺失让他对"米"更迫切地追求，他一边生嚼着糙米一边踏进城市：

> 五龙简单地回顾了流浪的过程，他觉得冥冥中向往的也许就是这个地方。雪白的堆积如山的粮食，美貌丰腴骚劲十足的女人，靠近铁路和轮船，靠近城市和工业，也靠近人群和金银财宝，它体现了每一个枫杨树男人的梦想，它已经接近五龙在脑子里虚拟的天堂！[1]

粮食、女人、财富及发展的可能，这就能满足五龙的一切追求，满足他本身的"食色之欲"及对未来的"食色之欲"。

---

[1] 苏童. 米 [M]. 杭州：浙江人民出版社，2018：19-20.

在五龙的原始力被无限度满足，精神上被无限度虐待之后，几十年后的五龙变成了一个性变态，他不仅强暴织云、绮云，还外出宿娼，并且养成了一个在性事后把米粒塞进女性子宫的行为习惯。他把他被高度满足的食欲和性欲结合在了一起，这一种性迫害行为体现的，不仅是五龙人格的扭曲，还是他对粮食和繁衍这两样他毕生追求的东西的追求。

（二）动物的对待

甫一进城的五龙，因为"力气大"和"不要工钱"留在米店，但在米店五龙遭到的是冯老板和米店姐妹对待"动物"般的对待。文中对五龙动物化的比喻比比皆是：

> 你知道他能吃多少？绮云说，他简直像一条牛，你给他一锅照样能吃光。
>
> 反正你们都把我当狗，五龙仰脸看着厨房被油烟熏黑的房梁说，你们都是人，我却是一条狗。
>
> 他们看见一个背被包卷的人像一只惊慌的兔子朝码头奔来，他的脸色惨白，脖子和鼻梁上沾着煤灰的印迹。
>
> 你就像一只大老鼠。冯老板又说，我的米会被你偷光的。我已经看出来你在想什么坏点子。[1]

米店把五龙当作各种各样的动物来对待："牛"般的力气、"狗"样的卑微、仓皇如"兔"、狡诈阴暗如"老鼠"。只是没有把五龙当作一个"人"来对待。于是一个本该有"人性"的人没有被环境激发出人性而只是被助长了其在漫长进化过程中被掩盖的"动物性"。

（三）城市的排斥

自五龙进城，城市就向五龙展现了城市的罪恶及对于落魄异乡者的冷漠和排斥：

> 阿保狂笑起来，他的脚仍然踩住五龙的手不放，他指着旁边那些壮汉说，还有他们，每人都得叫一声爹，要不然他们不答应。
>
> 冯老板突然恼怒起来，对着厨房里喊，那你让我怎么办？我难道喜欢这狗杂种吗？我是要他的力气，力气，干活，你明白吗？

---

[1] 苏童. 米[M]. 杭州：浙江人民出版社，2018：17.

> 什么伙计？绮云圆睁杏目尖声说，爹，你老糊涂了，我家不缺伙计，雇来个要饭的干什么？把他当猪喂吗？[1]

城市对于五龙的总体情感，是排斥远大于接纳的，城市接纳五龙只是因为他的年轻和力气是城市发展所需要的，但城市更厌恶五龙的落魄与低微，五龙对于这座城市和城市中的人不过是一个低等的可以恣意嘲笑的玩意罢了。

（四）人情的冷漠

此外，城市中的人情关系也相比五龙来时的枫杨树故乡更加冷漠——起码五龙是这样认为的，人与人之间似乎只有纯粹的利益关系，以米店姐妹间的人情关系为例：

> 对于米店姐妹俩的关系，五龙同样难以把握，他知道织云和绮云是一母所生的亲姐妹，但她们更像两只充满敌意的猫，在任何时候都摆出对峙的姿势，亮出各自尖利的爪子，米店沉寂的空气往往彼姐妹俩的斗嘴所打破：五龙想怎么没有人来打她们的臭嘴？冯老板不敢，冯老板对两个女儿的畏惧多于亲情，碰到这种场面他就面无表情地躲开，并且把气出到伙计们和五龙身上，他推搡着五龙说，你干活去，这儿没你的事，你要想听说书也该买张门票。
>
> 五龙忍住笑走到店堂里，米店这家人在他眼中的形象是脆弱而可笑的。他以前没有见过这样乌七八糟的家庭，也许这就是枫杨树乡村与瓦匠街生活的区别之一。[2]

在五龙本身就是一个利益至上的人的前提下，城市的冷漠人情之于五龙就像是第一扇"破窗"，让他接受了这样冷漠的人情关系之后有了以冷漠和恶劣对待这个城市的前提和变相承认：这座城市冷漠如斯，对待我冷漠如斯，那我用卑劣的极度的冷漠同样对待它也是可以的吧。

并且，在被迫娶了织云又被冯老板试图买命之后，五龙困惑之余也更加恶劣，"我不知道他们为什么盯着我不放，我从来没有招惹他们，他们却

---

[1] 苏童. 米［M］. 杭州：浙江人民出版社，2018：4.
[2] 苏童. 米［M］. 杭州：浙江人民出版社，2018：54.

要我死"[1]。被二两黄金买了一根脚趾的五龙拖着残肢回到了米店，他把米店的罪证砸在他们神圣的供桌上，大声喊出他对于米店迫害的反抗："你们害不了我。……我五龙天生命大，别人都死光了我还死不了。"[2] 从此五龙对于米店开始了他的无差别报复，他强暴、殴打织云；在织云临产、冯老板濒死之际强暴绮云，被城市虐待的五龙最终用残忍的方式虐待城市。……

所以，在种种内外因相加的情况下，五龙成了一个报复性、冷漠性极强的人。

1. 在建立起自己的力量之后，五龙就用种种残忍的手段对迫害过他的人施加报复：

阿保——初入城市时阿保对五龙进行了"爹"的侮辱。五龙站稳脚跟后立即向六爷检举织云和阿保的私情，借掌控欲极强的六爷杀了阿保。

冯老板——刚进米店的五龙因为织云想给他买一双皮鞋而被冯老板制止。而在有了权力和资本之后，五龙向冯老板索要五块钱工钱去买皮鞋。

六爷——六爷对五龙其实没有直接的侮辱，仅是一个资本与权力凌驾于五龙之上激发了五龙嫉妒心的"高等存在"。所以五龙在谋权的过程中，炸了六爷的军火库，将自己的得势建立在了六爷的覆灭之上。

码头兄弟会——年老的五龙遭到手下小弟的背叛，即使看似没有报复资本的五龙，也使用权谋背后作梗，借青龙帮造成码头兄弟会的覆灭。

2. 年轻时被城市用冷漠对待的五龙，最后也变成了一个冷漠凶狠的人：

> 乃芳被柴生从床底下拽了出来，她看见五龙站在房门口，脸色黑得可怕，五龙的手里拎着一件蓝光闪闪的铁器，铁器的一半用红绸包缠着。乃芳大吃一惊，她认得那是一把真正的驳壳枪。
>
> 你还想闹吗？五龙举起驳壳枪对准乃芳的头部瞄准，他说，你说对了，我是个杀人如麻的独眼龙，但是我打枪特别准，你要是再闹我就把你的小 X 打下来喂猫，五龙慢慢地平移着手上的枪，瞄准了一盏暗淡的灯泡，随着一声脆响，灯泡的碎片朝四处炸开，房间陷入一片黑暗之中。[3]

---

[1] 苏童. 米 [M]. 杭州：浙江人民出版社，2018：93.
[2] 苏童. 米 [M]. 杭州：浙江人民出版社，2018：93.
[3] 苏童. 米 [M]. 杭州：浙江人民出版社，2018：159-160.

对于儿媳乃芳的吵闹，五龙选择用以暴制暴的极度冷漠而凶恶的方式来"镇压"她。面对弱者，五龙是一个凶恶专权的施暴者形象——正如五龙弱小时被对待的那样。

3. 小说中有一个典型的"圆环"情节，在城市获得自己势力的五龙选择用当初自己被侮辱的方式来侮辱别人：

> 他跳到码头上站住。眯起他的独眼凝视着一个靠在货包上瞌睡的青年。他用两块银圆夹断了青年额下的一根胡须，那个年轻的搬运工猛地惊醒了。叫我爹，我把银圆送给你。五龙的声音充满了温柔和慈爱，叫吧，叫一声爹你几天不用干活了。年轻的搬运工惊诧地望着五龙，迟疑了一会儿，他终于怯怯叫了一声，爹。五龙把银圆当地扔到他的脚下，他脸上的表情看上去古怪费解。你真的叫了。五龙呢喃着逼近年轻的搬运工，猛地踩住了他拾取银圆的那只手，没骨气的东西，五龙操起一根杠棒狠狠地敲他的头顶，一边敲一边大声说，我最恨你们这些贱种，为了一块肉，为了两块钱，就可以随便叫人爹吗？[1]

五龙把自己甫入城市受到的侮辱原模原样地施加在了另一个无辜的穷苦的青年人身上。但在发现青年人也原模原样地重蹈了自己年轻时的覆辙时，五龙又极度愤怒了，他既愤怒地上的青年，也愤怒年轻时候的自己，为了一点利好就丢掉了自己的尊严。

4. 但更值得注意的，是苏童塑造了五龙这么一个变态、仇恨、恶劣的强硬形象之下，又给这个形象附加了一些柔弱的色彩。原著中有一个贯穿全文的意象是"火车与大水"，五龙因为家乡的大水被迫坐着火车来到城市谋生，从此这两个意象就刻在了五龙的生活之中，五龙的一生都断断续续重复着漂浮在"火车"和"大水"上，即使在五龙获得了可以左右城市的力量之后，他也依然不安而孤独，他依然漂浮在无边的大水上：

> 他坐在一只竹制摇椅里，身子散漫地前后摇晃，脑子里仍然不断闪过两少年街头斗拳的画面。漂泊了这么多年，经历了这么多事件，五龙突然产生了一种孤独的感觉，孤独的感觉一旦袭上

---

[1] 苏童. 米 [M]. 杭州：浙江人民出版社，2018：161-162.

心头，总是使他昏昏欲睡。他闭上眼睛就看见一片白茫茫的汪洋大水，他的竹制摇椅，他的米店的青瓦房屋，还有他的疲惫不堪的身体，它们在水中无声地漂浮，他又看见多年前的水稻、棉花和逃亡的人群，他们在大水中发出绝望的哀鸣。[1]

"不安与孤独"对一个刚硬恶劣的形象的恶劣性冲淡是致命的，因为这样"不安孤独"的情感增加，五龙的"恶"形象给人的威胁性就没那么致命了。

二、《大鸿米店》中五龙形象变化分析

而电影对原著的改编在缩短历史叙述时间段的情况下，大大扩大了"人性之恶"的部分，将五龙本身的人性之恶削弱，又扩大了城市的罪恶，并且增加了被城市塑造后的五龙的人性之恶。从而将一个"恶融入恶从而变成更大的恶"的故事塑造为一个"无辜被施加恶最后变成更大的恶对原罪恶施加报复"的故事。

（一）削弱了五龙的性本恶——自尊、阴狠、报复

原作中的五龙是一个极度自尊、阴狠、报复心强的人，但电影通过对一些原著细节的删除，使得原本对于五龙此类性格的塑造部分缺失，而使得五龙看起来就更类似于一个"无辜之人"。

1.【删】五龙刚进米店乞求，打翻织云施舍的一碗冷饭。

2.【删】澡堂里冯老板让五龙给阿保搓澡，阿保给了五龙一块大洋的打赏，五龙因为受到了阿保的侮辱用这一块大洋写信给六爷告发阿保和织云的通奸，杀了阿保。改编强调了阿保对五龙的侮辱，淡化了五龙的报复性。

（二）扩大的城市的恶性

1. 电影中五龙想捡阿保小弟抛给狗的肉，却被阿保一脚踩住手，要五龙叫爹才给肉吃【原作中五龙主动伸手去拿碗里的肉，被阿保拦住，要叫一声爹才给肉吃】

2. 电影中码头运到两条米船，阿保带着小弟主动去抢。半夜，冯老板让五龙跟着阿保去码头借米，船老板跳江，阿保留米给别人家。并且新增了"次日冯老板用抢来的沾上人命鲜血的大米给穷人施舍，塑造自己的功

---

[1] 苏童. 米 [M]. 杭州：浙江人民出版社，2018：38-39.

节形象"情节。【原作中米店没米之后,冯老板才让五龙带人去抢米】

3. 电影的"买鞋"情节中,织云带五龙去买鞋,绮云主动拦路,冯老板劝和说道:找找我床底有没有鞋。【原作中冯老板依然让织云带五龙去买新鞋,只是要结实耐穿的帆布面鞋,不要皮鞋】

电影在改编过程中,通过对些微细节的改造,大大增强了城市对于五龙"恶"的程度,以及恶的来由的无缘无故性。从而大大加强了"城市的罪恶"。

(三)增强了五龙对城市的主动趋附

原著中五龙身处城市,但是心灵一直游离在城市之外,一直留在他的枫杨树故乡,但是电影里五龙从一开始就主动融入了城市,然后被改变,由异乡漂泊转为城市的罪恶。

一个典型的例子就是电影对于"门板"开关细节的修改。电影中,冯老板早上开门板,五龙主动协助为冯老板打开门板,请求留下做伙计,冯老板答应。【原著是冯老板一人开门板,将米店打开在五龙面前,现为五龙主动开门板,主动将米店展现在自己面前】

另一个例子就是电影中五龙主动去找六爷请求割鞭,成为六爷的人。而原著中并没有这一情节的发生。五龙对六爷的主动依附也体现了五龙对城市的主动依附。

(四)扩大化五龙对城市的掌管

在电影【情节段落8】[1]的"五龙掌管米店"情节中:

情节点44　祭祀日,五龙回来了。冯老板中风。【改,原冯老板未中风,加剧了因果性、悲剧性,五龙直接促使和导致了米店的衰败】

情节点45　绮云伺候冯老板,织云被打,哭着来拍门,被轰出去。

情节点46　白天,五龙骚扰绮云。

情节点47　五龙半夜来撬绮云的房门,五龙强暴了绮云,冯老板挣扎下床,带着斧头爬,死在半路。库房强暴,织云生产,冯老板去世。

原著是五龙回来,冯老板在澡堂突然中风,五龙家暴织云,骚扰绮云,未果,冯老板临死前刺瞎五龙左眼,织云生产,前往六爷家,将绮云托付给五龙,五龙强暴绮云。

改编删除了米店对五龙的对抗,使米店完全弱于五龙,任由五龙搓圆捏扁。改编增加了五龙主动投靠六爷,成为权力走狗的过程,所以情节过

---

[1]　详见附:《大鸿米店》对《米》的改编详析.

渡有理，表现了城市权力中心的强大：一旦成为城市权力中心的走狗，就可以随意地欺辱百姓。

所以这些"恶"的叠加也使电影表达的主题更加黑暗，使得电影的情感更加无力和压抑。为了平衡这些人性之恶，导演人为添加了一些"五龙对孩子呵护"的片段：

1. 开头坐船进城，递给前面的小女孩一把米；结尾五龙成为整个城市的掌管者，不忘给路边的孩子一把铜板。

2. 情节点 31　五龙前去购米时对路边流浪儿的关注。

3. 情节点 53　我要让你们城里人把我当人看。五龙给路边的孩子留下银圆。

电影改编后的五龙，更加卑鄙恶劣，让人见之心惊。而人为增加的"对于孩子呵护"的情节，只是给原本灰暗的主题增加了些许亮色而已，甚至因为塑造人物形象的"温情"和"恶"对比过于强烈，且情节插入地生硬，使得这部分的情节添加非但没能冲淡五龙的"恶"，还使情节显得格格不入。

三、改编增强了历史感

《米》中，苏童极力避免和模糊了作品中对于时代特征的具体描述，因此，在时间上，《米》只是一个"发生在近代"的故事。但是电影在开始就具体点明了故事发生的具体时间是在 20 世纪 20 年代，电影的改编人为点明了历史，使得观众对于人性之恶的绝望有了一个明确指向。

1.【增】片头明确点出"本片讲述 20 世纪 20 年代旧中国一个引人深思的故事"。

2.【增】情节段落 2　从上海回来。

情节点 5　织云和六爷在回来的汽车上，织云唱着小调，认为上海比小城好。

情节点 6　织云到家，给冯老板带了怀表。

情节点 7　织云把带的内衣送给绮云。

3. 六爷的家，原小说只是两个北京商人，电影里却是详细描写了"蔡锷将军的刀""民国已经过去了不要叫爷要叫先生"。

4. 五龙发型的变化，一开始留的长辫，旧社会旧思想；被织云剃了的光头；长长了的头发。

5. 片尾"大鸿米店的这场风波,只不过是整个旧中国一个毛孔流出的血"。

四、改编分析

电影的改编首先由于电影和文学的表现形式不同,所以电影在对文学进行改编的时候就会进行一些必要的形式上的改编,例如:

1. 对于一些文艺作品中难以表现的描写、人物心理等,比如《米》中对于五龙心理描写的"火车"和"大水"的线索;以及对于五龙的性变态描写。这些都是用文字可以简单表达,但是在电影画面下难以表达的部分,所以在电影改编时进行了必要的删改。

2. 对于一些文学作品中,可以通过重复、细节描写表达的内容,例如《米》中,五龙一直不喝酒以保持清醒的线索行为描写进行了必要的删除。

3. 另外,电影因为其篇幅等原因,想要多方面铺陈开去展现人物确实存在较大的难度。改编的电影为了在短时间内讲述清楚一个完整的推理故事,同时刻画好一个鲜明立体的主人公人物形象,选择删去小说原著中的一些角色,将一些角色任务分给别人。《大鸿米店》选取了《米》的前七章节,对于五龙的后半生的"恶"与小一辈对五龙进行的打击无法完成,因此,原来由小一辈们完成的对五龙的打击报复由绮云和青龙帮完成,没有影响原著故事展现的完整程度,还避免了角色分量和叙事的分散。

但是,在对文学作品影视化时进行的必要改动之外,影片大大扩大了五龙的"恶"性及恶的强硬性。甚至影片最后对五龙死亡的处理也是由原著的"性病"和"抱玉的殴打"改成了"在极度猖狂中死去",五龙的恶没有得到惩治,恶的死亡仅仅是一个意外,这对影片的黑暗性是一个大阶段型的扩大。此外,影片的改变对于故事历史的明确导致观众对影片黑暗性的绝望有了一个明确的指向目标,即"20世纪20年代旧中国"的黑暗。

苏童谈及《米》的创作时说:"这是一个关于欲望、痛苦、生存和毁灭的故事,我写了一个人具有轮回意义的一生,一个逃离饥荒的农民通过火车流徙到城市,最后又如何通过火车回归故里。五十年异乡漂泊是这个人生活的基本概括,而死于归乡途中又是整个故事的高潮。我想我在这部小说中醉心于营造了某种历史,某种归宿,某种结论。"[1]

---

[1] 苏童. 寻找灯绳[M]. 南京:江苏文艺出版社,1995:153.

《米》中描写的是"一个异乡人异乡漂泊的一生",而电影因为限于时长和表现的原因,为了对于能达到一定的震撼效果在情节上进行了一定的扩大与渲染,因此,《大鸿米店》概括来讲则是"对于人走向恶的过程以及助长人之恶的社会环境的思考"[1]。《大鸿米店》的落脚点由"人"转向"恶",所以电影中进行了大量的灰色描写,而《大鸿米店》也正是因为影片中表现的人性的灰暗面,自1995年年底拍摄结束后,送审后未能成功公映。但7年以后,即2003年,黄健中在"片头片尾增加了阐述影片相关内容的字谜,补拍了一个男主角五龙被枪杀的镜头而已"[2]。电影即成功公映了。关于为何在"明确了电影时间"和"惩治了丑恶对象"就能成功上映,我们不得而知,但从中可以窥测对于影片上映的一部分要求。

至于《大鸿米店》,首先按导演黄健中的说法来说是一部"对社会有现实意义的""社会需要的较高文学性的电影",但是"并不适合青少年观看"[3]。

在笔者看来,社会需要角度不同的、宣扬人性善也宣扬人性恶的电影,类似于《大鸿米店》这样游离在灰色地带的影片是当代中国所需要的。灰色电影之所以难以被公众接受、被审查枪毙的原因就是灰色电影需要借助一些灰色地带的性爱、血腥暴力的镜头来展现其灰色性,而这一部分又是较难以被公众所接受、较容易误导青少年的。因此,笔者认为,在中国,灰色电影在成功展现影片的灰色性同时又能成功为公众接受的要诀就是不能"为性爱而性爱""为暴力而暴力",灰色镜头可以用恰当的暗示和渲染来表现其灰色性,而避免平铺直叙的暴露的性爱与暴力。这也是中国导演们所需要探索的。

附:《大鸿米店》对《米》的改编详析

情节段落1 小时候的故事。【改,顺序,绮云和织云的对比】【增,冯老板的怂恿】

情节点1 小时候的绮云和织云去澡堂找父亲冯老板。

情节点2 绮云看见满屋子裸体的男人哎呀一声跑了,织云继续看。

情节点3 一个大爷问织云怎么偷看男人洗澡,织云说她要找爹,大爷

---

[1] 出仓.黄健中的《大鸿米店》"开张"了[J].电影评介,2003(2):24-25.
[2] 出仓.黄健中的《大鸿米店》"开张"了[J].电影评介,2003(2):24-25.
[3] 出仓.黄健中的《大鸿米店》"开张"了[J].电影评介,2003(2):24-25.

告诉织云去里面烟馆找。

情节点 4　冯老板让织云给六爷请安，织云要好处才请，六爷允诺一件水貂皮大衣，织云请安。

情节段落 2　从上海回来。【增】

情节点 5　织云和六爷在回来的汽车上，织云唱着小调，认为上海比小城好。

情节点 6　织云到家，给冯老板带了怀表。

情节点 7　织云把带的内衣送给绮云，绮云没见过以为是头饰，织云笑她，绮云骂织云。

情节段落 3　灾民进城。【增】

情节点 8　钢铁工厂烟囱冒烟，百姓抱怨工厂扰民。【增】

情节点 9　五龙随着灾民坐船进城，嚼食一把生米，递给前面的小女孩一把米。【改，坐船进城】

情节点 10　灾民进城，向商户讨要吃食，逐渐变为抢夺商户吃食。

情节点 11　织云涂脚指甲油，坐着轿子去六爷家，路上被灾民拦路，织云抛钱。

情节点 12　五龙想推醒旁边卧着的人说醒醒会着凉的，掀开一看是个脸上爬满蛆虫的死人，惊慌失措。【不变】

情节点 13　五龙边逃跑边大叫"死人"，被阿保捉住辱骂。

情节点 14　五龙想捡阿保小弟抛给狗的肉，却被阿保一脚踩住手，【改，原五龙主动伸手去拿碗里的肉，被阿保拦住，要叫一声爹才给肉吃】辱骂五龙的辫子【增】。五龙被迫叫阿保一声爹，阿保给了五龙一块肉吃，还灌了五龙酒。

情节点 15　六爷家，六姨太进里屋，外间织云看到，生气吃醋。

情节点 16　内间，师爷介绍六爷身份。六爷购买蔡锷的刀和一批枪支子弹，要求从此被叫先生。【增】

情节点 17　阿保进来通报灾民的消息，六爷如此交代阿保。随后和宾客解释，请宾客入席，上的菜是金条。

情节点 18　织云被六爷晾了一晚上，生气回家，阿保宽慰织云，却因为要办差事不能送织云。

情节点 19　织云在家门口看见睡在门口的五龙，告诉五龙一会有人清理他们，让他快走。

情节点 20　深夜，五龙带人把逃荒的灾民粗暴地全部赶出城门，五龙躲避在暗处看到了一切。

【增】

情节段落4　五龙做米店伙计

情节点21　冯老板早上开门板，五龙请求留下做伙计，冯老板答应。【改，门板，原来是冯老板一人开门板，将米店打开在五龙面前，现为五龙主动开门板，主动将米店展现在自己面前】

情节点22　五龙进米店，对冯老板请了这么一个伙计，绮云表达不满，织云说这人还挺不错的。

情节点23　五龙进米仓，看见米仓堆满的大米。手捧米舔舐了一口。【增，五龙和生米的线索】

情节点24　五龙在米店来来回回运米。

情节段落5　五龙在米店的故事。

情节点24　吃饭时，五龙盛到第四碗饭，被绮云嫌弃，五龙怒而不食。

情节点25　饭后，织云给五龙剪了头。五龙对头发表示不舍。【增】

情节点26　五龙睡在米仓，嚼食生米。

情节点27　阿保送织云回来，绮云叫五龙出去伺候织云，别让阿保在她房里待久了。阿保出来，撞见五龙，楼梯上，阿保反而让绮云小心五龙。【改，五龙本来伺候了，跑了，增，阿保羞辱五龙】

情节点28　码头运到两条米船，阿保带着小弟主动去抢。半夜，冯老板让五龙跟着阿保去码头借米，船老板跳江，阿保留米给别人家。【改，有米，借】

情节点29　冯老板用抢来的米做好人。【增】

情节点30　织云带去买鞋，绮云拦路，冯老板说找找他床底有没有鞋。【改，原冯老板依然让买鞋，只是要结实耐穿的帆布面鞋，不要皮鞋】

情节段落6　五龙转变。

情节点31　织云抛给五龙一个橘子，阿保看见五龙，故意找碴辱骂。五龙在铁匠铺表达生气。【增】

情节点32　五龙讨要五块工钱，要买双新鞋。

情节点33　五龙起夜，看见阿保和织云通奸。

情节点34　五龙买了新鞋。五龙写信。鞋的特写。【改，原未买，增了鞋的特写，和线索。删写信，一块大洋是阿保澡堂抛给五龙的，以羞辱杀之】

情节点35　织云怀孕，六爷。【删织云出六爷家时出去鬼混】

情节点 36　阿保死了，江边。冯老板想辞辞不掉了。

情节段落 7　五龙成为米店女婿。

情节点 37　织云在厨房吃咸菜，被擦裤子。【吃咸菜的段落，本来是事后的调情，变为事前的勾引】

情节点 38　织云半夜来找五龙，被五龙扛进米仓。【改】

情节点 39　两人成亲，六爷送来阿保的鞭。【删本来冯老板和五龙的交谈，只保留洞房里五龙的独白说明米店只是娶了一个遮丑的东西】

情节点 40　五龙第二天去找六爷请求割鞭，成为六爷的人。【增，五龙的主动趋附都市】

情节点 41　冯老板和绮云商量干掉五龙，冯老板让五龙去运米。

情节点 42　饭桌上，五龙欺负米店伙计，说他吃得多。【增】

情节点 43　五龙走了，织云半夜找绮云，得知五龙被父亲买通船匪结果五龙的命，殴打绮云。【改，原织云哀哀哭泣。原著织云的哭泣是为了自己的未来和对五龙隐约的不舍，改编中织云的殴打表现了织云对五龙强烈的依赖性。私以为不符合人设。原著里织云是多情而又无情的，改编中织云不仅依赖五龙而且依赖六爷】

情节段落 8　五龙掌管米店。

情节点 44　祭祀日，五龙回来了。冯老板中风。【改，原冯老板未中风，加剧了因果性、悲剧性，五龙直接促使和导致了米店的衰败】

情节点 45　绮云伺候冯老板，织云被打，哭着来拍门，被轰出去。

情节点 46　白天，五龙骚扰绮云。

情节点 47　五龙半夜来撬绮云的房门，五龙强暴了绮云，冯老板挣扎下床，带着斧头爬，死在半路。库房强暴，织云生产，冯老板去世。【大改】

原著是五龙回来，冯老板在澡堂突然中风，五龙家暴织云，骚扰绮云，未果，冯老板临死前刺瞎五龙左眼，织云生产，前往六爷家，将绮云托付给五龙，五龙强暴绮云。

改编删除了米店对五龙的对抗，使米店完全弱于五龙，任由五龙搓圆捏扁。改编增加了五龙主动投靠六爷，成为权力走狗的过程，所以情节过渡有理，表现了城市权力中心的强大：一旦成为城市权力中心的走狗，就可以随意地欺辱百姓。

情节段落 9　五龙成为整个城市的掌管者。

情节点 48　五龙搞到了枪，想要收拾六爷。六爷和五龙，枪重要还是

米重要，五龙答枪重要。六爷让五龙把孩子抱来，像就留下，不要织云。【改】

情节点 49　五龙欺负码头工，叫他一声爸就给银圆，他最恨你们这些贱种，仇恨。

情节点 50　姐妹在灵堂前谈话，织云要走，让绮云嫁给五龙，你现在也是贱货，你把五龙带走。姐妹两人殴打。

情节点 51　五龙成了码头兄弟会的老大，嚼食生米，五爷，换金牙。

情节点 52　吕公馆炸了，织云和孩子死在吕公馆里。

情节点 53　五龙要让你们城里人把他当人看。五龙给路边的孩子留下银圆。

情节段落 10　五龙的死亡。

情节点 54　绮云给青龙帮钱买五龙命，青龙帮和兄弟会在码头火拼，绮云烧了衣服。【改】

情节点 55　五龙叫嚣着自己死不了，被一枪结果了性命。

【删】

原剧中五龙一直坐在火车上，一直漂浮在大水上，电影无法表现，删除。

【增】

历史感，原作中没有点明具体历史节点，只知道是近代。

电影开头"本片讲述 20 世纪 20 年代旧中国一个引人深思的故事"。

结尾"大鸿米店的这场风波，只不过是整个旧中国一个毛孔流出的血"。

指导教师评语：

　　文章落足于苏童《米》和电影《大鸿米店》的对比研究，通过对其改编及改编中的得失分析，论证了"灰色电影"在当下社会环境中的生存处境。论文论证翔实，工作量大，语言规范，内容完整，思路较为清晰，不失为一篇好文章。（张春晓）

日神与酒神的角逐

——析《同流者》的悲剧主题

2018级　杨赵男

尼采在《悲剧的诞生》中用日神阿波罗和酒神狄奥尼索斯的象征解释艺术本体论，他写道："日神的造型艺术和酒神的非造型的音乐艺术之间存在着极大的对立。两种如此不同的本能彼此共生并存，多半又彼此公开分离，相互不断地激发更有力的新生，以求在这新生中永远保持着对立面的斗争，'艺术'这一通用术语仅仅在表面上调和这种斗争罢了。"[1] 他认为，将希腊意志进行形而上升华的"阿卡提悲剧"既是日神的艺术也是酒神的艺术，并借此表达自己的生命哲学、美学的思辨。

作为造型与非造型艺术的结合体，电影利用各种叙事手段、视听技术，对"驱向幻觉之力"的日神精神和"驱向放纵之力"的酒神精神进行描写、调和、升华，在精神内涵上具备希腊悲剧的气质。贝纳多·贝托鲁奇导演的《同流者》，其光影、色彩、音乐等的运用，无不体现了人类心灵悲剧与生命悲剧的崇高内核。

一、后囚禁时代的光影之间——变相的日神精神

《同流者》的背景设置在法西斯政府统治下的意大利，主要讲述一个平凡男人、法西斯分子的一次选择。显然这是一部反好莱坞式的电影，主角最终抛弃了象征个人性、情欲，甚至理想主义的安娜，选择与自己的卑劣握手言和。

马切罗无疑是自私软弱的，他的选择甚至并非出于阿尔都塞所说的意识形态的召唤，尽管童年和战争让他心理扭曲，但同时他是一个聪慧、敏

---

[1]［德］弗里德里希.尼采.悲剧的诞生［M］.周国平，译.上海：上海人民出版社，2009：89.

感、颇有诗情的年轻人。"很少有灵魂徘徊不去/你的灵魂将与奇怪之物一起"[1]，他清醒地认识到自己在时代中的罪恶，并义无反顾地走向它。马切罗的上级评价他："这个时代的许多人是因为这样那样的原因加入法西斯的，很少有人是出于真正的信仰。而你不一样。"[2] 马切罗加入法西斯除了出于对于人生的悲观态度外，也因为他在同性恋情倾向常年受压抑中产生的法西斯主义的侵略性，如看到安娜和朱丽叶共舞便直呼不可，又如对于象征"父权"、过去信仰的教授的弑杀。

马切罗的心灵囚禁是时代和自我的双重产物。一方面，法西斯的暴政让他的软弱有可乘之机；另一方面，他聪明、悲观，且意志薄弱。贝托鲁奇用光与影的纵横交错暗示马切罗被时代和自我捆缚的、分裂般的挣扎。纳粹政府的内部构造如同一座圆形监狱（panopticon），无处不在的纳粹意志就是透明的瞭望塔，空旷的平地像同党派人之间都难以消除的心灵隔膜和法西斯分子极度空虚的内心世界，马切罗行走在窗户投下的交错光影间，他的内心也在虚假的安宁和真实的迷狂之间跳动着、沸腾着。但这挣扎终究是在纳粹的建筑之内——就连马切罗父亲所在的精神病院，最初也是法西斯政府的纪念碑。

尼采将荷马看作"一个做梦的希腊人"[3]，认为他将个人化的、庄严正直的日神精神发挥到极致。笔者认为，马切罗心理层次中的第一面，渴望平凡平静生活的欲望，是一种变相的日神精神，也类似弗洛伊德所说的"生本能"。在这个框架之中，他的周遭环境、肉体、心灵都处于多立斯式的建筑艺术里——一种表面的圣洁高尚。代表马切罗所归顺的纳粹政府、家庭建筑都是庄严肃穆的白色，然而他知道这建筑的材料是善和恶的混凝物——"如果人生不是被一种更高的光辉所普照，在他们的众神身上显示给他们，他们能有什么旁的办法忍受这人生呢？"[4] 希腊人选择的至高命运、道德榜样是奥林匹斯山上万年矗立的众神，马切罗选择的是当时人民和时代的产物——法西斯。也许会有人觉得这种类比有些牵强，但笔者认为，马切罗的特殊性在于，他和希腊人一样早早意识到生存的恐怖，并选

---

[1] // conformista. Dir. Bernardo Bertolucci. Marianne Productions S.A., 1970.
[2] // conformista. Dir. Bernardo Bertolucci. Marianne Productions S.A., 1970.
[3] [德] 弗里德里希·尼采. 悲剧的诞生 [M]. 周国平，译. 上海：上海人民出版社，2009：93.
[4] [德] 弗里德里希·尼采. 悲剧的诞生 [M]. 周国平，译. 上海：上海人民出版社，2009：97.

择让自己服从更高的命运，这命运之中有善有恶、美而适度，一如生机盎然的诸神，就是没有尼采所鄙弃的理性。

马切罗的生存方式中隐藏着他自己的生存意志，尽管失常、病态、怯懦，但也是执着于人生的体现，只因他早就领会到人类——这无常与苦难之子的存在主义危机，那半篇"洞穴"寓言的论文就是证明。正因如此，他的随波逐流才带有悲剧色彩，他的选择出于自我、出于时代，却与真正的自我、新的时代背道而驰，他的精神崩溃是注定的。

二、罪人之爱——燃烧的酒神精神

马切罗内心的第二个层面，是象征酒神精神的如醉如狂的欲望，类似于弗洛伊德所说的"死本能"。"我们今日称作文化、教育、文明的一切，终有一天要带到公正的法官酒神面前。"[1] 变相的日神精神终将被酒神的陶然忘我之境敲碎，酒神精神揭开了日神精神粉饰人生的美之面纱，具有更加浓郁的悲剧色彩。《同流者》中的酒神精神，在马切罗的未婚妻茱莉亚和教授的妻子、马切罗的偷情对象安娜身上有较为完整的展现。

在展示日常感情生活的一个特写镜头中，马切罗和茱莉亚在欢快的音乐中亲吻，他们的面部和躯体都被窗帘与阳光形成的条纹状光影覆盖，似乎暗示着浮于表面的情欲是纳粹暴政的产物，并且时时刻刻处于权力的监控之下。茱莉亚——性感、天真、野蛮，就像希腊神话中的海伦，一个"漂浮于甜蜜官能"的理想形象。于是观众能感受到，这种甜美毕竟是此岸的，竟然更接近描写"外观之外观"的日神精神。而酒神精神——那种个体毁灭之后与全世界相知相融、深入生命本质的狂喜与痛感，只在火车上茱莉亚的自白之后，两个"罪人"的灵肉相合中得以真正地体现。对于深知自己罪孽深重之人来说，他需要在爱人的身上寻找同样的罪恶，于是马切罗在茱莉亚身上寻找粗野、淫荡、失贞，在安娜身上寻找妓女、疤痕、偷情，从而让彼此成为彼此的骨中骨、肉中肉。

没有写完的关于"洞穴寓言"的毕业论文、与教授度过的少年时代、与常人不同的性向，被马切罗归为痛苦的根源，随波逐流地加入专政纳粹、与漂亮的中产阶级女人结婚，是马切罗眼中脱离痛苦的手段。当成为纳粹

---

[1] [德]弗里德里希·尼采. 悲剧的诞生[M]. 周国平, 译. 上海：上海人民出版社, 2009：164.

分子的考验与杀死"罪恶"的过往成为并行的双轨线时,马切罗却没有意想之中的满足,他对教授的妻子安娜产生了疯狂的情欲,这种强烈的欲望投射在理性、纯洁、左派的芭蕾舞老师身上,而非放浪、野性的茱莉亚,更符合马切罗软弱的善良和卑劣的自我互相倾轧的心理状况。

人类心灵的相通时刻,不在静穆壮丽的梦里,而在心醉神驰的酒神精神中,唯有进入狂欢般的更高真理与至高疯狂,用尼采的形容——百万人战栗着倒入尘埃里,大地流出牛奶和蜂蜜,主观逐渐化入浑然忘我之境,人才能真正理解彼此,听到世界大同的福音。马切罗在奶与蜜中的沉沦是观众所感悲剧色彩最浓烈的时刻,极致的、永恒般的爱的狂欢,来源于个体彻底毁灭的瞬间,世界的喜剧与人生悲剧在其中完成了互相转换。

三、如在火光之中——一出悲剧的诞生

柏拉图的"洞穴"寓言在影片中如同区分现实与梦境的图腾,每次以台词或光影、构图的形式出现,都象征着马切罗追求外观之宁静素朴的日神精神与痛苦狂喜交织的酒神精神的挣扎。"无论何处,只要酒神得以通行,日神就遭到扬弃和毁灭。但是,同样确凿的是,在初次进攻被顶住的地方,德尔斐神的仪表和威严就愈发显得盛气凌人。"[1] 日神的外壳难以抵御酒神的敲碎,但与之而来的,是重塑之后更加坚固不可摧的保护壳,对于马切罗而言,即是安身立命的"洞穴"。

影片开头,夜色中荧荧烁烁的红光,正如"洞穴"寓言中的火把,也如马切罗平静面孔之下扭曲、纠结的心理。终于,通话结束、红光不再明灭,他开始新的一天,继续在痛苦中用一桩桩罪孽构建自己的本质。

在少年时代生殖期(genital stage)的"洞穴"之中,教授给马切罗留下印象最深刻的是声音,人可以关上窗户、挡住阳光、逃避影像,但最终不能无视那从心底发出的声音——对灵魂的质问、对自由的叩击。马切罗的悲剧在于,他是一个富有才情和知识的懦夫,他同流合污的软弱,不仅因为童年时代父权暴力和被同性性侵的阴影,还因为他对世界的悲观主义理解——脆弱的个体要如何对世界做出圆融、完美的理解?毋论反叛和修

---

[1] [德] 弗里德里希·尼采. 悲剧的诞生 [M]. 周国平, 译. 上海:上海人民出版社, 2009: 101.

正了。于是他不断强调说:"我只想成为平凡的男人。"[1] 如果有一种秩序可以让他完全归顺,无论是少年时代美丽的诗情、惑人的自由,还是最为残酷无人道的法西斯主义,他都可以义无反顾地投身洪流之中,他是彻底的反理想主义者。因此,他不无怨恨地道:"在你(教授)离开以后,我成了一名法西斯者。"[2] 尼采认为,人可能产生的最大恐惧,就是脱离老师,背叛过去的信仰和信念。与教授度过的短暂时光是马切罗一生中离"自由"最近的时刻,但他将自己的随波逐流归罪于教授的"舍弃"是虚伪的,因为那时候亲手触摸过的自由,称不上尼采所说的"信仰和信念",仍然是他选中的秩序,只是恰好,那种对于存在主义危机的争辩与他敏感的天性十分契合,对这份幸运的不舍和苟于此岸的生存意志产生矛盾时,他便毫不迟疑地选择了后者。

与教授重逢的马切罗始终将自己隐藏在阴影之中,但正如火光的温度和心底的声音难以忽视,他的自私、怯懦、卑劣在真正的人道主义者教授那里是无处遁形的。"真正的法西斯分子是不会这样说的。"[3] 怀着悲天悯人之心、渴望拯救马切罗的教授讲完这句话后,窗帘大开,"洞穴"之外的阳光完全倾洒进来,目所能及的影子消失了,马切罗的内心同此刻的画面一样明朗如白昼,他伪饰的宁静被揭穿了,日神的梦幻外壳被未完成的旧梦撕碎,他明白自己必须做出选择。

有趣的是,随波逐流甚至同流合污的马切罗面对宗教的态度却是坚决否定的:"别跟我说教义!上帝对我们太慷慨,圣母太慈爱,圣子太过仁慈,牧师也太过善解人意。你并未对我的罪行表示过半点痛恨,这并没让你沉思片刻。"[4] 这其中体现了马切罗(或是贝托鲁奇)"重估一切态度"的审美态度,和非伦理的人生态度,他认为基督教道德是一种伪善,生命本身就是善与恶的媾和之作,是日神和酒神角逐的产物,而基督教对人本能欲望(同性恋)的压抑,是罪恶(法西斯)诞生的动力之一。马切罗对神父的忏悔,并非道德上的真正忏悔,而是一个法西斯分子对自己罪恶的辩白。他带着自己的孩子机械式地念祷告词,更体现出异化之后人的冷漠、虚伪、无限的堕落。

影片的最后,马切罗坐在篝火旁,望向铁栏之外的同性恋者和荧幕之

---

[1] *Il conformista*. Dir. Bernardo Bertolucci. Marianne Productions S.A., 1970.
[2] *Il conformista*. Dir. Bernardo Bertolucci. Marianne Productions S.A., 1970.
[3] *Il conformista*. Dir. Bernardo Bertolucci. Marianne Productions S.A., 1970.
[4] *Il conformista*. Dir. Bernardo Bertolucci. Marianne Productions S.A., 1970.

外的我们，似乎在直面"洞穴"之外，并叩问着更多问题：观众看电影的行为本身，是否与盲目跟从政治观点的许许多多人一样呢？既然没有至高的痛苦，也没有至高的幸福，那么我们努力构建的本质，与马切罗卑劣的选择有何区别？"洞穴"寓言带来的心灵危机，关于罪与罚的永恒思考——用陀思妥耶夫斯基的话说——是当大地在脚下抖动的时候所发生的难处，它无时无刻不意图从我们的潜意识中钻出。在马切罗的梦中，教授为他做了治愈眼盲的手术，但这温情仍然是冷酷的，因为我们将看到，懦弱的他仍在将自己的悲剧归罪于教授的离开，所以要亲手将其推向死亡——"我想为我明天要犯的罪行忏悔，用罪行来赎罪"[1]。

结语

在通往刺杀教授的列车上，在未婚妻的哈欠之间，在偶尔投下阴影的、象征着心灵的窗户旁，马切罗念过这样一首诗：

云层间下起了阵阵小雨/雨珠打在身旁的柳树上/快乐的松树更显青翠/雨珠落在番樱桃树上/落在我们无遮掩的头上/落在我们的外衣上/涤荡着我们的灵魂和思想/沾湿了昨天和今天/都逃避着我的寓言神话[2]

尼采审美的人生态度里，即便人生是一出痛苦的悲剧，人们的演绎也应该不失壮丽。村上春树说，"这种悲剧性，与其说是起因于当事者的缺点，毋宁说是以其优点为杠杆产生的"。即正直、勇敢、高尚[3]。马切罗对人生的态度远不及尼采推崇的积极，他的性情与"高尚"一词更是相去甚远，但他聪慧敏感的诗人天性和异化后懦弱的秉性的碰撞，强行切割本我而最终被社会和自我谋杀的戏剧张力，更使得这出人生悲剧愈发美而凄凉。

指导教师评语：

这篇论文在我的课上被提交上来的时候，便让我眼前一亮。这是一篇非常灵活地驾驭所学的理论知识而又恰到好处地分析文本的典范习作。这

---

[1] // conformista.Dir.Bernardo Bertolucci.Marianne Productions S.A.,1970.
[2] // conformista.Dir.Bernardo Bertolucci.Marianne Productions S.A.,1970.
[3] [日] 村上春树. 海边的卡夫卡 [M]. 林少华，译. 上海：上海译文出版社，2003：214.

是我所欣赏的运用理论的方式——理论在能更好地发掘文本的时候才用，而不是一味套理论，为了用才用。虽然在有关日神、酒神精神如何在《同流者》里构筑了悲剧精神的论述方面略显薄弱，但这篇论文瑕不掩瑜。杨赵男同学在调用自己储备材料时信手拈来、恰适简洁，文字驾驭方面颇见功力。整篇论文论题明确，结构清晰，行文流畅而又颇有神采。未来可期。（刘芊玥）